梦缘情怀
——光荣属于华东人民革命大学

陈发奎　著

东华大学出版社·上海

图书在版编目（ＣＩＰ）数据

梦缘情怀——光荣属于华东人民革命大学/陈发奎著. —上海：
东华大学出版社，2022.9
　ISBN 978-7-5669-2114-7

　Ⅰ.①梦… Ⅱ.①陈… Ⅲ.①钱吉虎—事迹 Ⅳ.① K825.41

中国版本图书馆CIP数据核字（2022）第 176449 号

梦缘情怀——光荣属于华东人民革命大学　　　　责任编辑：周德红
陈发奎　著　　　　　　　　　　　　　　　　　封面设计：唐承鲲

出版发行：东华大学出版社
（上海市延安西路1882号　邮政编码：200051）
联 系 电 话：编辑部　021-62379902
营 销 中 心：021-62193056　62373056
天猫旗舰店：http://dhdx.tmall.com
出版社网址：http://dhupress.dhu.edu.cn
出版社邮箱：dhupress@dhu.edu.cn
印　　　刷：上海颛辉印刷厂有限公司
开　　　本：710mm×1000mm　1/16　印张：19　字数：336千字
版　　　次：2022年9月第1版　　印次：2022年9月第1次印刷

书　　　号：ISBN 978-7-5669-2114-7　　定价：78.00元

施　　平：革大精神永发扬

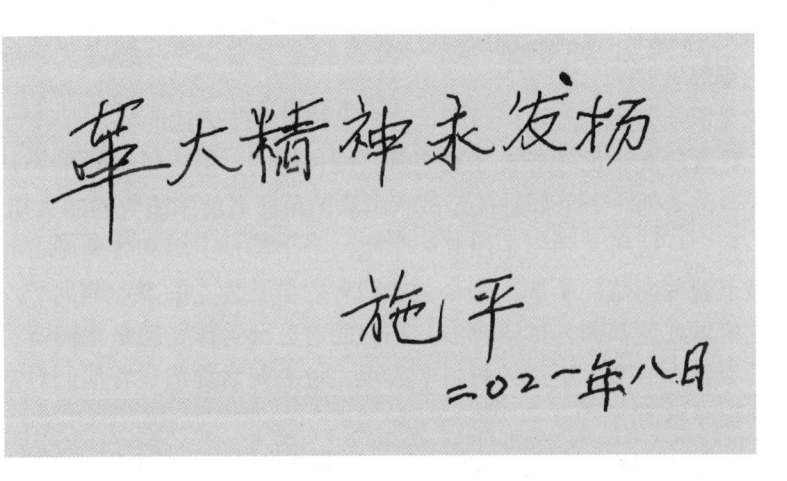

2021年8月，新四军老战士110岁的施平同志为本书题词：革大精神永发扬

李君如：致敬华东革大 致敬华东革大老前辈

"华东革大"的全称是"华东人民革命大学"。这是在人民解放战争浩浩荡荡胜利进军之际，专门为接管解放了的城市培养干部的大学。创办这所特殊而有特色的大学，彰显了中国共产党宏大的战略思想、杰出的领导能力和周密的工作部署。

这所大学今天鲜为人知，而当年为广大知识青年无比向往。

看一看这所大学的领导班子和老师，校长舒同，副校长刘格平等领导同志和上课的各位老师，个个都是久经战火考验的革命老前辈或党内的大知识分子。

看一看，从这所大学里走出来的学生，个个都是上海和各地城市解放后立即走上城市管理岗位的干部。如今，他们有的早已为党的事业鞠躬尽瘁，有的还在为党传承红色基因，忙碌奔波，我们面对这部著作，就是他们留给接班人的一份珍贵党史财富，里边的每一个故事，每一句话都饱含着他们对党、对党的事业的深厚感情。

我的导师周抗曾经是这所大学一部、二部副主任，五部主任。他的儿子写信给我，希望我为这部专门记述华东革大历史的大著作序。我知道导师年轻时走上革命道路和在抗大以及山东抗战的许多感人事件，但对华东革大的事情了解不多，更何况，这部著作凝聚的可是华东革大老前辈无比崇高的精神境界，无比深厚的革命情愫。我做后辈，哪能自以为是撰写"序言"！

因此就写下上面的话，向华东革大致敬！向华东革大的老前辈致敬，再致敬！

李君如（原中共中央党校副校长）

2021年12月12日于北京寓所

董世平：忆草大激情岁月
抒校友壮志豪情

吉彦同志：

您好！谢谢您寄来书稿，我粗粗翻阅了一下，总的此书是一部很好的"窗口"的书，很值得你有意义和价值。关于您希望我写序的问题，我认为是恭敬不如从命，作为启步草大情况的开基步，让我写序不合适，为贵此书出版，我写了一帕字写上，所写内容语不高远，请审示。

致

礼！

董世平
2024年8月26日

中国人民解放军总政治部原副主任童世平上将为本书题词：忆革大激情岁月，抒校友壮志豪情；题跋：感谢钱吉虎同志寄来书稿，诚贺《梦缘情怀——光荣属于华东人民革命大学》一书出版，向华东人民革命大学的前辈们学习致敬。

华东人民革命大学礼赞：
壮哉，新四军研究之余脉……
伟哉，接管大上海之绝响。
虽然短短三年半共五期——
本书将毕其功于一役，
再现时代赋予的辉煌。

本书摘要

　　本书以钱吉虎同志的亲身经历为线索，从他考入华东人民革命大学（以下简称"华东革大"）学习开始，他的人生发生了重大转折。七十年来，他在华东革大的光辉照耀下，在与华东革大的数百人团队合作下，开展了一系列挖掘、整理、研究、宣传工作。他勤勤恳恳大有收获，为的是不负华东革大精神；他执着奋斗，研究新四军历史和华东人民革命大学校史（发展史），为的是发扬华东革大的光荣传统。如今，已是八十八岁高龄的钱老先生，为华东革大的光辉历史依然奔走呼号寻根溯源，他着力抢救这一段历史，搜集了大量的文献资料和著述，并且把它们奉献出来。

　　本书是一部研究中国共产党在完成淮海战役之后，接管大中城市之前，进行干部培训、人才培养的成功经验，也是青少年励志报效祖国、实现中华民族伟大复兴、接受爱国主义教育的好教材。

目录

一 引子 开辟战场 培养干部
- 以人民的名义命名的革命大学 …………………… 003
- 新华社元旦社论："将革命进行到底" …………… 005
- 西柏坡"九月会议"决议 …………………………… 006
- 接管城市的组织保障和干部队伍建设 …………… 008
- 中共中央办学的英明决策 ………………………… 009
- 陈毅：野战军进城不能"野" ……………………… 010
- 毛主席为《入城守则》点赞 ……………………… 012

二 序曲 新型大学 应运而生
- 丹阳吹响接管上海的集结号 ……………………… 017
- 毛主席着重指示：华东革大必须搞好，不能因为房子受到限制 ………………………………………… 018
- 新型大学人员配置齐全 …………………………… 019
- 舒同介绍华东人民革命大学 ……………………… 020
- 温仰春工作笔记本讲话摘要 ……………………… 023
- 陈毅市长讲话精粹 ………………………………… 025
- 陆定一：知识分子与工农兵相结合建设新中国 … 028
- 陈望道、马寅初等 20 位学者友情相助传道授课 … 028
- 陈云坐镇上海解决"两白一黑"稳定市场 ………… 029
- 李士英查封证交所，打赢经济战线上的"淮海战役" … 031
- 聂凤智谈解除封锁保证国防安全 ………………… 032
- 华东革大延伸的学校、医院、文工团和校刊 …… 033

三　前奏　校史研究　方兴未艾

来自不同家庭的城乡知识青年入学 …………… 041

华东人民革命大学的学习任务 …………… 047

首期开学典礼和活动内容 …………… 048

一至五期的学员综述 …………… 050

特殊的复合群体 …………… 054

华东革大设立政治研究院 …………… 055

南京分校和浙江分校简况 …………… 058

四　赋格　亲历百天　全程记录

钱吉虎的全本学习笔记 …………… 063

笔记本目录及活动大事一览 …………… 064

李正文：中国革命的基本问题 …………… 068

李正文：武装斗争是中国革命胜利的关键 …………… 073

温仰春：关于"五一劳动节" …………… 076

李正文：关于国际统一战线的几个问题 …………… 077

李正文：知识分子投身革命思想改造问题 …………… 078

温仰春：爱国主义思想与政治自觉运动 …………… 080

袁也烈：国防建设与人民解放军 …………… 083

班主任吉浩 …………… 084

五　回旋　纪念集会　空前绝后

何枝可依的革大学子盼团圆 …………… 089

埋头苦干、拼命硬干和为民请命的人 …………… 090

三期部分校友首聚杭州西子湖畔 …………… 091

百字广告八方呼应定下重逢的日子 …………… 093

忙于组织联谊急于研究历史 …………… 095

筹备班子组成及准备工作启动 …………… 096

李源潮等领导发来贺信 …………… 098

盛况空前的纪念大会实录 …………… 101

五十年来的第一次同学大聚会（苏州） …………… 102

六 转合 回望追忆 激扬文字

- 凝聚力来自何方 …… 113
- 未能与会同学迟到的祝贺 …… 114
- 纪念集会带来的连锁反应 …… 115
- 建校55周年纪念在各地分别举行 …… 116
- 参加南京分校60周年集会 …… 117
- 编撰文集：《圆梦录》《革大人》《华东革大人》…… 118
- 建校65周年纪念活动专刊《红霞满天》 …… 123

七 华彩 勒石铭志 永世不忘

- 动议建华东革大旧址纪念碑 …… 133
- 60年重逢建碑启动 …… 135
- 拜访向守志求得墨宝来 …… 137
- 踊跃集资建造纪念碑 …… 138
- 华东革大旧址纪念碑铭文 …… 139
- 落成典礼八方来贺 …… 140
- 复旦大学树立发源地纪念碑 …… 142
- 华东人民革命大学赋 …… 148
- "华东人民革命大学筹备处旧址"在丹阳揭牌 …… 151

八 升华 建档立案 全宗呈现

- 忙于建碑急于立档 …… 157
- 发布苏州市档案馆征集资料启事 …… 158
- 保存在苏州市档案馆的革大资料 …… 160
- 复旦大学档案馆发布征集资料的启事 …… 161
- 复旦大学图书馆捐赠仪式 …… 162

九 辉煌 著书立说 气盛言宜

- 四篇文章发表在中共中央党校刊物上 …… 169
- 钱吉虎的成长之路 …… 171
- 水上陆地立新功 …… 174
- 妙笔著文深层反思 …… 175

心系华东革大人 …………………………………… 181
　　寻根访祖新编家谱 …………………………………… 182
　　心系母校真情永存 …………………………………… 184

十　余音　高教中坚　砥砺前行
　　继承我党我军重视教育的光荣传统 ………………… 189
　　上海文教战线的形势和任务 ………………………… 190
　　革大领导在上海教育战线担任领导职务一览表 …… 190
　　接管教会学校 ………………………………………… 191
　　中华人民共和国第一次全国教育工作会议的决定 … 193
　　华东革大的办学特点和学习体会 …………………… 194
　　华北人民革命大学的延伸和发展——中国人民大学 … 195
　　为上海高教发挥奠基性的作用 ……………………… 196
　　华东革大人在上海教育界工作大事记 ……………… 196
　　华东革大附设上海俄文学校和工农速成中学 ……… 201
　　华东革大的教育思想和办学理念 …………………… 204

十一　畅想　星空灿烂　光耀华夏
　　华东革大人的红色基因 ……………………………… 211
　　华东革大历史亲历者的研究 ………………………… 215
　　为革大集会研究继续努力 …………………………… 216
　　革大人志在四方 ……………………………………… 218
　　为共和国大厦添砖加瓦 ……………………………… 220
　　艰苦的地方都有华东革大人 ………………………… 221
　　文艺美术教育的杰出人物 …………………………… 223
　　夕阳红满天温馨又从容 ……………………………… 225

十二　展望　牢记使命　深受鼓舞
　　新四军百岁老战士施平为本书题词 ………………… 229
　　亲历者钱吉虎得到表彰 ……………………………… 231

建议深入对华东革大的历史研究——阮万钧给
　　上海市委书记写信……………………………………232
"华东人民革命大学与上海高等教育发展"座
　　谈会在东华大学举行…………………………………234
筹建"华东人民革命大学史料陈列馆（室）"…………236

附件

华东人民革命大学历史研究的大事记…………………237

人物简介……………………………………………………251
华东革大组织机构干部配备表……………………………261
一百零二位学员风采录……………………………………268

参考文献……………………………………………………282
后记…………………………………………………………284

引子：开辟战场 培养干部

1951年6月17日，华东人民革命大学第三期结业校领导和来宾合影
左起：程雨村、李文、匡亚明、温仰春、舒同、唐亮、聂凤智、李正文

一 引子：开辟战场培养干部

以人民的名义命名的革命大学

多么令人鼓舞的1949年！

笔者在此前刚出版的《一代造币专家：陈宏阁》一书中曾写道：

解放军打到哪里，人民币就运到哪里——

同样，解放军打到哪里，以人民的名义命名的革命大学也随之举办、跟进到哪里。

人们对人民币是再熟悉不过了，而对华东人民革命大学，却是陌生的，加之这所大学存在的时间又短，大家的淡忘也在情理之中，故而问及多人，却也知之甚少。

没有人提起，事情就这样过去了吗？……只有上点年纪的大学教授依稀想起二十世纪五十年代初的教育系统来了这么一群人。

什么？两三个月——短训班！"华东人民革命大学"，它的起点和归宿在哪里呢？对今天的读者来说都是一个谜。

【资料】华东军政委员会转发中央教育部印信条例函 [①]

（1950年10月10日）

我部为了统一规定全国各级学校印信的制发，特拟订各级学校印信条例草案，经呈奉中央人民政府文化教育委员会本年七月八日（50）文委秘字第六四二号通知，所呈各级学校印信条例草案，业经修正呈准政务院备案，希遵照办理。

并根据中央教育部指示，特补充下列数点：

1. 新型大中学（如华东人民革命大学、工农速成中学）印信同一般大中学规定制发。

2. 业务部门领导的学校……

（略）

部长：吴有训

由此看来，华东人民革命大学是新中国的一所新型大学。

[①] 《华东人民革命大学校史》[M]. 上海：华东师范大学出版社，1989年。

梦缘情怀 ——光荣属于华东人民革命大学

华东人民革命大学校史记载：华东人民革命大学，是新中国成立前夕，党中央鉴于新中国成立必须要有自己的干部队伍，去接收旧政府人员，因此在当时划分的各大行政区（华北、华东、西南、中南、华南、东北）先后成立了革命大学，大量吸收知识分子入学。华东人民革命大学在江苏丹阳新丰镇一带筹建，成立于1949年5月上旬。

华东革命大学校长由华东局宣传部部长、华东军区政治部主任舒同兼任，副校长由原华东局渤海区党委副书记刘格平担任。

华东革大共办学5期，累计招生15000余名（不包括南京、浙江分校）。1952年停止办学，学校的领导干部大多调往上海各高等学校、政府机关。如，副校长李正文调任到北京教育部，温仰春调任华东纺织工学院担任院长（华东纺织工学院就是现在的东华大学）。

华东革大历史不长，但为国家培养了各类学科人才。北京大学原校长吴树青是华东革大一期学员，浙江大学原党委书记黄固是浙江分校教务长，等等。

曾到过华东革大讲话、授课的有各级党政领导：陈毅、饶漱石、刘晓、潘汉年、陈望道、马寅初、陈丕显、魏文伯、刘瑞龙、章蕴、冯定、夏衍、范长江、李士英、骆耕漠、许涤新、陈同生、周而复、金仲华、唐守愚、沈体兰、管文蔚、刘季平等；部队领导：聂凤智、宋时轮、唐亮、袁也烈等，作家：艾青、叶以群等。

华东人民革命大学当时被誉为华东最高学府。

黑格尔曾说：凡是现实存在的东西都是合乎理性的。

看看当时的师资队伍阵容，绝对阵容强大，能够密集地面对面接受教育，其受益程度可以想见，正是"听君一席话，胜读十年书"。

当时是这样，过去了五十年之后，想想还是这样。

五十年后有这么一个人，为华东人民革命大学奔走，为联络当时的15300位学子和1200位教工奔走。

他就是年近九旬的钱吉虎，有激情有豪情，复旦大学档案馆长周桂发叫他"钱老虎"。他说自己并不属虎，肖狗，狗者，忠勇有加，咬紧不放松，照样虎虎有生气也。浙东乡音"虎""火"不分，久之都将他写作、唤作：钱吉虎。钱吉虎在上海工作刻苦努力，成为消防领域的专家。退休以后，他一心一意研究起华东革大的校史来。

新华社元旦社论:"将革命进行到底"

1949年元旦,春寒料峭,滴水成冰,人们心头却春意盎然,人民解放军已经兵临城下,饮马长江。

尚未成为华东人民革命大学学子的"钱吉虎们"和全国人民一样记忆犹新,公开和秘密收听新华社发表《将革命进行到底》的新年献词。毛泽东主席向全世界宣告了人民解放军将渡江南进,解放全中国,以坚定的信心和豪迈的气概,向全党全军全国人民明确了今年奋斗的目标:成立中央人民政府。

"一九四九年将要召集没有反动分子参加的以完成人民革命任务为目标的政治协商会议,宣告中华人民共和国的成立,并组成共和国的中央政府。

"这个政府将是一个在中国共产党领导之下有各民主党派各人民团体的适当的代表人物参加的民主联合政府。这就是中国人民、中国共产党、中国一切民主党派和人民团体,在一九四九年所应努力求其实现的主要的具体的任务。我们将不怕任何困难,团结一致地去实现这些任务。

"几千年以来的封建压迫,一百年以来的帝国主义压迫,将在我们的奋斗中彻底地推翻掉。"

毛泽东文选《将革命进行到底》单行本

军事斗争的胜利,随之而来的工作是建立各级各类新政府的机构接管城市,由此需要各条战线建设人才的任务也愈来愈迫切,成为我党我军工作的重中之重。

古人云:不破不立,大破大立。破而后立,晓喻新生。破字当头,立就在其中。维持社会秩序,开展经济建设,肃清反革命残余势力,需要军队干部和旧政府留用人员的合作加入。正是在这种大历史背景下,根据中共中央的战略部署,中共中央华东局(以下简称华东局)抽调大批干部组成"华东南下干部纵队",随人民解放军南下,准备接管江南地区各大城市,为新中国的政权建设作贡献。

未雨绸缪，中共中央估计：根据当时的情况，新解放区及各大城市共需干部 5.3 万人左右。

后来成为华东革大三期学员其中一员的钱吉虎在回忆往事的时候，深感当时的领导层高瞻远瞩、英明伟大。年轻学员所走的每一步，都是在毛主席和党中央的战略部署下，从胜利走向胜利。现在能够亲自体会到不忘初心、牢记使命的真正含义就是：将革命进行到底！

西柏坡"九月会议"决议

2019 年钱吉虎到西柏坡会址参观

早在人民解放军开始与国民党军事力量进行战略总决战的前夕，中共中央于 1948 年 9 月在河北省平山县西柏坡召开了政治局会议，史称"九月会议"。会议分析了全国解放战争的形势，指出：

夺取全国政权的任务，要求我党迅速地有计划地训练大批能够管理军事、政治、经济、党务、文化教育等工作的干部，缺乏这项准备，就势必不能适应形势发展的需要，而使党的工作处于被动地位。

同年 10 月 28 日，中共中央根据"九月会议"确定的基本方针，作出了《关于准备夺取全国政权所需要的全部干部的决议》。

在战争第三、第四两年内（1948 年 7 月至 1950 年 6 月），人民解放军可能夺取的国民党统治区域，大约有 1.6 亿人口，约 500 个县及许多中等城市和大的城市，并在这些新的区域建立政权，共需中央局、区党委、地委、县委、区委等五级及大城市的各项干部 5.3 万人左右，并将抽调干部的任务做了分配：约华北 1.7 万人，华东 1.5 万人，东北 1.5 万人，西北 3000 人，中原 3000 人。

为了贯彻上述中央的决议，华东局紧锣密鼓地准备起来，于12月25日发出指示：

"我们注意到目前（1949年）华中的干部（尤其中级和高级干部）特别缺乏，因此准备一万五千干部，规定完全由山东来负责。"

第一批南下干部统一整编为"华东南下干部纵队"。

山东各区党委接到华东局的通知后，积极抽调第一期南下干部2000多名，于1948年12月组建了首批南下干部大队，并陆续来到益都县王岗村一带。

首批南下干部组成了华东局党校的4个部，加上在此前后，各战略区行署的部分南下干部亦前来党校参加学习，党校全部学员达3000人左右。

1949年1月中旬，华东局党校在王岗村举行隆重的开学典礼。

在首批南下干部到华东局党校集结的同时，山东各战略区①认真落实华东局的要求，开始筹组5套区党委的班子。

经过紧张的宣传动员和积极的组织筹备，到1949年初，山东各战略区的班子配备工作基本完成。与此同时，华东局分配给山东各战略区的28套地委班子及相应的县区班子也基本上搭配完成。

以上诸多动作都是配合渡江南进，是中共中央、中央军委长期以来周密策划的战略决策。正所谓"兵马未动粮草先行"。接管城市多个条线的干部都要先行一步，有所准备了。

1949年3月初开始，山东各战略区的南下干部经过短期集训后，按照中央和华东局要求党校在临城组织各战略区的1.5万名干部，踏上了南下的征程。为配合人民解放军做好渡江作战的充分准备，中共中央决定从正在临城集训的华东南下干部中抽调一部分提前南下，参加渡江作战，随军筹集粮草。

1949年3月下旬，随军筹粮干部队伍大队在安徽合肥被编入各集团军，受谭震林指挥，并拟定了随军行动方案。大队部跟兵团司令部行动，中队部跟各自的师部行动，各小队根据需要由师部分配到所属团、营和连队。不久，各中队、小队分别到达部队沿江驻地和部队一起待命。随军干部预定的渡江地点和口岸在安徽无为县的姚家沟到汤家沟一线。

为便于统一行动，"华东南下干部纵队"一律穿军装，实行军队编制。

---

① 车吉心：《齐鲁文化大辞典》[M]．山东：山东教育出版社，1989年6月：第154页。抗日战争时期，山东被划分成五大战略区，即：鲁中区、鲁南区、清河区、滨海区和胶东区。

中国人民解放军朝气蓬勃向前挺进，干部纵队与大中小队一路同行。支前民工紧随其后。与此相比，国民党二十万军队行动，却有十万家属随军溃退，南京国防部，早已把行军机密泄露。如此腐败，焉能不兵败如山倒？

《中国人民解放军军歌》响彻江南大地，华东革大的学子正是踏着坚定而有节奏的步伐，随军向上海进发，进而向待解放的战场、祖国的边疆进发——

> 向前、向前、向前，我们的队伍向太阳，
> 脚踏着祖国的大地，背负着民族的希望，
> 我们是一支不可战胜的力量！……
> 听，风在呼啸军号响，听，革命歌声多么嘹亮，
> 同志们整齐步伐奔向解放的战场，
> 同志们整齐步伐奔赴祖国的边疆，
> 向前、向前，我们的队伍向太阳，
> 向最后的胜利、向全国的解放！

接管城市的组织保障和干部队伍建设

在铁流滚滚的钢铁大军中，一支文化人组成的队伍，悄然形成，他们是去接管解放了的城市成为驻地队伍，他们也将是华东革大组成的主体单位。

这一切都是为了适应军队进城后工作的转型。毛泽东在为中共中央军事委员会起草的电文中指出，今后将一反过去20年先乡村后城市的方式，改变为先城市后乡村的方式。要求部队须着重学习政策，准备接收并管理大城市。并且明确指出，军队不但是一个战斗队，而且主要是一个工作队。过去军队干部和战士们所不熟悉的一切城市问题，今后均应全部负担在自己的身上。

研究资料表明[①]：中国共产党接管城市史的时限是1944年4月至1951年10月，起点是毛泽东向全党提出夺取城市的战略任务的那一刻，终点在中国人民解放军进驻拉萨。

以中国共产党接管城市政策制度和思想理论的完善程度为主要依据，可以将中国共产党接管城市史划分为四个阶段：

一是抗战后期至全面内战爆发前的接管城市工作。在这一阶段，党的主要

---

① 周红妮：《中国共产党接管大中城市纪实》[M].河北：河北人民出版社，2013年。其中提出中共接管大中城市的历史分为四个阶段。

工作是建立政权、实行军事管制、没收敌伪和大汉奸的财产、保护公用事业和一般工商业等。

二是战略防御和战略进攻时期的接管城市工作。在这一阶段，党提高了接管城市的认识、开始总结和推广接管城市的成功经验、建立请示报告制度、推行军事管理制度、纠正侵犯民族工商业的现象。

三是战略决战时期的接管城市工作。在这一阶段，党开始建立城市新政权、接收官僚资本企业、处理旧的对外关系、恢复和发展教育事业、清理新闻出版机构、培养训练城市工作干部、甄别和任用旧职员。

四是党的工作重心转移至新中国成立初期的接管城市工作。在这一阶段，重点解决了五个问题：城市工作的阶级路线问题，城市工作的中心任务问题，城市政权建设问题，党的作风建设问题，城乡兼顾、工农兼顾等问题。

马上要接管国际大都市——上海，会有更多、更意想不到的事情，如今都摆在华东野战军政治部主任舒同的面前……

中共中央办学的英明决策

舒同看到的文件显示：

中共中央决定在华北、华东、西南、西北和东北，成立人民革命大学（以下简称"革大"）。

华北人民革命大学校长刘澜涛（时任中共中央华北局常委兼组织部部长）已经就任。陕西省政府主席马明方兼任西北人民革命大学校长；西南人民革命大学校长是刘伯承；东北人民革命大学校长是李先念。高规格大格局的配置，可见中共中央对建立人民革命大学的高度重视。

更早的时候，1938年10月，在中共六届六次全会上毛泽东主席提出了著名的论断："政治路线确定之后，干部就是决定的因素。"1949年党中央英明决策，在新解放区举办"革命大学"和"军政大学"，以老红军为领导，抗日将士和解放军官兵等骨干为教员，率领数十万青年知识分子，

上海战役总前委旧址

进行"抗大"式教育,为新中国培养大批革命和建设的干部,积极准备参加巩固新政权的斗争,为社会主义建设做出贡献,实现我党我军从农村工作、武装斗争到城市管理、经济工作的过渡。

先后成立的革命大学,在原有的班底上,大量吸收当地的青年知识分子入学,成为一个重要的生源。

1949年5月中旬,解放上海战役打响的前夕,中共中央华东局在丹阳宣布:以舒同为校长、刘格平为副校长的华东人民革命大学宣告成立,在苏州紧张准备后与解放军同时进驻上海。

时任华东军区司令员、华东局领导和上海市市长陈毅同志,坚持贯彻中央英明决策,非常重视华东革大,关心华东革大的各项工作进展。特别抽出时间,多次到华东革大做报告进行动员。他的夫人张茜同志,也安排在华东革大附设俄文学校工作。

陈毅:野战军进城不能"野"

高速推进的渡江战役之后,在解放上海前,如疾风暴雨的交响乐,在轰响中突然来了个休止符,进入了一个短暂的平静期。

1949年的五月初渡江战役总前委、中共中央华东局和华东军区机关全部移师京沪铁路边的小县城江苏丹阳。

上海战役总前委丹阳旧址纪念馆宣教科主任孙国武(人称小武哥)讲解道:

为什么选址在丹阳整训?有三个原因:

第一,丹阳水陆交通的便捷有利于大部队的大进军;

第二,丹阳城目标适中,有利于防空。当时守卫上海的汤恩伯,每天沿沪宁铁路线狂轰滥炸,炸得最多的地方恰恰是现在的苏锡常地区,他肯定不会想到,总指挥部居然放在了小小的丹阳城。

第三,陈毅和粟裕在1938年春天的时候,就到达以茅山为中心的这片区域,包括溧阳、溧水、广德、宜兴,包括我们丹阳的延陵和句容的茅山,建立了中国六大山地抗日根据地之一的苏南抗日根据地,和丹阳人民结下了非常深厚的鱼水情谊。

还在新四军成立初期,1938年2月15日,毛泽东复电项英、陈毅:"目前最有利于发展地区还在江苏境内的茅山山脉，即以溧阳、溧水地区为中心，向着南京、镇江、丹阳、金坛、宜兴、长兴、广德线上之敌作战，必能建立根据地，扩大新四军基地，如有两个支队，则至少以一个在茅山山脉。"

"我们又回来咯！"时隔11年之后，陈毅又将目光放在了丹阳，丹阳地区有深厚的群众基础。等到负责接管上海的5000多名干部和2万余名华东军区的官兵到来，让只有3万人口的县城顿时沸腾起来。

子夜，风尘仆仆的陈毅、邓小平驱车来到丹阳。

在大街上，两位领导喝了一碗碎馄饨皮糊糊汤充饥。

天亮了，邓小平、刘伯承和陈毅等党政要员都入住了下来。夏衍、潘汉年、许涤新等社会名人和机关干部都在丹阳驻足，大队人马集训，除了经管会组织筹粮草等准备之外，一项重要的内容就是深入进行政策及入城守则教育。

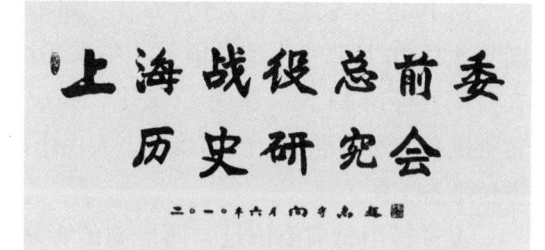

上海战役总前委历史研究会　向守志题

在渡江战役发起之后。解放军仅用了两个星期的时间，占领了除上海以外的整个苏南和浙江的大部，创造了十天进军千里的新纪录。然而，为了能够顺利接管上海，解放军解放上海的计划整整推迟了一个月时间执行。

在渡江战役总前委向中央军委所作的关于推迟进入沪杭时间的请示。总前委写明了主要原因。根据南京经验，在我党我军未做适当准备仓促进入大城市，必然会陷入非常被动的地步。

南京经验是什么呢？在总前委此前上报的《关于南京接管初步情况的报告》中写到，南京出了乱子，第一个就是外交问题。

从1949年4月23日到26日，四天内共发生我军人员与外国人的政治事件六起，而以私入司徒雷登的住宅一事较为严重，原因是我党外交政策没有在部队进行深入教育。

陈毅还讲了他发现违反纪律的四件事：不买票看电影；到学校随便拧下人家的灯泡；没有请假就上大街；强行拦车坐车，等等。

陈毅告诫：野战军到城里可"野"不得！

毛主席为《入城守则》点赞

唱武戏的同时，要同时唱好文戏，成立华东人民革命大学便是其中的一折。

就在前敌总指挥部的大院子里，陈毅大手一挥宣言道："同志们，解放全中国不用太长时间啰，解放上海更是指日可待！"

2021年初春三月的一天，笔者和钱吉虎来到丹阳做专访，王永生老师驱车接我们到了上海战役总前委旧址。

从1949年5月3日、5月6日，陈毅、邓小平同志先后到达丹阳开始，到同年5月26日邓小平率总前委、华东局机关离开丹阳进驻上海为止，总前委在丹阳共停留23天。在这23天里，完成了思想准备、组织准备、事务准备、物资准备、军事准备、新闻接管、人民币准备、社会文化经略等八个方面的全方位准备工作。

走进丹阳总前委旧址，两层高的青灰砖墙小楼呈现眼前，门楣上悬挂着"总前委旧址"牌匾，邓小平、陈毅铜像屹立一侧。楼上楼下两间不足7平方米的房间，便是邓小平、陈毅二人的卧室。

总前委旧址前称是戴家花园，就是人民解放军在解放上海前的驻扎地。上海战役总前委丹阳旧址纪念馆副馆长王玉娟介绍，1949年5月，邓小平、陈毅、粟裕等总前委领导同志从南京到达丹阳，古城丹阳成了我党我军解放和接管上海的大本营，小小丹阳城，汇聚了8名中共中央委员、候补委员以及党、政、军、财、文各界精英和接管人员、警卫部队三万多人。上海第一份党报《解放日报》在丹阳创刊，各类接管封条、任命书、印章、大量的文件及宣传材料在丹阳印制。

1949年5月4日至6日，华东局专门召开了有各部委180名干部参加的接管上海会议。在陈毅发表讲话后，干部讨论了入城政策和入城纪律。陈毅严肃地强调两条：一是市区作战不许用重武器；二是部队入城后一律不得进入民宅。陈毅坚持说："我们野战军的野，到了城里可不能野，这一条一定要无条件执行，说不入民宅，就是不准入，天王老子也不行！这是我们人民解放军送给上海人民最好的'见面礼'！"

毛主席见到上报的《入城守则》和《上海概况》后，接连批复道：很好，很好，很好，很好！

上海解放后，为了维持正常的社会经济生活秩序，1949年5月上旬，人民解放军在丹阳期间已经准备好了 1.44 亿斤粮食、1 200 吨煤炭、7 000 万斤食油，还成立了煤粮供应运输部，专门负责城市人民必需品的转运工作。在当年青黄不接的情况下，丹阳人民也踊跃支援上海 350 万斤粮食、18 000 担柴草，还有大批的棉花和煤炭。

华东人民革命大学也是我党我军在丹阳为上海人民备下的一份文化大礼。

2019.5.20 复旦大学光华楼"陈毅在上海"展览时钱吉虎与陈毅的长子陈昊苏见面。左一为上海市新四军研究会副会长兼秘书长颜宁，右一为上海市党史研究室主任徐刚毅，右二为复旦大学图书馆副馆长王乐

二

序曲：新型大学 应运而生

1949年8月22日　舒同校长在华东人民革命大学开学典礼上讲话

二 序曲：新型大学应运而生

丹阳吹响接管上海的集结号

为了适应革命和建设事业对干部的大量需求，接管新解放区的广大城市和农村，中央曾抽调老解放区53 000余名干部随军南下，但这仍旧不能满足新解放区对干部的大量需求。因此，用速成的办法培养（新）干部，是革命形势发展的必然要求。

于是就有了一批当时城乡的知识青年参加了进来。拉开了到华东人民革命大学学习的序幕，钱吉虎就是其中的一员（其时年17岁）。

等到70年以后的华东革大人重新回忆的时候，那种仓促也是70年前没想到的。钱吉虎同学是1951年入学的。他没有到过丹阳，但知道有总前委的这回事。当笔者和钱老在无锡拜访了时任无锡市政协主席赵叶、温仰春副校长之子温建民和姚学伟的遗孀之后，马不停蹄地北上去了丹阳。

笔者找到了在丹阳的朋友，在他们的协助下终于与总前委纪念馆取得联系。纪念馆工作人员对来访者做了简短的介绍，当钱老拿出资料，纪念馆的领导顿时非常激动，眼睛亮了起来。双方经过谈话，在钱老的积极争取下，纪念馆的领导欣然应允在丹阳总前委旧址挂题为"华东人民革命大学筹备处"的牌匾。

笔者从钱吉虎（以下简称吉虎同学）那里开始全面接触华东人民革命大学（以下简称"华东革大"或"革大"）的事情。

重走华东革大路，吉虎同学和笔者二次到丹阳，和当初革命前辈一样，寻访、重温、学习和体验这段伟大的历程。

在迎接中国共产党百年华诞的时候，2021年5月18日，我们一批老同志不约而同来到丹阳，向邓小平、陈毅铜像致敬，仔细参观了总前委旧址纪念馆，伟人的居住办公地和专题展览。

回首前辈往事，笔者赋诗一首：

　　金陵古都王气收，丹阳萧梁余脉留。
　　洒落夕阳故间雀，仰天麒麟没荒丘。
　　忽闻小城大军至，严明纪律听封侯。

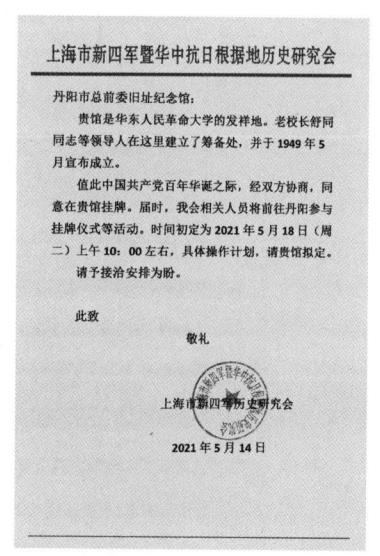

梦缘情怀——光荣属于华东人民革命大学

元帅当年豪言放，指日可下一挥手！

毛主席着重指示：华东革大必须搞好，不能因为房子受到限制

在资料收集的过程中，有一份华东人民革命大学校委会议记录。会议的时间是1949年12月22日，会议要点是舒校长关于校址及一般问题的发言，其中提到毛主席的指示。

校委会议记录摘要如下：

时间——12月22日下午2时。
地点——温副校长住所。
出席——全体校委（各部正副主任列席）
记录——程雨村
一、温校长讲：（略）
二、舒校长讲：饶政委到中央去与毛主席谈，毛主席着重指示：华东革大必须搞好，不能因为房子受到限制。饶政委已提到华东局进行研究。昨日，粟司令来我们这里又谈到这个问题，认为要修房子须三个月，干部思想也成问题，因此，确定华东革大可要苏州军大的房子。这点饶政委很肯定，要军大到南京去。因为苏州也是革大的。后又谈到具体时间。确定在粟司令24日来沪时再具体确定。原来那里能容一万多学生，我们收容六七千是可以的。这样房子是集中了，只是离华东局太远，上课等有些困难。

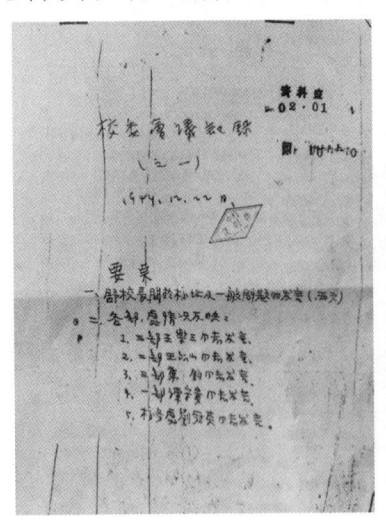

新型大学人员配置齐全

1949年5月,中共中央华东局在江苏省丹阳市新丰镇召开会议,面对即将解放全国的大好形势,研究决定筹建华东人民革命大学,培养大批年轻干部,准备接收城市,作为充实各条战线的有生力量。

领导班子成员为中共华东局常委、宣传部部长、华东军区政治部主任舒同任校长,以原渤海区党委副书记刘格平任副校长。以中共华东局党校为基础(有干部82人),以山东渤海区南下干部(党、政、军直属机关和下属单位部分)1019人为骨干,吸收随同南下的华东大学(济南)毕业生(有169人),以及中共上海地下党组织调来的干部5人。全校干部总数为1275人。为加强领导,部正副主任按地委、专署级干部配备,班按县团级干部配备。

华东人民革命大学是一座行政级别高,阵容强大,配备齐全的新型大学。

校部机关设5个处:组织处、秘书处、教务处、行政处、卫生处。

全校下设三个部:即一部、二部、三部,各部相应设5个科。部以下设班。此外,还设文工团、医院、警卫部队。

曾到过华东革大讲话、授课的人都是华东党政军的头面人物、部队首长和文化界人士。

10位校领导，分别是：舒同、刘格平、温仰春、李正文、匡亚明、吴仲超、姜椿芳、陈同生、王昭铨和黄固。还有秘书长、教务长、部主任：冯乐进、李文、陈琳瑚、程雨村、方明、王亦山、谭守贵、万钧、王乐三、周抗、崔毅、陈准提、王零、余仁和蒋梯云。教育骨干：冷作述、朱晓初、刘洁、徐常太、刘博泉、刘怀庆、刘维寅、郭正、涂峰、王熏香、石涛和郑子文；教工：丁西三、王玉春、张希曾、王淑超、陈志强、孙承艮、戈兆鸿和任桂珍、郭川、王志强。

他们既是曾为国征战的军政首长老革命老领导，又是我党我军的大儒学者和学贯中西的大知识分子。能够近距离接触，亲自聆听他们的教诲，是所有学生期盼的。

舒同本人是党内"一支笔"、也是马背上的书法家。

"始得名于文章，终得罪于文章"（白居易），舒同的文章行云流水、语言通畅、文辞舒适，其中四篇文章问世后名声远播。

他年少时创办进步刊物，发表《中华民国之真面目》一文，震惊四座，他的老师也赞叹不已。

舒同还曾和聂荣臻司令共同署名给日本东根清一郎一封答复信，义正词严，情真意切，文采斐然。

《致专案组的新年贺词》，表现了舒同在非常时期的铁骨铮铮、气宇轩昂，他的文笔生动、言辞犀利，嬉笑怒骂皆成文章。

舒同介绍华东人民革命大学

以下是老校长在1988年为校史写的序言。[1]

华东人民革命大学创建于1949年5月。当时，我中国人民解放军以雷霆万钧之势，横渡长江，上海解放在即。根据中共中央华东局的决定，以原来的华东局党校为基础，加上山东干部南下纵队渤海区党委的班子，进行华东革大的筹建工作。

学校的创办，是为了贯彻执行党关于放手大量吸收青年知识分子的战略决策，为了适应随着人民解放战争的迅速发展，革命和建设事业干部的大量而急切的需要，为了满足广大知识青年满怀激情，要求

---

[1]《华东人民革命大学校史》[M].上海：华东师范大学出版社，1989年。

二 序曲：新型大学应运而生

学习马列主义、毛泽东思想，献身革命事业的迫切愿望。

由于解放战争的形势急转直下，学习时间只能是短暂的，学员来校以后，主要学习革命的基本理论和党的有关方针政策，在初步掌握马克思主义的立场、观点、方法，树立为人民服务的革命人生观以后，就分配工作，让他们到社会的大课堂、火热的斗争中去继续学习成长。

学习采取上大课、个人刻苦钻研文件、集体讨论相结合的方式，提倡理论与实践相结合的原则，提倡老老实实、实事求是、坚持真理、修正错误、虚心研究的态度，提倡自由思想、民主讨论、统一认识的方法。

请来上课的老师，都是华东和上海党政军的领导同志，以及各部委局的领导同志，尽管当时接管工作异常繁忙，但只要学校去请，无不欣然允诺，挤出时间前来上课，因而教学具有较高的质量。

大军南下，百废待兴，财政经济十分困难。因此，学校设备简陋，生活十分艰苦。但是由于大家有了崇高理想、伟大抱负，不以为苦，反而引以为荣。

学校得到毛泽东同志的亲切关怀，他曾特别强调要把华东人民革命大学办好，不能因为房子困难而受到影响。

中共中央宣传部部长陆定一曾两次亲自来校视察，并在第二学期开学典礼上讲话。

华东军区副司令员粟裕，曾专门下令将原驻苏州的华东军政大学迁至南京，腾出南北兵营让给华东人民革命大学作为校址。

学校办了三年多，先后共办五期。培养了15300余名干部（不包括政治研究院、俄文学校和工农速成中学学员）。30年后的今天，很多同志已经成为党政领导骨干或某一方面的专家学者。

为纪念华东人民革命大学，上海市高等教育局组织编写该校校史，这是很有历史意义的。校史的出版，不仅对过去战争年代培养教育干部的工作做了回顾总结，而且将对加强高等院校的思想教育工作，对"两个文明"建设起促进作用，也能为培养有理想、有道德、有文化、有纪律的社会主义建设人才提供借鉴。

刘格平，回族人民的杰出领导人，少数民族的首席代表。新中国成立初当选中央人民政府委员会委员，三级干部。东华人民革命大学成立之初任副校长。他在革大的时间，只有4个月，后到京赴任，由温仰春接替主持日常工作。

温仰春工作笔记本

这两本温副校长的工作笔记本由钱吉虎收藏，他视如珍宝，说：看温仰春的工作笔记本乃半部革大史也。

时任复旦大学党委副书记的刘承功对吉虎同学的支持是及时和具体的，他深知这两本文物的重要。现任东华大学任党委书记的他如数家珍地说起温仰春——

东华大学的前身是华东纺织工学院、中国纺织大学。温仰春在华东革大停止办学后便到华东纺织工学院担任党委书记兼院长有10年之久。回首峥嵘岁月，东华大学为曾有这样一位老领导而骄傲。他为中国人民的解放事业、为共产主义崇高理想贡献了毕生精力。

温仰春于1924年参加革命，1926年入党，1927年参与创建闽西革命根据地，担任过团政委，坚持南方三年游击战争。

"七七卢沟桥事变"后，温仰春任新四军二支队秘书长，从事统战与干部培训工作。在炮火连天的战争年代，他以高度的革命乐观主义精神，坚持用马列主义教育干部。开办华中局党校担任副书记副校长，实际主持工作。当时的物质条件极其艰苦，温仰春却常常乐观地对同志们说："天当房，地当床，糠菜树皮当主粮，上战场杀敌人需要它，咱们办党校学习马列主义更少不了它。"于是，草棚当校舍、土堆当讲台、膝盖当课桌，战士在这里得到了理论武装。

上海的老市长汪道涵和李干成、陈修良、张鏖联名撰文《模范的党的工作者》纪念温仰春同志，文中写道：

> 从1941年到1949年数以千计的干部（相当一部分县团级以上的干部）经过党校学习，多则半年，少则三四个月，提高了理论水平，振奋了革命精神，整顿了思想作风，有的重返前线，有的到地方上开展工作，在抗日战争和解放战争中发挥了巨大的作用。

温仰春同志长期从事党的干部培训。他来到华东纺织工学院主持工作后，尊重教授，注重专业实际，办出了特色，对上海这座以纺织工业为主的大城市的生产建设作出了重要贡献。1957年春，温仰春被任命为华东纺织工学院代院长，后任院长。长期从事党的干部教育和组织工作的他，深知高等教育在社会主义建设中的重要地位。在华纺校园十年，温仰春以一个老共产党员的坚强党性和高度责任感，始终抱着忠实积极、顾全大局的态度，带领全校师生员工，在新中国第一所纺织高等学府的沃土上，深耕易耨，成绩斐然，硕果累累。

温仰春工作笔记本讲话摘要

原任华东局委员、组织部副部长，温副校长的工作笔记本专用于记录华东局的会议记要，字迹清晰且详细地记载了1950年1月以来的工作情况。

工作笔记本中记录了高教招生的情况、招生人数和学校调整。全国高等院校共有182所。其中华东有50所，分为：综合性大学4所、多科性高等工业学校5所、单科性高等工业学校8所、高等师范学校8所、高等农林学校8所、高等医药学校9所、高等政法学校1所、高等财经学校1所、高等艺术学校4所、高等语言文字学校1所、高等体育学校1所。

全国大专院校共有227所。创办方针：改造旧的，创造新的，对私立学校积极推荐，逐步改造，重点部署。同时贯彻教会学校基本收回的方针。落实高教会议的精神：提高一步达到团结之目的。

笔记中还有传达中央文件，以及饶漱石政委的发言和革大的教育任务。分析了当时的形势，总结了新中国成立以来的工作。事无巨细，包括工资的调整改革和工商业的税收。在他的笔记中还有以下内容：

解放军的整编复员、文教政策、团结各界人士巩固统一战线的工作。坚决执行巩固党的教育方针，还有保卫工作，参观俄文学校。

全国高等教育会议1950年6月30日召开的。陈毅传达高等教育工作会议，讨论的主要问题是领导问题、组织规程和课程。中央采取的稳定方针，暂用综合大学保留院所，配合国家需要，采取逐渐改造的方针，课程没有更大的更改。

成仿吾介绍中国人民大学方针任务配合国家需要的教学方法。

陈毅的报告，介绍上海的经济特点、上海一年的工作概况，"二六"轰炸和资本家逃跑、工厂关闭，我们要贷款、贷棉花，皖北苏北大批难民涌入上海。

曾山报告财经工作。

刘瑞龙报告土改问题。

张震报告整编复员。

舒同报告整党问题。

潘汉年关于统战工作的报告。

谭震林发言谈土改、整党、公粮税收和生产问题。

饶漱石讲整风学习与自我检查。

刘晓关于朝鲜问题的报告。

校长常委领导的自我检讨等。

还有一本是华东局宣传部工作记录……

华东革大建校50周年联谊活动结束，吉虎归还资料，毛巧写了收条并说明：

收回温仰春记录本2本，照片12张，赠送钱吉虎同志。

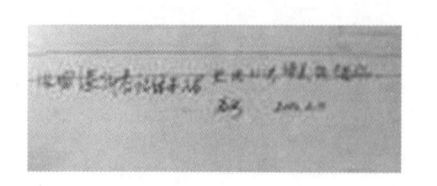

钱吉虎以热忱的工作态度，赢得了温夫人对他的高度信任，他也信守诺言，在复印整理资料以后，找了适当的时机将珍

钱吉虎与温仰春之子温建民合影

二 序曲：新型大学应运而生

藏的温仰春笔记本及其他资料献给了复旦大学图书馆特藏部。

2004年东华大学举行温仰春100周年诞辰纪念活动，温师母派女儿送信邀请吉虎同学出席，在会上，听到教授和员工们满口称赞温校长……

温仰春与毛巧同志

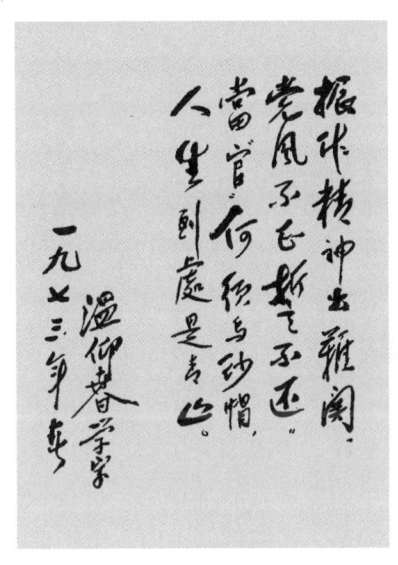

温仰春手迹

还有一位东华革大的校领导匡亚明，民国大学生，一直从事高等教育，"一所大学水平的标志不是看别的，而是看学校拥有教授的数量和学术水平，如果没有可观的教授就不成其为大学"，匡亚明老校长始终把"依靠教师"放在办学的重要位置。他无论在吉林大学还是南京大学当校长，都是求贤若渴，倾心和学者、老师交朋友，亲自为学生上课。

匡亚明题词

陈毅市长讲话精粹

笔者和钱吉虎到苏州市档案馆查阅华东革大资料，发现了校刊《改造》报的合订本，十分珍贵。

创刊号上报道（本报讯）1949年8月22日下午5时，本校5000

余师生于光华大学附中广场,隆重举行第一届开学典礼。陈市长、饶政委、冯副部长、舒校长及文化教育界民主人士陈望道、熊佛西等先生均莅临参加指导。

华东人民革命大学的学习,是对在各大学有学习基础的大学生,进行短期的革命训练,学习马列主义与毛泽东思想进一步学习一些必需的知识、理论、政策,而使自己到实际工作中得到锻炼,成为能符合当时的革命形势革命任务的要求的新民主主义的建设人才,号召大家有清醒的头脑,正确的方向,初步改造以提高政治觉悟。能够快速地学成到农村、工厂、军队中、学校中参加实际工作。反复地学习与工作,逐步提高为人民服务的能力。

学长们回忆起陈老总来讲课的情形,印象之深,不能忘怀。这位身经百战的华东最高军政首长,可是个勤工俭学留法的人士,大知识分子见多识广,最长的一次演讲讲了五个小时。他用一口四川话,滔滔不绝,脱稿演讲显示他的全面素养,形象而又生动。讲台上的讲稿时不时地拿起来看上一眼。他精神抖擞,声如洪钟,妙趣横生,抑扬顿挫,大家都听得津津有味。后来有人发现陈毅拿的是一张白纸,上面一个字也没有。

问其缘由,陈毅一笑,回答说:"不用讲稿,人家会讲我不严肃,信口开河。我的讲稿是'心照不写',文字全在心里,这张白纸是装模作样作报告。不过,今天我讲的全都有根有据,用不着担心。"

1949年8月28日下午5点,华东革大五千师生,又汇聚在光华大学附中操场,继续聆听陈市长作《目前形势和我们的任务》报告,学校布置了课桌和白布,在舒同校长陪同下,陈毅头戴太阳帽,戴了一副墨镜,身穿碧绿色的短袖军便服,脚穿黑布鞋,不用稿子,根据讲话提纲,侃侃而谈,内容精辟、语言生动简练、滔滔不绝,妙趣横生,全场鸦雀无声,同学们都聚精会神聆听,虽然一口气讲了四五个钟头,但却恣肆汪洋、气吞山河、深入浅出、挥洒自如,会场井然有序,不时发出阵阵掌声。

陈毅市长用大量的事实,深入浅出地说明,我们见所未见、闻所未闻的内容使得我们口服心服。如当时有人认为抗日战争胜利是美国原子弹迫使日本投降,陈市长指出:决定战争胜负,不是一两件新式武器,而是战争的性质,人心向背。日本帝国主义发动全面侵华战争遭到中国全国各民族的反抗,中国共产党领导的八路军、新四军深入敌后,英勇作战消灭日伪军170万。美国投下的两颗原子弹,显示一定的威慑力量,让日本人民深受其害,但并没有迫使日本投降。1945年8月8日苏联政府对日宣战，百万红军向东北境内发动猛烈进攻，在我军的配合下歼灭了70万日本关东军，八路军和新四军对日发动全面反攻取得了巨大的胜利，才迎来1945年8月15日，日本天皇向全世界宣布无条件投降。

中国抗日战争是世界反法西斯战争的重要组成部分。

陈毅的多次讲话妙趣横生、深入浅出，具有大将风度，并有渊博的知识，学员们听得如痴如醉，深受教育和鼓舞，终生难忘。

陈毅后来参加的几次活动记录如下：

第一期结业前夕，陈毅轻车简从，到华东革大二部复旦大学进行演讲，号召决战进军大西南，作动员报告；并从复旦出发到同济、交大视察；1949年底陈毅市长在上海俄文学校，主持召开了一系列活动；他与舒同、温仰春、姜椿芳参加俄文学校的校务会议。

华东革大迁往苏州，1950年秋，陈毅在华东人民革命大学政治研究院做政治报告。针对同学们存在着严重的"三美"（即亲美、崇美、恐美）的思想，陈毅市长在凌晨四点钟从上海坐火车专程赶来研究院，六点半到达后不吃早饭就做报告，直到11时，既对知识分子充满了深情的爱护，又对学员的"三美"思想进行了尖锐的批评。同学们不时报以热烈的掌声，结束时掌声更是经久不息。

吃饭时间过了，大家还围在陈市长身边不肯离去，同学们都说这样的报告听了真痛快真过瘾，解决了许多糊涂思想和错误认识，陈毅市长的报告，连同其他同志的报告，对如何在两大营垒对立的世界中，分清敌友，对战后和平力量和战争力量的消长，对"三美"思想的错误及其严重危害，对分析和研究国内外形势的立场观点和方法，都做了精辟透彻的阐述，这些对同学们帮助很大，特别是讲到，"三美"思想，是在客观上起了有意无意地帮助了敌人的作用，许多学员感到很震惊。他们开始了解了用辩证唯物主义观点分析形势的重要性历史经验，也表明代表人民的力量，可以从小到大、从弱到强，最终将不可战胜；反之，代表腐朽的反动力量，虽然表面上貌似强大，但是纸老虎，终究逃脱不了失败和灭亡的命运。

1953年政治研究学院迁往上海，3月至8月在上海的瑞金二路450号，陈毅又专程做了报告，学员有90余人。三个学期的开学结业，陈毅都莅临讲话。他的点评论述使学员受到很大鼓舞。

笔者根据接触的大量资料以及一小部分华东人民革命大学的教工和第一、第二期学长的讲述，整理汇聚成文，参加了2021年纪念陈毅120周年诞辰的征文活动。

陆定一：知识分子与工农兵相结合建设新中国

开学典礼，陆定一部长给大家讲话。

陆定一，时任中宣部部长、国务院副总理、全国政协副主席。他的文章《老山界》被编入中学语文课本，大家还记忆犹新。他去世后的墓志铭：要让孩子上学，要让人民说话。

他首先为华东革大第一期取得的成绩和第二期的开学表示祝贺！他殷切地希望把华东革大办成一所最好的革命学校，培育出一大批参加土地改革运动和新中国建设的革命干部。他着重讲了两点：

第一，为人民服务。他回顾了中国百年的历史，他指出一百年来，特别是五四运动后的三十一年来，中国的革命实践证明，只有在无产阶级的领导下，依靠工农大众，民主革命才能取得最后胜利。同学们都是知识分子，必须明白一个革命道理，知识分子必须与工农兵结合，为工农兵服务，才能成为革命和建设的人才。他勉励同学们要努力学习马克思列宁主义、毛泽东思想，学会运用理论与实际相结合的学习方法，学会运用批评与自我批评的武器努力改造自己，争取在思想战线上打个大胜仗。

第二，自力更生、力争外援建设新中国。他说，中国要富强，就要自力更生，自强奋斗，力争外援。我们必须划清界限，明敌友，只要我们坚定地同社会主义国家以及全世界劳动人民、和平民主人士团结在一起，我们就会无敌于天下。

最后，他号召同学们好好学习，将来在各级党委和人民政府领导下，积极投身到伟大的土地改革运动中去，把旧农村改造成为新民主主义的新农村。

陈望道、马寅初等20位学者友情相助传道授课

陈望道，中国著名教育家，由他首译的《共产党宣言》郎朗上口，读来热血沸腾。

时任华东军政委员会文化教育委员会副主任兼文化部部长、华东行政委员

会高教局局长的陈望道，多次来校讲课。

马寅初，中国当代经济学家、教育家、人口学家，曾任北大校长。他讲的内容更加丰富多彩。

看！这一系列名字如雷贯耳，他们的经历，都是一大段的故事，他们都是大师、大家：刘瑞龙、章蕴、冯定、胡立教、张广业、夏衍、范长江、李士英、骆耕漠、许涤新、周而复、金仲华、唐守愚、沈体兰、管文蔚、刘季平、艾青和叶以群（见人物简介）……

他们讲课的内容丰富多彩，有军事也有形势，有专业知识，有时事政治。他们从周围的生活说起，让上海人民和"华东革大"的同学感同身受，领略了中国共产党人的胸襟和气魄，以及能文能武的管理才干。

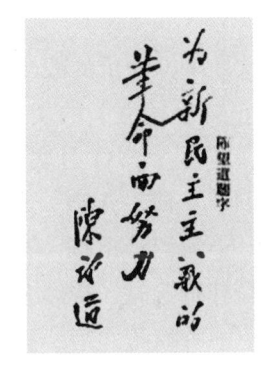

陈云坐镇上海解决"两白一黑"稳定市场

潘汉年，曾任上海市常务副市长，20世纪30年代时人们称他为"呼风唤雨的小开"。他年轻的时候，凭借文章扬名于左联，后从事党的隐蔽战线上的情报工作。他和陈毅等在上海人民面前亮相时，他戴着金丝边的眼镜，透着儒雅的气息，他介绍陈云稳定上海的故事，情节环环相扣，听者无不为之动容。

上海解放初期，主要靠外向型的经济。米从东南亚进口，布都是靠美国和澳洲进口棉花纺织的，外进外出。当时国民党封锁长江，把所有外向型经济都卡死了。投机商们乘机囤积粮食、棉纱、棉布和煤炭，借以哄抬物价，扰乱市场秩序。

国民党特务公然叫嚣，只要控制了"两白一黑"，就可以置上海于死地。"两白"是指米和棉，"黑"是指煤。

于是，在陈云坐镇上海时，展开了一场"米棉之战"。

从上海走出来的革命家陈云，对上海的情况格外重视。他曾主持东北财政经济工作，在实践上贯彻了东北全党的工作重心由乡村向城市转变的方针，而且为辽沈决战的胜利奠定了物质基础。这一时期的实践，为我党在全国范围内稳定物价和解决经济恢复中的管理问题积累了宝贵经验。

面对上海的问题，他提出解决财政经济困难的具体措施，要保证市场稳定，平抑物价是首位。他指出：能否解决上海问题和稳定全国物价，要看我们掌握"两白一黑"的情况。在这三种物资中，关键的是大米和棉纱。一个是吃，一个是穿，是市场的主要物资，"我掌握多少，即是控制市场力量的大小"。"人心不乱，在城市中心是粮食；在农村主要靠纱布。"资本家手中的主要物资除黄金白银外，也就是大米和纱布。因此，打好"米棉之仗"，就成了稳定物价的关键。

陈云亲自指挥了这场平抑物价的战斗。1949年11月13日，陈云为中央财经委员会起草了《制止物价猛涨》的文件，提出12条措施。同时，陈云还指示全国各主要城市做好准备，于11月底至12月初一齐抛售。

1949年11月25日，上海、天津、北京、沈阳、武汉、西安等8个主要城市同时大量抛售物资。上海棉纱市场一开市，投机商争相抢购，甚至不惜拆借高利贷。当投机商在疯狂抢购时，棉纱公司就源源不断地将纱布抛售出来，且每隔一小时跌一次价。一阵疯抢之后，投机商如梦方醒，发现情况不妙，也跟着抛售手中的纱布。结果他们越抛，价格越跳水。

为了不给投机商喘息的机会，陈云主张乘胜追击。第一，所有国有企业的现金一律存入银行，不得向私营银行和资本家贷款；第二，私营工厂不准关门，而且照发工人工资；第三，加紧征税，如不按时纳税，按3%的税额处罚。三管齐下，使投机商两面挨耳光，叫苦不迭。一方面价格下跌亏本；另一方面还要支付高利贷利息。在这场较量中，投机商受到重创，许多投机分子纷纷破产。经过几个回合，投机商像泄了气的皮球，再也不敢在市场上兴风作浪了，持续了10多年的通货膨胀终于被解决。

物价是地区财政经济情况的综合反映，陈云不仅从流通和分配环节采取应急对策，而且他仍然将恢复和发展生产作为解决问题的根本办法。

在工业方面，陈云十分重视计划性，将它看成提高生产的重要途径，他指出："没有总计划等于无计划。"

在交通运输方面，陈云注重铁路运输网的建设。保证物资运输畅通，有重大的军事、经济、政治的意义。

稳定市场，发展生产，接下来整肃内部的金融环境。

李士英查封证交所，打赢经济战线上的"淮海战役"

中共中央华东局社会部部长舒同的副手，在上海解放后出任上海市人民政府公安局第一任局长的李士英，向华东革大学生介绍对交易所进行查封的过程。

国民党统治时期，上海证券交易所控制着全市的有价证券交易，通过买空卖空的投机活动，操纵物价。由于时局变化，证券失去信誉，交易所逐步转向从事金银外币的投机活动。损害人民币的信誉，严重威胁和阻碍了人民币占领市场。人民银行当天早上发出的人民币，到晚上几乎全部回到人民银行。已由军管会明令禁止在市场上流通的银元以及美元等外币，仍在暗中起着通货作用。人民银行为平抑银元价格，奉命一下抛出银元万枚。但杯水车薪，难以奏效。事实证明，单纯经济措施和舆论告诫已不能制止银元非法买卖。1949年6月7日晚，在中共中央华东局，由邓小平主持会议，决定对上海证券交易所进行查封，并惩办一批为首的违法犯罪分子，坚决打击投机捣乱活动。陈毅说："大家一定要把这次行动当作经济战线上的淮海战役来打，不打则已，打就要一网打尽。"列席这次会议的李士英接受了行动任务：负责抽调公安力量全力配合。

李士英回公安局后，当即召开紧急会议，传达华东局的决定。1949年6月10日上午8时许，李士英与刑警处长马乃松率领200余名便衣警察，按预定部署分散进入证券大楼，随后分五个组控制了各活动场所和所有进出通道；10时整，分布在证券大楼各个场所的公安人员同时亮出身份，命令所有人员立即停止活动，就地接受检查。从上午10时到午夜12时，公安人员分头搜查了各个投机字号，并登记了所有封堵在大楼内的人员及被查封的财物，然后，命令全部人员共2 100余人到底层大厅集中，根据"惩办少数，宽大教育多数"的处理原则，当场扣押238人并移送至市人民法院思南路看守所羁押，其余1 800余人均陆续放出。据统计，这次行动在证券大楼共抄没黄金（含金饰）3 642两，银元39 747枚，美元62 769元，港币1 304元，人民币1 545万多元（旧币），其他各种囤积商品（呢绒、布匹、颜料、肥皂等）折合人民币3 553万多元（旧币）。取缔金融投机的重大战役，使人民币在上海站稳了脚跟，从根本上结束了上海市场上黄（金）白（银）绿（美钞）世界的历史。

在李士英的领导下，200人进入公安系统，在7个处31个分局，其中胡钧、朱智光、沈鸿震、戴文芳、朗士强、励世晟、张永年、郁昌佑、朱宪华、戴国峙、张厚涵、蒋雨生、石英等20人为革大一期学员，为市公安局补充了新生力量。

聂凤智谈解除封锁保证国防安全

上海的战斗犹如在瓷器店里捉老鼠，不能用重武器，不能用炮和炸药包轰盘踞在大楼里的敌人，否则陡增自身的伤亡人数。1950年2月6日上海被空袭后，面对停电和废墟，那些失去家园的人们，不知奔向何方，也让身经百战的将军黯然神伤。

中共中央华东局和上海市军管会连夜开会，研究防空和善后措施。大家痛苦地认识到，因为没有防空能力，无法遏制国民党飞机的空袭。

上海防空最大的问题是雷达发现不了飞机。防空处经陈毅司令员批准，从上海交通大学将要毕业的电机系学生中借来21人帮助工作。这些学生都没接触过雷达。国民党飞机来袭击，地面观察哨用眼睛都看到了，但雷达仍未发现。交大的蒋大宗老师建议把上海市国际电台总工程师钱尚平请来帮助调试，钱总准确判断出问题是发射机与接收机的工作频率不一致。经过调试，雷达在1950年3月20日9时第一次发现了来袭的飞机。

为了后备军能更深入地掌握雷达技术，有关部门与交大联系，让学校动员这批学生直接毕业参军。这批学生后来成为解放军防空部队雷达技术的骨干。

得知上海连续遭到轰炸的消息，正在苏联访问的毛泽东十分着急。毛泽东紧急约见苏联领导人，请求苏联出动空军协助上海防空。1950年2月17日，苏联正式通知中方，将派出一支强大的防空混合集团军援助上海防空。

同年3月，苏联空军进驻上海机场后，国民党空军的飞机在苏联喷气式战斗机的打击下，连连受损，蒋介石从此从舟山撤军。

在宁波的解放军部队监听到舟山群岛的动向，推测国民党军可能撤退。粟裕命令三野七兵团二十一、二十二、二十三军紧急出动，进军舟山本岛。舟山解放的消息，使上海人民感到欢欣鼓舞。《解放日报》1950年5月21日在头版以套红标题报道：

"舟山群岛全部解放，上海封锁宣告解除！"

以上三大措施收到实效，稳定了民心，学生看到了党的伟大军队的力量，更加安心学习，积极响应号召。

华东革大延伸的学校、医院、文工团和校刊

华东革大还开设了当时非常需要的外国语学校。遵循新中国初期的外交路线：打扫干净屋子再请客，另起炉灶办外交，坚定地站在以苏联为首的社会主义阵营一边。

1949年夏天，华东革大在上海市市长陈毅主持下，成立由姜椿芳、涂峰、张茜组成的"上海俄文学校"筹备工作领导小组，并于1949年11月成立上海俄文学校。第一期学生400人。1950年冬，更名为"华东革大附属外文专修学校"，再次招生400余人。1951年2月，英语班44名学员参加抗美援朝，专职战俘教育工作。1953年再次更名为"上海俄文专科学校"；

温仰春在工作记录本里，写道：

> 俄文学校教授法，主要是以实物，目的发音准确。政治占20%。业务占80%。每三个月学生交学习实施心得。

1950年9月1日，华东革大成立附设工农速成中学，学生200人。1952年初，迁到苏州。1953年更名为"复旦大学附设工农速成中学"。

温仰春在工作记录本里，写道：

> 工农速成中学方针：培养工农新型知识分子。为升学创造条件。中央依此方针。各机关办文化补助学校三个月或半年。少奇同志指出：没有一大批新型的工农知识分子要掌握国家建设是困难的。不仅是目前需要，就是改造旧知识分子旧职员没有这批骨干也是不可能的。

1950年3月，在渤海军区南下干部纵队卫生处基础上筹建华东革大医院。（略）

团结、紧张、严肃、活泼，华东革大文工团的同志经常深入各部、各班，参加学员们的学习和讨论会，体验生活，同时帮助学员们建立文娱组织，开展文娱活动。

文工团是在苏州成立的。它的前身是山东渤海区南下纵队三支队文工团和华东局宣传部文工团，由这两个文工团合并而成。其成员多为华东革大艺术系

的学生和文艺演出队的人员。成立时团员有100多人，以后扩大到200多人，团员有较高的水平，能够适应形势的发展和需要。文工团成立后，宋怡翔任团长，李铁矛任副团长，王炳南为指导员。下面设有话剧队、歌舞队、舞台队、文学股、艺术股、总务股和秘书室，每个队有队长、指导员各一人。宋怡翔、李铁矛、王炳南三人调走后，由吴谨瑜、张成之分别任团长、指导员。根据毛泽东同志《在延安文艺座谈会议上的讲话》的精神，文工团的方针任务是为工农兵服务，为革大学员服务，为社会各界服务，配合全国各个时期党的中心任务或运动，下部队、下班组、下乡、下工厂，进行各种演出，以教育群众提高认识。

组织团员分期分批轮流下乡、下工厂，体验工农群众生活，向工人农民学习，锻炼提高自己，同时配合当时全国及华东的形势和任务，创作新的剧目，对广大工农群众进行宣传教育。同时配合革大的教学计划，编演剧目，帮助学员提高学习效果和思想觉悟。

根据办团的方针任务，革大文工团在校内外做了不少的贡献。

1949年11月，文工团团员深入十多个工厂同工人劳动、生活在一起，达两个月之久。

1951—1952年，文工团团员先后两次去皖北、皖南，配合土改运动演出，并参加了土地改革运动。文工团的领导和部分团员在巢湖地委的无为县，还兼任了县、区、乡的土改委员会副职。这不仅使团员们受到了教育和锻炼，还为回校后创作的话剧、活报剧快板、舞蹈、歌曲、幻灯片等30多个剧目积累了素材，达到了思想和专业的双丰收。

为了配合各个时期的中心任务，如推销折实公债、生产救灾、抗美援朝、消灭残匪、土地改革以及中苏友好活动等，先后在苏州、无锡、芜湖、合肥、巢湖、无为等城市，进行了各式各样的演出和宣传教育活动。

文工团演出的代表剧目有：《白毛女》《兄妹开荒》《四姐妹拜年》《考验》《黑海渔夫》和自己收集素材编演的《不拿枪的敌人》与大型歌舞剧《七一颂》等。演出时盛况空前，例如，在苏州开明大戏院公演的著名歌剧《白毛女》，先后演出12场，场场满座，观众达20 000多人次；赴皖北演出20多场，轰动了巢湖卧牛山一带地区，当地群众普遍反映受到了一次前所未有的深刻的阶级教育，推动了土改运动的迅速开展；在抗美援朝运动中演出了"三视"（仇视、蔑视、鄙视）内容的活报剧，并有七位团员上书党委，请缨赴朝参战，愿与千万爱国战士一道献出自己的一切；1951年4~5月配合镇反运动，由华东人民革命大学文工团演出的三幕八场话剧《不拿枪的敌人》，33天连满60场。在上海光陆剧场演出时，轰动一时，华东局秘书长魏文伯特地组织各机关首长出席观看演出。

1952年底，文工团奉命由苏州调到了上海。在华东文化部的主持下，与新安旅行团、南京话剧团、青年文工团等合并整编，建立了"华东人民艺术剧院"，一部分同志根据工作需要调到电影制片厂或外省市从事文艺工作。文工团的许多同志，在各个文艺单位成为骨干和出色的文艺人才，这同在革大文工团受到的培育、锻炼打下的基础是分不开的。例如，在上海的有陈恭敏，上海戏剧学院负责人；王炼，话剧和电影编剧的后起之秀，著有话剧《枯木逢春》、电影《青春》《邮缘》等；商易，上海歌剧院艺术指导和作曲家，为多部歌舞剧作曲、配器；任桂珍，著名女高音歌唱家。在北京的有梁光弟，担任中宣部文艺局副局长；丁翔起，著名记者，新华社秘书长。在广州的有汪提，珠影厂导演（原《白毛女》女演员）。还有李山，是著名画家。

任桂珍与陈志强请同事，让钱吉虎、周珩与老师们见面。
左起：张瑞芳、任桂珍、陈志强、钱吉虎、周珩

华东革大校刊《改造》报的班底，是1949年5月革大干部队位进驻丹阳附近的新丰镇时，在教务处长陈放领导下成立的编审科。为了入城和办学的需要，编审科编印了五六本供干部学习的小册子，从此有了编写基础。

不久，根据教学上的需要，华东革大校委会于1949年8月28日作出了"关于出版校刊的决定"，决定内容如下：

（一）为交流学习情况与教学经验，指导学习，改造思想，很好地完成教育计划，校委决定出版校刊（原不定期），平均每10天出一期，定名"改造报"。

（二）全体同学与工作同志应认真爱护与支持校刊，及时供给稿件，不断提出改进意见。

（三）全体同学与全体工作同志均应认真研究学习每期校刊。主

要内容是：社论、专论和评论；指示、决定、规划和条例；学校的重要新闻和重要报告；

教育计划、学习重点和教学论述；学习心得和体会；在职干部的学习；学习资料介绍；教学动态；抗美援朝运动；党团生活，以及学代会工作、行政工作、校友通讯、文艺园地；等等。

自校委会决定后，以郑干同志为首的编审科，经过调整补充干部，成立了校刊编辑室，于1949年9月8日出版了创刊号（第一期）。最初的编辑室只有四五人，以后扩大到十几人，下设通讯股和编辑股。各个部设有通讯干事一人，不断地深入各班组采访，为校刊供给稿件。校刊内容丰富多样，颇受全校师生干群人员的欢迎，同时也为华东局舒同等领导同志了解、熟悉和指导华东革大的教学工作，提供了重要信息和参考材料。

华东革大校刊，自创刊起至结束，平均每10天出一期，前后出版了60多期。因为本校没有印刷厂，只能借用《新苏州报》报社的印刷设备，利用报社的空余时间排印。每出一期必须连续开夜工，排印、校对，十分忙碌。

校刊刊出的主要内容：（1）社论、专论和评论；（2）指示、决定、规则和条例；（3）学校重要新闻和重要报告；（4）教育计划、学习重点和教学论述；（5）教学动态、教学方法和教学经验；（6）学习心得和学习体会；（7）在职干部的政治学习和文化学习；（8）学习资料介绍；（9）抗美援朝战争；（10）党的生活；（11）青年团工作；（12）行政工作；（13）学代会工作；（14）校友来信和通讯工作；（15）文艺园地和文艺活动；（16）创模运动和增产节约；等等。

从上述校刊分类要目可以看出，《改造》在华东人民革命大学所占有的地位，所起的作用，是极为重要的，是研究革大重要的珍贵史料。

截至1952年春天，"三反"运动结束、革大精简紧缩机构时，校刊编辑室方撤销。编辑室的所有干部调往上海各大学，另行安排工作。

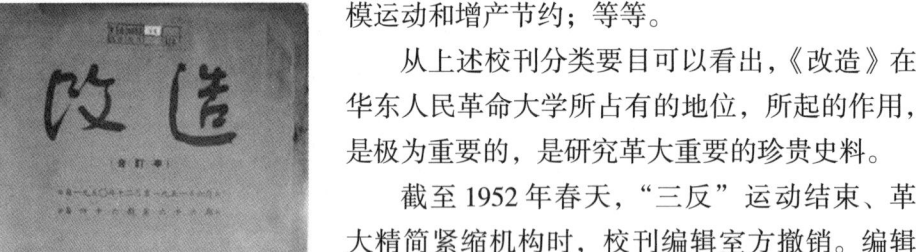

笔者高兴地看到，在研究革大的资料方面，有三件珍宝：

1. 华东人民革命大学常务副校长温仰春的工作笔记。

2. 华东人民革命大学校刊《改造》。

华东人民革命大学校刊

3. 华东人民革命大学三期学员钱吉虎的每日学习笔记。

另外,钱吉虎同学为革大所做的268期《梦缘》(中文版),与全体革大人的文章和实物收藏。成为组织纪念活动研究革大历史的重要资料。

三

前奏：校史研究 方兴未艾

《华东人民革命大学校史》（1989年）

三 前奏：校史研究方兴未艾

上海解放不久，《解放日报》上刊登一则华东人民革命大学（以下简称华东革大）招生的广告。主要内容为：招收初中毕业以上的知识青年，学习革命理论和知识，毕业后分配工作。

解放区的天是明朗的天，一批知识青年加入华东革大来。下面选取四例，有上海的青年学生，安徽芜湖的青年工人和本书的主人公，代表浙江农村的知识青年，以及山东沧州烈士的后代。

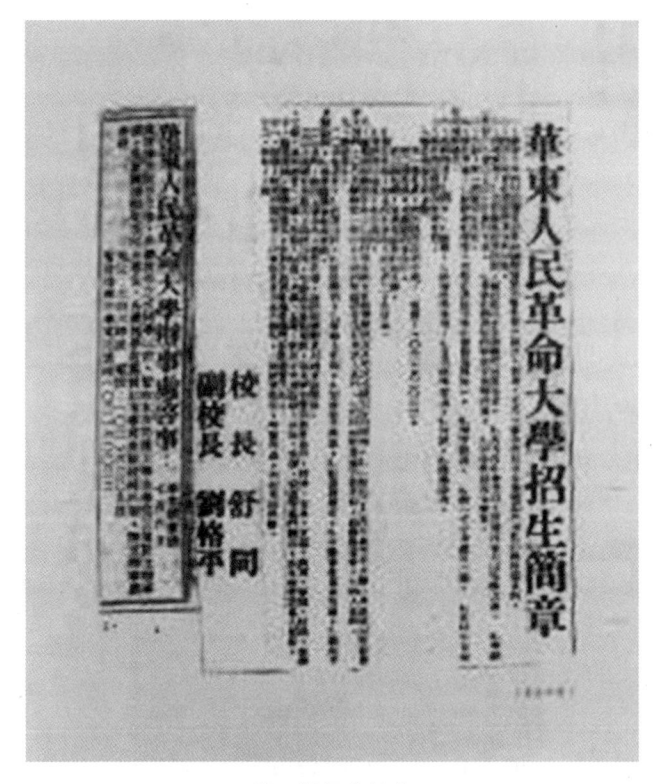

第一期招生简章

来自不同家庭的城乡知识青年入学

在华东革大入学的学员，关于"知识青年"的概念，是完全不同于20世纪60年代上山下乡所称的知识青年。

开始的出发点不同，所产生的结果也不同。钱吉虎认为，自己一开始并没有多高的觉悟，经过学习才真正有所提高。华东革大可不是一般的大学，

梦缘情怀——光荣属于华东人民革命大学

这里使人渐渐地把大理想和个人志趣结合起来，目标趋向一致。他们最大的感慨就是自己是个幸运儿，前面没赶上革命战争年代避免了流血牺牲；后面遇到轰轰烈烈的经济建设，有大量机遇，可以大显身手。顺理成章，他们在工作中继续学习，奉行：苦不苦，想想红军两万五；累不累，看看革命老前辈。因此，今天的我们为弘扬革大精神，再苦再累再做出牺牲也在所不惜。

【例1】在上海迎接解放的城市知识青年

华东革大一期学员柳伦回忆道：

1931年4月，我出生在上海的一个革命者家庭。1948年6月，我随五叔柳光青加入了上海地下党的一个外围组织参加革命活动。

当时，地下党活动地点在上海戈登路的教堂，每个星期六晚上活动一晚，对外是做教堂礼拜的活动，实际上是地下党在介绍新华社的解放捷报，哪里又解放了，哪里消灭了多少敌人。1948年打仗打得很厉害，那个时候新华社报道的解放战争中淮海战役、平津战役和许多地方解放的消息，都是他们在聚会的时候，悄悄地传达给我们大家的。

1949年5月上海解放，作为上海人民宣传队的一员，我参加了多项宣传工作，并在就读的培明女中被选为学校的第一任学生会主席，在校的地下党束素娟让我参加新民主主义青年团（简称新青团），我以为与"三青团"有关系，就没参加。后来我参加上海学联开会的时候，得到了华东人民革命大学招生的信息。我兴奋无比，马上报考。我投身革命的愿望终于实现了，于1949年8月跨进华东革大的校门，迎接了新中国的诞生。

8月中旬，我按期到设在复旦大学的华东革大报到。复旦大学，当时是华东革大总部及革大二部的所在地。革大总部把我分配到设在复旦大学的革大二部的五班学习。一个班共有学员一百多人，下设八九个组，每组十多人。两个组合住一个教室，都睡地铺。班部发给每个学员一套类似解放军战士穿着的浅黄色校服，还有帽子、被子和毛巾等日用品，还发了一个用红色棉布缝制而成的长方形胸章，正面印有"华东人民革命大学"几个字，背面书写着学员所在部、班和姓名。

同学们换上校服后都露出了喜悦的笑容，英姿飒爽。

我是一个兵，来自老百姓。

入学第二天一早，就开始了军训生活，全班集合后，班主任和教导员分别讲话，对参加学习和军训生活提出了各种具体要求。

革大的崭新环境，使我眼界大开。听了陈毅、舒同等领导的报告，我明白了自己的身份：我已是一个革命者，我要像父母亲那样，服从革命需要，无条件地全心全意为人民服务，为革命献身。

在革大我奉命教唱歌，《国际歌》是妈妈教的俄文版的，解放区的革命歌曲，我最叫好的歌是《打得好！》，因此，我得了个绰号：打得好。

"打得好来，打得好来打得好，四面八方传捷报来传捷报，到处都打胜仗。嘿，捷报如同雪花飘来雪花飘。捷报如同雪花飘来雪花飘，军长师长跑不了来跑不了，到处都在传捷报，再来一个打得好！"

1949年底，一期二部三位同学调至浙江军区机要大队学习。

1949年底三位同学调至浙江军区机要大队学习柳伦（左一）

我于华东革大一期学习结业后被分配到浙江省，在江山县委、衢州地委和省委机关工作了三年多。8月初结业时，19岁的我，没与大队人马一起去舟山群岛的23军，而是被浙江省委调回机关，命令我投身"文化大进军"，从无到有，办学校教文化。1953年奉调到北京，在中央警卫局从事教育工作；1974年调到北京东城区任教13年。在我任教的三十七年中，有20多年从事党政机关工农干部的业余文化教育。我深深热爱这项工作，因为它是人类教育史上空前的特殊的教学工作。新中国成立时，在当时的党政机关中，相当部分工作人员文化低，要执好政，困难很多。而在当时，在全国人民中，有百分之七八十是文盲，严重影响了国家建设的开展。为此，全国扫除文盲协会会长陈毅同志急得大声疾呼：要在全国来一个文化上的原子弹爆炸！

1950年初，党中央提出了全国人民"向文化大进军"的决定，要求各地工厂企业办职工夜校，农村办冬学，每个省办工农干部速成中学，部队每个连队配备两位文化教员；中央和地方的各级党政机关要建立业余文化学校，扫除文盲，尽快提高机关工作人员的文化水平。从此全国轰轰烈烈大规模地兴学办校，真是开天辟地，独一无二！

【例2】我的第一次"大学生活"

华东革大第二期5部36班汪勤回忆道：

1950年的春天是充满希望的春天，本人在芜湖市中二街工人夜校就读。恰好正逢其时，碰上皖南干校招生，于是我就报考了皖南干部学校。干校未毕业，就被转送到华东人民革命大学苏州市第5部36班继续学习，从此我的第一次"大学生活"就在这里开始了。记得当时罗平老师送我们全体同学上了火车，青年人热情地一路春风一路歌，不知不觉来到了苏州的华东革大。

入学下午的开学典礼，革大的负责人讲话后学员代表讲话，讲话后编组学习，每人发了一枚校徽、一套灰色的服装和帽子，还有一个棕绳编的小木凳，加上学习材料和书本，足足有一网兜（那时兴用网兜）。夜幕降临，我回到寝室，与革大同学张春生交谈，翻来覆去兴奋得折腾了大半夜。

大学的教学，总是以上大课为主，给我们印象最深的几位华东地区的领导同志和专家、学者都来授过课，他们说了许多哲学的道理，讲阶级斗争问题。经常在午饭后，我一头钻进了已经开张的图书室，那里面有《矛盾论》和《实践论》等书籍，在微弱的灯光下，我开始认真学习有关《论人民民主专政》《新民主主义论》，以及毛泽东著作中的绝大部分文章如《改造我们的学习》等。读一遍就自以为懂了，但是真正学起来就没那么容易了，确实花了不少时间，经深入学习，才能加深理解和付诸实践。

最近个人把残存下来的印象过滤了一下，重新把记忆中几乎消失而又重新浮现的履痕，像报流水账似的记了下来，确实感到情意深浓，分外亲切，但遗憾的是这部分资料和证件，多为遗失，经过翻箱倒柜，居然还翻出了自己这段读"大学"的历史，志以备忘吧！

张春生、汪勤和王金波合影

三 前奏：校史研究方兴未艾

【例3】浙江诸暨小城的知识青年也踊跃报名

华东革大三期学员钱吉虎是1951年初在街面上的南货店看到2月报纸登载华东革大招生的信息，然后第一次离家，走八里路，后沿江乘小木船到省会杭州。

1933年通小火车的浙江诸暨的枫桥古镇，因傍水依桥而得名，水者，枫溪江也，枫溪上的桥，名曰：枫桥。枫桥古镇随江成市，依桥而四通八达汇成集镇，独具江南水乡古韵。

17岁的钱吉虎

钱吉虎就出生在这里的西畴村的一户佃中农家庭，家境贫寒，父亲是乡下铜匠，手艺人，深知文盲之苦，有一点钱一定要让儿子上学。枫桥镇自古文化兴盛，耕读传家、重教兴学的传统久已有之。人们一说起枫桥马上会想起古诗：枫桥夜泊，但此桥非彼桥也，唐代诗人张继诗中的枫桥，是在姑苏城外寒山寺的边上，而笔者这里写的枫桥镇是绍兴地区诸暨市内，在处于大运河、古驿道和枫溪江的交汇处。

曾在上海做一年"娘姨"（保姆）的母亲有眼光，一是钱吉虎读书用功，二是将来可以到上海去学生意，投奔亲友到邮局做邮差。

钱吉虎说起小时候的理想就是穿着制服，走街串乡去送信，冥冥之中，印证了后来他的所作所为，跑腿联络成了家常便饭，并且乐此不疲。

枫桥古镇位于枫溪江上游，江水穿镇而过，古镇就坐落在江的两岸，古代这条江叫枫溪，乃一条风光绮丽的山溪，上游有两个源头，东源是黄檀溪，西源为白水溪。远远地是连绵的丘陵。隋朝时期在枫溪渡口架桥建立驿站，桥就称为枫桥，这个地方就名叫枫桥驿，地名便始于此。南宋时期，枫桥成为这一区域的中心，商贾云集，形成了繁华的三里长街。清乾隆三十八年，正式设立枫桥镇。古镇宋元时期的藏书楼被人誉为"越中之冠"，诸暨曾是古越国的国都。宋元明清四朝枫桥镇曾出了三十五位进士，六十八位举人，历代名人辈出。"枫桥三贤"王冕、杨维祯、陈洪绶以精湛的艺术造诣在中国书画史上留下浓墨重彩的一笔。

笔者随着钱吉虎去了王冕、陈洪绶故居瞻仰了一番。自然而然来到学勉中学。其实学校领导早已换届，听说著名校友、《学勉情怀》的主编钱老来了，校长、书记热情接待，并安排专车送我们到墨城坞祭扫朱学勉烈士墓（朱学勉原名应瑞贤，上海知名画家应野平的胞弟，是在抗战中牺牲的烈士）。

当时学勉中学的前身为忠义中学,从魏家坞搬到镇上,曾任北京大学校长何燏时(燮侯)为董事长,北京大学教授、中文系主任、著名教育家、语言学家、修辞学家郑奠为校董兼首任忠义中学校长,在他们的感召下,外界乡贤纷纷回乡。有赵可法、寿望斗、赵世盛、毛以泉、赵君健、杨亦清、斯叔英等一批名家入校任教,因此师资力量特别雄厚。

钱吉虎回忆道:我们在母校的那三年,是在当时抗战胜利不久,人心思治。诸暨一带的社会贤达和开明士绅,致力于振兴地方教育,培养人才。当时陈季侃先生主持的忠义中学校董会,苦心孤诣大力扩充经费来源,从沪、杭、绍等地延聘名师硕儒来校执教。因而师资阵容极一时之盛,加以治校有方,教育得法,师生关系十分融洽,大大激发了同学们的求知欲和上进心,学业成绩蒸蒸日上。我们毕业的时候,不但课业知识程度普遍高于同类学校的毕业生,而且大多形成较为健康的价值观和人生理念。步入社会以后,正由于有了从母校获得的知识和能力作为基础,才能对各种环境有较强的适应力,也为大多数同学日后通过自学和业余进修等途径,进一步提高学识水平,取得较高的成就,为在华东人民革命大学的学习打下了扎实的基础(具体情况介绍见后章节)。

【例4】烈士之子雪夜赴革大

华东革大三期的王新铭从山东农村参加革大学习。

一辆崭新的解放牌卡车,满载着渤海一中的20多名学生,向沧州疾驰。雪后的公路上,冷风刺骨,不见行人。然而,这些华东人民革命大学录取的新生们,却热血沸腾,意气风发,高唱着《当祖国需要的时候》等革命歌曲。每个人都沉浸在人们夹道欢送、依依惜别的气氛之中……

卡车出北门不久,忽然,一个骑自行车的人,随卡车猛追而来,相距二三百米,不时还招手示意,好像是招呼停车,在那天空旷的公路上特别引人注意。王新铭目视着这个骑车人,远远望去,好像是自己的叔父,直到卡车驶入乐陵附近的一个小村,人影渐渐远去……,王新铭也陷入了沉思——

三 前奏：校史研究方兴未艾

"一九五一年初，寒假过后开学不久，校门口的一张布告吸引了不少同学：华东人民革命大学招生。听说后我也急忙跑去看了，招生宗旨中明明白白写着……为国家的经济建设、国防建设培养干部……嗨！赶快报名，决不能放弃这次机会。

"说起来，我和人民军队结缘是在1937年。当时我的父亲王仲兴带领两个叔父参加了八路军，1942年，鲁西军区又派员把我接到部队，1950年，我和堂叔同时报名参加军事干校，结果我没被批准，送别回来后，我哭了。我太想上前线了。被渤海一中录取进校第一天面试时，我回答将来志愿的问题时，干脆得很，'要当像我父亲那样扛枪的干部。'国难当头，岂容退缩。这次面试时，招生的老师知道我是烈士遗孤，提了一些问题，我说了要求录取我的许多理由。录取名单公布以前，我的心老是怦怦地跳，就怕又来一个不批准。《大众日报》公布录取名单后，我又高兴，又发愁。高兴的是我终于被批准，愁的是如何面对我守寡的母亲。学校规定，录取同学给三天假，可以回家与亲人告别，处理有关事宜。我该怎么办？回家还是不回家？不回家，感情上过不去，我无法忘记我那守寡的母亲啊！回家，母亲能放我走吗？再三考虑，我决定不回家。同村一起被录取的同学，把我约到校外，冒着寒风，踏着厚厚的积雪'做我的工作'，劝我一同回家，但我坚持不回家。

"我的母亲得知我被华东革大录取的消息后，立即派我的叔父骑自行车赶往乐陵，力图劝我留校读书。从我的家到乐陵，五十华里，没有公路，又刚下了一场大雪。当我的叔父赶到渤海一中时，卡车刚开走，所以，出现了前文随车追赶我的一幕。所幸的是，我叔父幸亏没有追上卡车，否则，我的历史也许要重写了。"

华东人民革命大学的学习任务

革大的同学们以在华东人民革命大学学习为荣。学员们尽管起点不同，学制各异，但集中的高密度高规格的学习，确实在关键时刻起到决定性的作用。

华东军政委员会转发中央教育部的通知，对华东革大的从属作出定性：华东人民革命大学、工农速成中学是"新型大中学校"，"印信同一般大中学校规定制发"。

投考资格：具有初高中毕业以上程度或具有同等学历者。

考试课目：语文、数学、社会科学常识、自然科学常识，加面试、政治审查和体格检查。

学习课目：哲学、政治经济学、社会发展史、军事、文艺、教育、新闻、财政、金融、工商、城市接管和共产主义人生观等。

华东革大共办5期，由于革命形势发展需要干部，每个学期的生源和学习时间均有变化：

第一期学员只四十几天就分配工作，其中有540余人参加西南服务团，奔赴重庆。600名去东北管理工业建设，一千多名到浙江农村，其余的充实上海和华东各地各部门干部队伍；

第二期招生5 700余人。学校搬迁到苏州原华东军大的校址，学习4~8个月后，陆续分配在安徽江苏等地农村，开展土地改革运动；

第三期招生5 230人。为抗美援朝、保家卫国、国防建设培养政治可靠人员，学习3个月后分别分配到空军、陆军机要、气象、卫校等部门学校深造，也有部分人直接随部队到朝鲜参战；

第四期招生1 200余人，学习7个月。第四期学员及部分教职员99%以上人员都被分配到新疆，成为新中国成立以来第一代垦拓新疆的先驱。

第五期报名时超过千人，结业时有987人，其中559人是在"三反运动"中未定案的人，是带着问题来学习、定案和解决问题的，学期5个月。

华东革大附设俄文学校和工农速成中学。增设政治研究院，前来学习的是各民主党派成员以及教授和大学校长。

1952年底，华东革大撤销后，工农速成中学划归上海复旦大学附中，俄文学校升格为独立的上海外国语学院，政治研究院在上海办第三期，至1953年8月结业。

华东人民革命大学从在上海招收第一期学员起，至1952年第五期学员结业并撤销，共培养了近1万7千名学员，为新中国建设培养了大批优秀干部。

首期开学典礼和活动内容

1949年5月27日，上海解放。为了做好入城前的准备，6月初，华东革大全部人员移驻苏州市陆墓镇进行整训，学习"入城纪律12条"、"约法八章"、城市管理政策、工商业政策、知识分子政策、文教政策、毛泽东在七届二中全会上的报告等有关论著；请上海同志介绍上海风情、生活习俗；研究如何办好革大等事宜。

1949年6月中旬，华东革大全体教职员工，乘火车从苏州出发，进驻上海。由于上海刚刚解放，没有校舍。经研究决定，暂借上海暨南大学、复旦大学、光华大学、同济大学法学院、复兴中学等处作为临时校舍。

华东革大一期领导干部名单：校长舒同，副校长刘格平、温仰春，秘书长冯乐进，组织教育处处长李文、陈琳湖、刘雪苇，供给处处长徐协伍，卫生处处长曹国珍，副处长黎力，一部主任王亦山，副主任谭守贵、周抗，二部主任冯仁恩，副主任王乐三、管瑞才，三部主任万钧，副主任邓止戈、林冬白。

1949年8月22日下午5时，在上海光华大学附中广场隆重举行开学典礼，有5 360多名师生参加。华东局领导饶漱石和宣传部部长兼校长舒同、宣传部副部长冯定和知名人士陈望道、范长江、熊佛西等莅临指导并相继讲话。内容的要点是：学习要理论联系实际，勇于自我批评，树立为人民服务的人生观，面向工农兵学员，经得起实践的考验，过好"三关"：即政治关，确立正确的政治方向，下决心跟着共产党走；组织关，加强组织纪律观念，服从组织，遵守纪律，反对自由主义；思想关，克服个人主义，加强马克思列宁主义修养。

舒同校长指出，学习的任务，在于适应目前战争形势的发展，以及今后国家建设的需要，吸收大批青年知识分子，进行革命的思想政治教育，经过思想上、政治上的改造，培养成为解放战争服务、为生产建设服务的各种人才。

会上由九兵团军乐队和学校文工团演出精彩节目，到凌晨一点结束。

开学典礼以后，1949年8月23日由革大副校长刘格平主讲第一课：革大性质和教育方针。

第二课，知识分子问题，由中共华东局秘书长魏文伯主讲。

第三课，反封锁的六大任务，由校长舒同于9月2日主讲。

第四课，新解放区的建设，由华东经委负责人张广业于9月11日主讲。

第五课，群众路线，由魏文伯于9月19日主讲。

学员待遇是供给制，华东革大发扬了"抗大"时期的优良传统，没有教室，礼堂变课堂；没有礼堂，在露天或草棚上大课；在树荫或草地上小组讨论。吃粗粮蔬菜，睡通铺，虽然条件简陋，生活艰苦，但是大家不觉得苦，而是觉得很光荣。

讲授（包括班课、大课、解答报告）、研讨、讨论三结合。

专题教育重点是"改造我们的学习""中国革命的基本问题""目前形势与

任务""中国革命与人民解放军"。教育方法坚持理论联系实际的原则，提倡开动脑筋，发扬民主，正确运用批评与自我批评，认真进行思想改造。

1949年10月1日，中华人民共和国成立。由于形势发展快，全国各地急需大量干部，因此校部决定第一期学员提前结业，全部奔赴全国各地。540余人奔赴解放大西南的征途，消灭蒋介石的残余军事力量，稳定社会秩序。600余人开赴东北参加经济建设，多数被分配到大型工矿企业，为全国经济发展打好基础。1 020人前往浙江农村工作，主要是巩固基层政权建设，1 300余人参加上海和华东区的各种工作。

1951年4月22日，全校7 000余人在四部大操场举行盛大集会，热烈欢迎中国人民志愿军归国代表柴川若同志做报告，激发全校师生爱国热情。

5月16日，温仰春副校长做"爱国主义思想与政治自觉运动"的报告。

6月6日，全校师生听取华东军区海军司令员袁也烈做的题为《关于国防建设与人民解放军》的报告，会场上人声鼎沸，一致高呼："坚决服从组织分配，祖国需要我们到哪里，我们就到哪里去"。

听了报告后，全校立即掀起报名参军的高潮，截至6月7日12时，报名参军的人数一部970人，达100%；二部970余人，达98%；三部900多人，达99%；四部979人，达93%；五部962人，达99%。经上级审查批准2 800余人参加军事干校，主要是陆军青年干校、空军航校、海军院校、装甲兵学校；1 100余人参加国防建设；1 000余人参加华东地区的建设工作。1950年下半年到1951年12月，华东革大的全体师生及其他工作人员人数过万。

鉴于国际国内形势发生重大变化，经研究，华东革大的教学、培训任务也相应发生了变化，即从四期开始，停止招收在校青年学生和社会青年。重点放在争取、团结、教育、改造原有的旧职员、旧知识分子身上，以期发挥其才能，为新中国建设事业服务。学校的组织机构亦作了相应的调整：校长舒同，副校长温仰春、李正文、吴仲超，秘书长李文，教育长王亦山，秘书室主任刘怀庆，教务处长余仁。撤销四个部的建制，仅保留14个班的干部编制。

一至五期的学员综述

1949年7月6日，《解放日报》发布了华东人民革命大学奉命设在上海的消息。在学校未正式开学以前，暂在本市北四川路的同济大学法学院三楼设立办事处。

三 前奏：校史研究方兴未艾

1949年7月10日至13日，华东人民革命大学在《解放日报》刊登《招生简章》，经考试录取和当时上海市学生联合会推荐保送一批大学毕业生，以及单位介绍推荐入学的第一期注册学员共4 082名，分布在一部［暨南大学内（1~3班）、西江湾路上海法学院内（4~7班）］1 318人，二部［（复旦大学内）1 337人］，在三部［（欧阳路原光华大学附中）1 427人］。其中有605人注册后因多种原因而未入学，还有147人入学后中途退学。各部学员学习结业时分配有3 330人。

1949年8月22日正式开学，在上海市欧阳路221号光华大学举行开学典礼。发放学员证3 731人，学习期间中途退学有264人。实际学习受教学员确定是3 477人，原定学习半年，形势发展迅速，各地急需文化较高的干部。因此，在校完成基本学习后，于9月下旬开始陆续分配工作。在3 477人中非学校分配17人，未服从分配自行脱离者130人。

据1949年10月校部组织科统计资料整理，编制华东人民革命大学一期学员组织情况。现将一期学员的组织情况介绍如下：

1. 学员总数：3 477人，其中，一部1 095人；二部1 109人；三部1 273人。
2. 性别：男2 975人；女502人。
3. 年龄：25岁及以下2 596人，占74.66%；26~30岁666人，占19.14%；31~35岁204人，占5.87%；36~40岁11人，占0.32%。
4. 本人成分：学生2 516人，占72.36%；其他961人，占17.64%。
5. 文化程度：（1）大学2 027人，占58.30%；（2）专科460人，占13.23%；（3）普通高中812人，占23.35%；（4）普通初中18人，占0.52%；（5）其他学校160人，占4.60%。
6. 技术特长：（1）有技术特长1 373人，占39.49%；（2）无技术特长2 104人，占60.51%。
7. 分配工作地点及人数（总分配人数3 330人）：（如下表所示）

华东人民革命大学各部人员情况表

	一部	二部	三部	合计
注册学员	1 318	1 337	1 427	4 082
入学学习	1 086	1 130	1 261	3 477
分配去向	1 042	1 079	1 209	3 330
东北	424（大连125）			549

(续表)

	一部	二部	三部	合计
山东	209			209
浙江	4	911	138	1 053
西南	31		545	576
上海	219	145	489	853
留校	30	23	37	90

注：1. 1949年9月华东革大（主要是三部学员）参加中国人民解放军西南服务团有576人，加上学校带队干部19人，共595人，组成建制直属四支队。去南京时，上海单位、学校临时又并入61人，共656人。他们到西南后分布在川、渝、滇、藏参加接管、建政、建设和去部队，以及参与筹建西南人民革命大学。据2004年统计，有联系的计306人。2. 建校55周年时列入《校友通信录》的一期学员有841人，占结业人员的四分之一（25.3%，但在各期中是最高的），近2 500人已难以寻觅。近五年来，又谢世不少，现能联系不到600人，绝大多数年逾八旬，并享以离休干部待遇，安度晚年。3. 由于当年人员流动性很大，上述综合的各方面数据仍不失有参考价值。

1949年底，由于美国的军事封锁，蒋介石又频频轰炸上海。华东革大在上海又无校址，经研究决定，华东革大决定迁离上海。

二期、三期、四期、五期均在苏州市举办，时间为1950年1月至1952年12月。

新中国成立后的第一个新年，上海各院校即将复课，必须腾出校舍归还原主。经华东革大与华东军区副司令员粟裕协商，确定将华东军大迁到南京，留出苏州的军大校舍给革大。当时，苏州是一个半城市半乡村的"鱼米之乡"，能解决革大的物资供应和学员的劳动锻炼场所。且上海和苏州相距较近，便于华东局领导和教职员工互相来往及支援。

1950年1月19日，根据中共华东局指示，华东革大校党委扩大会议决定成立四个工作组，研究调整扩大学校组织机构问题（校部设在今平门内阀门厂中）。

校长舒同，副校长温仰春、李正文、匡亚明，校部办公厅主任程雨村，教务处处长李文、陈琳瑚、刘雪苇，行政处处长刘冠英、刘博泉。

校部下辖五个部：一部主任谭守贵，副主任王零（部址在拙政园）；二部主任王亦山，副主任周抗、崔毅（部址在北兵营）；三部主任万钧，副主任王宗东；四部主任王乐三，副主任魏伯雨（部址在南兵营）；五部主任程雨村，副主任刘博泉、余仁，副主任蒋梯云（部址在南兵营，即张家花园）。

为加强对留沪单位的领导，校党委于1950年3月15日决定成立"革大驻上海办事处"，决定由陈琳瑚等九位同志组成革大二期招生委员会。招生地点在苏州、上海、南京、杭州、扬州、芜湖、合肥、徐州、济南、青岛等10个考区。

招生简章内容与第一期大致相同，只是在学历、年龄等方面略有调整，取消了预科。录取新生分布为：

一部800余人，其中县团级干部275人，以及华东军政委员会和上海高教局保送的沪、宁、杭三市文、法、教三院毕业生、一批高中毕业生。

二部1 000余人，是山东胶东、渤海等地抽调的区级以上干部。

三部与四部共2 500多人，主要是上海、山东、苏南、皖南、浙江录取的新生。

五部1 130余人，主要是苏南、皖南的初中以上新干部、皖南干校的学生，在职的文职人员。

1950年3月15日，新生开始报到入学。由于各部的招生工作是分段进行的，因此各部的开学典礼也是于3月7日、4月9日和8月20日分别进行，合计5 705人。

在开学典礼上，由舒同校长、中共中央宣传部陆定一部长和华东军政委员会、上海市领导分别参加各部的开学典礼，并讲了话。

华东革大制定了《学员上课制度》《学员自习规则》《学员宿舍规则》《饭堂规则》《学员奖励与处分暂行条例》等几项规章制度。第二期以政治思想教育为主要内容，教育学员树立为人民服务的人生观，面向实际，面向群众，面向工作，服从分配，将来乐于参加土改，忠实地执行土改政策。

第一阶段学习《改造我们的学习》，第二阶段学习《社会发展史》，第三阶段学习"形势与任务"，参加土改斗争，第四阶段是民主鉴定，分配工作。

1950年10月15日，全校师生欢送二部、三部、四部共2 800余人奔赴皖北参加农村土地改革。11月5日，全校师生欢送一部、五部800余人开赴皖北参加土地改革。

1951年1月底，革大在上海、南京、苏州、杭州、扬州、徐州、济南、青岛、合肥、芜湖、金华、宁波等地开展三期招生工作，截止到2月16日，报名人数达7162人，正式录取5283人。开学典礼有6000余人参加。校长舒同、华东军区政治部副主任唐亮以及苏州党政领导负责人均到场参加。

6月17日结业典礼，18日4000多人参军，7月份党校恢复（华东局党校）成立办公厅（两家联合）。

特殊的复合群体

1951年9月报到的第四期学员共有1368人，其中，有曾在旧政府供职的知识分子近千人，也有国民党内政部次长胡次威、立法委员、秘书长马立俊等。这是一个特殊的复合的群体，其特点是年龄大小不一，文化程度高低不一，工作时间长短不一，社会阅历深浅不一，受旧政权影响程度不一，因此，带来的教育难度也不一。此外，还有1949年5月随军南下的我军政机要人员200余人，作为领队学习而调来的我军、政、党团员100余人。

四期理论学习阶段由"改造我们的学习"单元、"劳动创造世界"单元、"阶级和阶级斗争"单元和"科学社会主义"单元组成。

由于这期学员在旧政府的供职时间长短不同、经历不同、职业职务不同、出身成分不同、年龄不同、所受影响不同，为了解决他们的思想问题，教学内容以社会主义、共产主义的基本原理为原则，以爱国主义、国际主义思想教育为指导，用民主的方式、群众自我教育的方式，认清前途，坚持真理，修正错误。接着是历时两个月的"反贪污运动"阶段和政治自觉运动阶段。

结业分配时，适值新疆军区王震司令员向华东各省要一批技术人员、干部和群众，赴大西北参加祖国建设。以此为契机，华东局决定，号召一批学员支援新疆建设。经动员，愿去新疆工作的有1253人，占学员总数的99%。只有少数因年老、有病或照顾统战关系和夫妻关系等原因，被批准留了下来。1952年5月20日，赴新疆人员分15个中队56个分队183个班分批出发。

五期招收的学员来自华东军政委员会（驻上海）所属各机关、部门。1952年6月中旬报到，24日开始学习。主要进行马列主义、毛泽东思想教育，以历史唯物主义为中心内容，提高其政治觉悟，转变其立场。贯彻团结、教育、改造的政策，突出思想改造，开展批评与自我批评，搞清个人存在的政治历史和其他问题，继续为人民服务。到 1952 年 12 月 21 日学习结业时有 987 人，全部学员仍回原机关单位安排工作。

华东革大设立政治研究院

1950 年 7 月，根据统战工作的需要，中共华东局决定，在华东革大增设"政治研究院"，院址设在苏州平门里报恩寺（即北寺塔）。1950 年 8 月 20 日正式开学，任务是对学员进行马克思列宁主义、毛泽东思想教育，引导学员在政治思想上进行自我教育、自我改造、自我提高，树立为人民服务的思想和立场，投身新中国的革命和建设事业。学员一部分是华东区各高校的教育工作者，另一部分是华东地区各民主党派人士或无党派人士，还有少数是在国民党的党、政、军或团体组织中任职过的中、高级人员。

政治研究院筹备负责人和一期院长是陈同生，后由匡亚明继任。三期 1953 年入驻上海。

研究院共办了三期，学员 900 余人，政治研究院有其特殊性，学员对象不同，大体可分为两部分：

一部分是华东区各高校的教育工作者，如新中国成立前的南京金陵大学校长陈裕光、复旦大学校长章益、大夏大学校长欧元怀等；

另一部分是华东区各民主党派人士或无党派人士，包括民革、民盟、民建、民进、九三、农工民主党、台盟、致公党及各界的知名人士。其中极少数人是共产党员、青年团员，个别人是基督教徒。

从学历来看，大部分人受过高等教育，在国内外大学毕业或肄业的，占总人数的 80.5%。

从职业来看，有长期从事教育工作的大学校长、大学教授和讲师，也有长期在国民党党、政、军或团体组织中任职过的高、中级人员，如国大代表邹树文，国民党苏州反省院院长刘云等。正因为他们具有较高的文化水平，具有自学和研究的能力，所以将这一机构定名为政治研究院（原是华东人民革命大学第六部，后改称为政治研究院）。

学员的籍贯分布在 19 个省、市、自治区，年龄最小的 24 岁，31~45 岁的占总人数的 58.9%，45 岁以上的占总人数的 40%，年龄最大的 68 岁。

从生活经历和参加社会活动的政治影响来看，他们存在着超人一等的想法，习惯于"发号施令""好为人师"；学员之间则"文人相轻"，缺乏"虚怀若谷"的精神和向群众学习的态度。同时,他们已经习惯于比较上层的生活方式,不能体会劳动人民的生活疾苦。当然,也有不少学员,曾经受过革命或进步人士的熏陶和影响,在新中国成立前后,积极参加过进步运动并向中国共产党靠拢。

学员来源不同,生活待遇也不同。

政治研究院的学员都是在职人员,是作为统战部、高教部推荐介绍来的。他们在学习期间,一般享受"中灶"待遇,极少数还享受"小灶"待遇。此外,还领取供生活所必需的其他费用。

政治研究院的组织机构和领导体制不同。研究院采取院长负责制,正副院长是革大校党委的常委,正院长又是革大的副校长。在领导体制上,还要接受华东局统战部和高教部的领导。党组织设机关总支,下设支部。行政机构：院长下设教务、院务两个处；教务处下设教务、注册两个科；院务处下设行政、人事、供给、管理、秘书等四个科室；科下设股,各股根据需要设干事5~10人不等。各班设正副班主任各1人,班助理2人,干事2人。

政治研究院的开办,从始至终得到了华东局的特殊关怀和重视。从组建筹委会到抽调、配备各级干部,从确定院址到新建礼堂,全部食宿安排,从制订研究计划到解决计划中出现的问题,都是在华东局党政领导亲自过问、华东局统战部负责同志陈同生的亲自主持和领导下完成的。党对政治研究院的关怀和重视,具体表现在以下几个方面：

招生对象的特殊性。1949年5月解放军横渡长江后,国民党军队节节败退。当时虽然处于硝烟弥漫的战争环境,为了培养大批从事新区工作的干部,华东局还是决定立即开办"革大"。但是对于政治研究院的学员,考虑到他们都是高级知识分子和统战对象,有一定的社会地位和比较优渥的生活条件,是新中国革命和建设事业的宝贵财富,需要对他们从优照顾,因而需要一个认真筹备的过程。为此,华东局决定政治研究院推迟到1950年7月和平安定的环境基本形成之后再开始招收学员。要求学员于7月中旬开始到校,8月20日开学。

政治研究院配备的干部力量比较强。院长由华东局统战部第一副部长陈同生兼任,后由匡亚明担任,由李佑长任副院长,各处、科及班的负责干部,都是县团级以上干部充任。

院址选定在苏州平门里的报恩寺。学校对年久失修的寺院及残垣断壁,进行了必要的修缮,并为学员新建了一个能容纳500人的礼堂,学员的住宿条件也比较舒适。总之,生活上较之华东革大其他各部的学员和职工干部,

三 前奏：校史研究方兴未艾

都从优照顾。

政治研究院在开始制订教育计划时，华东局负责同志，不仅亲自审阅和过问，而且做了重要的指示。

革大和研究院的领导对学员非常关心，为迎接学员，多次开院委会，详细讨论接待工作的具体步骤，反复学习《华北革大教学经验》等文件，讨论班级的组织领导以及学员入学后的各种细节安排。

第一、第二、第三期，每次学员入学时，都是到车站热烈迎接。干部热情的接待和殷勤周到的服务态度，给学员留下了深刻的印象。

学员们看到经过战争洗礼的革命干部为他们背行李，生活朴素，态度谦虚，无不深受感动，纷纷表示要放下包袱，安心学习，以回应干部的热情接待。

政治研究院三期的开学典礼，极其隆重热烈。

政治研究院同学录

当时出席典礼的签到名单

仅以第一期为例：参加开学典礼人数达7 000多人。除校部、研究院以及各部全体人员外，还有来自上海的革大附设俄文学校、工农速成中学、华东团校、华东财经学校、华东新闻学院和公安干部学校的许多代表。到会祝贺的首长和来宾，有华东军政委员会主席饶漱石、副主席马寅初，华东文委副主任陈望道，华东教育部副部长沈体兰，苏南军区政委陈丕显，苏南行署主任管文蔚、副主任刘季平，上海市国民党革命委员会丁超。中国民主同盟会彭文应，农工民主党申葆文，民主促进会周煦良，以及当地党政军民学的代表等。

开学典礼的主席台上布满了许多单位送来的锦旗、贺幛。大会开始，军乐高奏中华人民共和国国歌，舒同校长主持会议，华东军政委员会主席、副主席，华东文委正副主任，华东教育部及各民主党派代表，都从不同的角度，分别殷切致词，阐述学习的重要意义，学习的目的、态度和方法，并勉励大家认真改造思想，做人民欢迎的知识分子。之后，学员代表纷纷上台表决心。

开学典礼的当晚，校部文工团还表演了精彩的文艺节目。第二期开学典礼与第一期情况略同，第三期在上海举办，虽然学员人数不满百人，但华东和上海的部分党政领导以及民主党派代表，也都莅临参加。

党和政府对政治研究院的关怀和重视，由此可见一斑。政治研究院第二期结业后，于1953年初由苏州迁来上海。

当时，职工暂时寄宿在宝山路俄语专科学校。不久，再迁至瑞金二路450号，除极少校工留守外，其余的干部根据华东局的指示，分到上海各高校参加院系调整工作。1953年，根据华东局统战部指示，抽调分赴上海高校参加院系调整的部分干部有40余人，续办了第三期，由李佐长同志主持工作。院务、教务两处合并，由车伟之任处长，下设几个组。学员90余人，是从华东各地抽调来的民主党派在职干部。

这一期分两个班，由周亚雄、张理（原政治研究院一、二期班主任）分别任班主任。一班学员来自上海、浙江、山东等省市，二班学员来自江苏和福建。时间从1953年3月中旬至1953年8月上旬，近五个月。

1953年国庆节前，政治研究院完成了历史使命，宣告结束。（资料来源：华东人民革命大学校史）

南京分校和浙江分校简况

华东人民革命大学南京分校成立于1949年6月。具体的资料缺失。2007年2月，由王志强、王继华、杨军、叶树明、甘竞存、虞传政、王长俊发起关于南京分校60周年校庆致校友的一封信中可见各位校友真情。

华东人民革命大学南京分校成立于1949年6月，它培养出的干部逾万名。这些同志为建设祖国奉献了毕生精力，而今皆已踏入耄耋之年。饮水思源，母校甲子华诞，应当大庆。我们建议在2009年6月举行这次隆重的校庆活动，届时老校友们欢聚一堂，畅叙旧情，共瞻未来，亦是一大快事。

校友包括：我校教职员工；历届毕业同学；经我校录取、参加学习，中途组织批准参军、参干、保送及考入其他学校的同志。热烈欢迎大家踊跃报名，参加此次盛会。

联系方式：第一步，因时隔已久，多数校友已失去联系。为此，现将此信寄给数十位有联系的校友。第二步,请接阅此信者,以各种方式转告你所熟悉的校友。第三步,以滚雪球的方式,再互相转告下去,以争取更多的校友参与。

凡同意和能够参加校庆的校友,请以电话或其他方式,向下列七位发起人中的任何一位报名,即可记录在册。在校庆活动的前十天,会将有关事项通知各位。

浙江干校成立于 1949 年 5 月,1951 年 2 月改名为华东革大浙江分校,1953 年 4 月又改名为浙江行政学院。

1957 年 3 月,浙江行政学院与中共浙江省委党校合并。干校历经 8 年,曾三易其名,共培训学员数万人,极大地充实了浙江的干部队伍,为接管新区、巩固政权、恢复和发展国民经济作出了重要贡献。

华东人民革命大学南京分校分配工作介绍信

四

赋格：亲历百天 全程记录

华东人民革命大学第三期三部三十五班全体师生合影
第三排右四起：吉浩班主任、张希曾班组织助理、陈仁山班副主任

四 赋格：亲历百天全程记录

　　本书的主人公钱吉虎收集了许多关于华东革大的资料。这几年，他把其中的三分之一捐给了苏州市档案馆，三分之一捐给了复旦大学图书馆，剩下的三分之一资料还在整理。笔者在进行梳理撰写本书时碰到问题，就直接询问钱老先生。第一手资料来源于钱老珍藏的当时入校学习的笔记本。

钱吉虎的全本学习笔记

　　每当笔者问起吉虎同学，是不是见过舒同、温仰春时，他竟然都说不知道了，因为时间太久，已过去70年了。

　　笔者在写本书的时候注意到这个亲历者在华东革大待了116天。希望把他作为亲历者的所见所闻都能够写出来。可是由于当事人的方言难懂和年事已高，他说出来的、记录下来的，还是不尽如人意——这也许也是这位亲历者的一个缺憾。

　　我们还有什么能够引起读者的注意呢？我们能带给读者哪些第一手的资料？

　　正当一筹莫展的时候，有一天他突然兴高采烈地告诉笔者。他找出了当年的笔记本。一共三册合订在一起。选用当时购买的油光纸，裁成14~20厘米大小，自行装订成三本简易的听课笔记本，（25页、83页、70页分上、中、下三部分，于1951年5月18日合订成178页）上面记录了舒同的两次讲话，还包括温仰春、李正文的讲话。

　　这一发现使笔者喜出望外，因为这使本书又有了新的发掘点和关注点。这可是亲历者原始的、最真实的材料！尽管笔记本的纸已经泛黄发脆，笔迹又有点模糊。但通过原本本地把这本笔记本的内容呈现出来，再加上钱老的口述，这个章节将会更加精彩。

　　这本在钱老老家保存多年的笔记本，可以很清晰地反映他们这批当年年轻学员的整个学习过程（包括学习内容的全面系统），记录下了他们在革命大熔炉里思想演进流变

钱吉虎的各项笔记

的心路历程。笔者在这里用三种方法呈现给读者，其一是将全部，用目录摘要排列，以便查阅，看到学习生活的系统性；其二是把重点全文照登，虽然语句不太通顺但原汁原味再现当时的情景；其三，根据编者的设计意图，加小标题，统一前后文的格式，以便阅读，同时插入亲历者的回忆——这一切都用不同的字体字号和版式表达出来。

看到这里，不由得对当年的这位初中生表示敬佩，能够笔记领导的讲话，除了有速记的本领，还要领会其中的意思，是不容易的，这一能力应归结到钱老的母校为他打下的文化底子。因此，为保持记录的真实性，保留笔记本上的原始记录。

笔记本目录及活动大事一览

从目录摘要可以清晰地看出，华东革大人学习的全过程安排，充实而又紧凑，内容丰富多彩。所见所闻均出自华东军政要人和大批顶尖学者。

1951年

3月

13日，万钧部主任报告。

16日，周五，吉浩班主任报告:《为人民服务》。

19日，开学典礼，舒校长报告。学校性质、抗美援朝、学校纪律、制度。华东军政委员会文教委员会副主任陈望道、华东军区政治部副主任唐亮讲话。

20日，李正文副校长谈中国革命的基本问题。下午万钧报告《改造我们的学习》。

21日，吉浩班主任：学习《改造我们的学习》总结报告。

26日，上午军训。

27日，下午讨论。

28日，吉主任报告。

29日，李副校长报告中国革命的动力。

31日，三部团总支书记谈青年团的形势和任务。

4月

2日，吉浩主任回答问题，预习中国共产党党史。

3日，万钧主任谈中国共产党党史。

4日，吉浩主任：中国共产党史的辅助课。

5日，晚，吉浩报告。

7日，周二，班课。吉浩报告。

11日，吉浩主任报告

12日，小组发言提纲，讨论意见。

13日，学代会说明（潘文澜）。

14日，理论测验。

15日，陈仁山班副主任报告。

16日，李正文谈武装斗争。

17日，班课，吉浩主持。

18日，上午傅科长解答问题，下午吉浩班课。

24日，万钧部主任报告，下午班辅导课：统一战线。

25日，万钧：统一战线。谈国内，国际形势。

28日，温仰春：关于五一劳动节。

30日，李正文关于国际战线的几个问题。

下午，吴科长：关于参加五一节全市15万人大游行的报告。

5月

1日，全校师生参加大游行。

2日，吉浩班课：知识分子改造问题。

3日，李正文副校长：知识分子改造问题。

4日，下午三部纪念五四大会（潘文澜），晚上三部教育科长李志清。

5日，预备组。思想检查提纲。

7日，吉浩的解答报告。

8日，吉浩补充报告。

9日，傅科长关于爱国主义的报告。

10日，吉浩动员报告。

12到15日，小组讨论。

15日，晚，吉浩班主任报告。

16日，温仰春副校长：爱国主义思想与政治自觉运动。

18日，万钧部主任：领会温校长的讲话精神的几个问题。

19日，班吉浩辅导报告。

23 日，李正文副校长报告（一部、三部、四部）。

26 日，上午三部、四部同学：政治自觉、忠诚老实坦白大会上李副校长的报告。下午小组讨论。晚上吉浩说明书写材料的几个问题。

6月

2 日，李正文：爱国主义思想检查；政治自觉运动学习总结大会（全体同学）。温仰春副校长讲话。

4 日，填学员履历表。

6 日，国防建设与人民解放军，华东军区海军司令员袁也烈报告。（大草棚）。

17 日，三期结业典礼，舒同校长讲话：要完全服从组织分配，等等。

华东军区政治部副主任唐亮报告。

华东军区空军司令部聂凤智司令报告。

苏州市王市长报告。

华东妇联主任谢雪红报告。

以上目录中，仅举以下几例——

【开学典礼】

1951.3.19 星期一

主席报告：今天是革大三期开学典礼，华东军政委员会文教委员会正副主任及我们的校长及其他多人。

把我们的作风、思想改造好。今天的大会有许多来宾来指导我们。

舒校长讲话：

各位同学，今天是革大三期的开学典礼。

华东人民革命大学，它不是一个普通的大学，而是革命大学、人民的大学，因此这样的目的是一种改进一批知识青年，在思想上给予提高，培养一批为国家的建设人才，故我们的学习内容与方法有所不同的。

一场反帝反封建的革命，经过了几十年的斗争，已把帝国主义打败了，建立起我们人民自己的国家。这不单是中国人民的胜利，而亦是全世界的大胜利。现在我们必须打下学习的基础。来进行新民主主义的经济建设、文化建设。因此，我们需要：首先在学习中改造我们的思想，为了革命，为了人民大众的利益，完全牺牲个人的利益，首先必须进行我们思想的改造。因为我们都（从）旧社会而到这里来，因此，把我们的旧思想改造好，必须学习马列主义毛泽东思想。我们的学习时间是短的，但在短短的时间内，尽可能把我们的思想作风上作了一个深刻的改造。

因此我们大家来学校，必须把我们的学习计划做好，改革我们的思想。我们到学校里来不是为了文凭，不是为了个人的利益，总之，我们到学校里来，不是把个人利益放在第一，而要改造好我们的思想。因此，我们首先对思想作一个检讨，有的人以为苏州风景很好，来跑跑，以为是"上有天堂，下有苏杭"。不想到了学校里，好像是觉得我们的学校环境太不好。我们应当把我们的学校当改革的大学看，到学校里来把我们的不正确的思想作一个自我批评，建立起革命的人生观，处处为人民的利益打算。现在我们的国家正需要全心为人民服务的人才，我们到这里来，要以正确学习的态度、目的和动机，虚心、老实的态度来学习。

【应该遵守学校中的生活纪律制度】

把我们的小资产阶级的自由散漫作风改革了，建立起无产阶级的生活纪律制度。因为我们到革大来学习是为了求改造，求为人民服务，而为了个人利益打算是错误的。故我们到学校里来，必须认清我们学校的态度，把我们的思想作风改造好，好为祖国的各种建设服务。

【除旧换新的时代】

华东文教委员会陈望道副主任：

今天是革大三期的开学典礼，这期有五千多学员，现在中国是处在除旧换新的伟大时代，现在《大公报》在写中国的世界第一。

建设中国首先要建设国防。在国防方面，我们有强大的人民解放军，处在换旧补新的时代，有种种的看法，我想起了刚解放的时候，那一年开会的时候有几位女同志帽子的戴法与现在是完全不同的，也就是说是前进了。现在必须从整体去看"要雄伟伟大"，如客观去看"雄伟

马寅初（左）和李正文（右）亲切交谈于华东革大

伟大"，自己是不知道，所以必须自己去体会。如革大表面是简陋的，而实际是雄伟伟大的。我们要新陈代谢的时代，虽然时间不长，但我们的责任是重大的。我看到好几位教授回去后各样都变了，所以我们革大是革命的熔炉，是新陈代谢的推动者。

李正文（左）与温仰春（右）

【1951.3.20.9时　李正文副校长报告】

李正文：中国革命的基本问题

◎中国社会性质

1. 反对帝国主义

帝国主义在中国大陆上的军事、政治势力基本上是被打垮了。帝国主义在中国不再有租界与领事裁判权了。帝国主义在中国的经济势力与文化势力基本上亦被打垮了。中国广大面积不再有美帝的市场了，亦不再听美国传教士的话与美国之音。

美帝国主义侵略中国，它用种种方法来麻醉中国人民，明明侵略中国，却把这种侵略说成是友好。中国的领土就成为美帝的经济领土，可以说整个的旧中国是美帝的市场了！可是中国是个以农立国的国家，可是吃的是美国米，穿的是美国棉花。如湖南的米运到上海的运费比美国来到上海价格高。因此米只好让它发霉。如陕西的棉花不能到上海来,西北的人民,他因为卖不掉棉花生活怎能好。到了解放后的中国就完全改变。如上海吃的青菜、米、穿的棉花都是本国货,不再靠外国了。如商品大量进来使中国的民族工业歇了业,船业、公司业也倒闭了,还有一点美国的救济物资运到祖国的时候,便可消灭我国的工商业。在反动政府时候,有多少民族工业败在救济物资上,工厂倒闭,工人失业,这样中国的领土完完全全是美国的经济领土。

把中国的国民经济弄倒闭后,中国就少不了美国,使中国的金钱都流到美国去了,不但中国如此,而欧洲的英、法、意也是如此,总之美国的援助越多,则该国家也最穷,美帝什么东西都可以给你,但制造机器的母机是不卖给你的,使中国永远贫穷,永久落后。

解放后的中国是独立了,当你到上海市场看东西的时候,苏联的东西是一点看不到的。从这一点就可以看出谁是敌人,谁是朋友。如苏联的工业品是没有到中国来,可是机器母机到中国来的很多。过去美国的工程师和留美学生到中国来,任何零件都需要用美货,就是美货推销员,而苏联的工程师则是就地取材。此外,美帝在旧中国内开了大工厂、银行、公司等企业,因此,旧中国的经济命脉却在美帝手内。自解放后美帝企业完全变成人民的企业,解放后民族资产阶级立起来了,物资也照样有,工商照样兴盛。

在旧中国只有美国人可以打中国人,而中国人打美国人则完全不可以,连反动政府都不可以。美帝的文化侵略更是厉害,使中国人民鄙视祖国的一切,而思想里面都是崇美亲美等思想,又用电影、教士等来宣传美国,使中国人民一切都忘记本来面目。

2. 反对封建主义

封建剥削的土地制度,妨碍生产,在旧社会农业生产只有对地主有利,对农民一点没有好处,因此生产力低下。地主收租大多数在收获量50%以上,地主从不关心农业生产提高,只关心向农民要地租,把收来的地租又向农民放高利贷剥削农民。地主把钱兑成金子,埋在地下做守财奴。江南地主把钱存在外国银行里,外国人再来剥削我们祖国,故地主的要地租对农民只有妨碍农民的生产力,使劳苦大众贫穷下去,工商业就不能发达。工业不发达,国家就落后不前进,故地主妨碍着中国的前进发展。也就是说封建制度的存在,就是中国贫穷落后的根本原因。地主阶级的存在就使我们祖国受到帝国主义侵略历史,要使中国强盛前进就须消灭地主阶级完成土改。个人的爱国心看你在土改中是站在人民的一边,还是站在地主一边。你如站在农民的一面,那就表现你有爱国心。地主阶级的利益与中华民族的利益是相反的,所以地主阶级是美帝侵略中国的同盟军。土地改革是以发展生产力为出发点,亦是使落后贫穷农业的国家走上前进、富强、工业化,土地改革是从爱国主义的观点为出发点,虽然资本家同样也是剥削阶级,但他对中国人民是有利的剥削,而地主阶级是完全有害的剥削。农民是受了几千年的压迫,一旦翻了身,这一点保护可说是百分之百的保护。

3. 反对官僚资本主义

在旧中国官僚资本主义是不受政府法律制裁,可以做民族资本家做不到的事情。又用国家的金钱囤积居奇,武装走私,他们一方面做官,一方面做生意。做官又可贪污,外国挂牌的投机,中国产业资本中的大家族的资金占80％。中国劳动人民所创造的果实都给官僚资本主义掠夺了,使中国的农村经济破产,使生产力破坏了。新中国在解放后就接收这样一件破烂不堪的破东西,这就是国民党统治中国二十多年的结果。官僚资本主义对内是垄断市场,对外是做买办员,推销美国货,使中国自己的正当的工业倒闭了被打垮了。因此,中国就成了美国政府的市场。国民党的军队到那里,美国货就到那里。现在解放军到那里,美国货就没有了,民族资产阶级就立起来了。大官僚资本主义由于垄断、投机的结果,就会形成法西斯的思想,买办思想。

4. 推翻三位一体的反动派统治

帝国主义对中国人民保守说法,通过封建主义、官僚主义,封建官僚是依靠帝国主义用一切方法来帮助反动派的统治权。它是通过官僚主义、资产阶级、地主阶级和大地主、买办资本家,他们都是出卖国家民族利益的,以帝国主义的武器维持他,且加深统治来屠杀中国人民。官僚资产阶级他们多数是大地主,所以他们是三位一体的。

正因为三位一体,所以在土改时期散布谣言破坏土改,地主阶级是美帝国主义侵略中国的别动队,有的是破坏生产来配合美帝侵略朝鲜,占领台湾,帮助美帝开展第二战场。这三个敌人是使中国最后贫穷的主要原因,也就是美帝国主义侵略中国主要原因。这三个敌人妨碍我们祖国……也妨碍我们进步,使我们腐化,堕落,甘做亡国奴,失去了民族自尊心。因此,崇美、亲美的思想发生,这三个敌人使我们反叛祖国。所以,我们要为人民服务,首先把我们脑子里的这种思想改造过来。

中国革命的对象与中国革命的任务。上面三大敌人使我们的中国成为半殖民地半封建的国家,它妨碍祖国的前进,所以,我们革命的对象也就是这三个敌人。你革命不革命也就要看你对三大敌人的态度如何？推翻帝国主义反动派，消灭封建是民主革命。这叫做民族革命，是中国革命的二大胜利，要建立民族自尊心，爱国思想、人民民主和集体主义思想。

【1951年3月29日 上午 李正文副校长报告】

◎中国革命的动力

为了使中国前进，要对付封建主义、官僚主义，就要用民主革命来推翻它。

资产阶级，又名民族资产阶级，它受到帝国主义的侵略压迫，它要求发展民族工商业，反对帝国主义，它又叫自由资产阶级。封建土地制度与官僚资产阶级的垄断主义使自由资产阶级不能发展且倒闭，要求自由贸易，它反对封建主义与官僚主义的压迫。

小资产阶级：它是一个过渡阶级，它一方面参加劳动，它是劳动人民的一部分，另一方面它有私有财产，它有工厂，有工具，接近于资产阶级，想走资产阶级道路。在旧中国里面有三大敌人存在压迫剥削，只有很少数人到资产阶级，绝大部分被剥削为无产阶级与无产阶层，知识分子是小资产阶级内的一分子，知识分子由于在反动的统治下失业。十月革命后，知识分子受到苏联马列主义的成功（影响），故它要求人民革命，特别是中国的知识分子是符合工人农民的分子，所以小资产阶级与知识分子也是革命的动力。

农民阶级。它包括中、贫、雇农。贫农是农村中的半无产阶级，雇农是农村中的无产阶级，中农是农村中的小资产阶级。故农民（贫雇农）要求把封建的土地所有制变为农民土地所有制。中农是没有互相剥削，由于不等价地交换，被大资产阶级剥削。由于三个敌人的压迫剥削，故也是革命的动力。

中农要求改变封建主义。

无产阶级：受到帝国主义、封建主义、资本主义的三重压迫、剥削，因此，在革命当中的坚决性与彻底性，是其他阶级所没有的。

◎谁来领导革命

中国的革命只是反对三个敌人，对自由资产阶级不反对。所以中国的革命就是资产阶级民主革命。

1. 资产阶级要领导中国革命，必须进行土地革命，反对帝国主义与没收官僚资本，但它不能由于它的经济在比例中占得很少，又与三个敌人还有联系，它的原则都是帝国主义的且它又是大地主阶级，所以叫它来彻底反帝反封建反官僚，没有彻底性，故资产阶级有二重性，一方面是革命性，一方面是动摇性、妥协性。

2. 小资产阶级也不能领导革命。因为他们没有坚决的革命性，它虽然参加革命，但当革命最紧张的时候，少数人是叛变且成了革命的敌人。所以党只能在无产阶级领导下进行革命。有人说毛泽东不是小资产阶级吗？因毛主席脱离小资产阶级已三十多年了。

3. 农民阶级，因为它是个体的生产者，有散漫性，所以也不能领导革命。历史上农民的革命往往为其他阶级所利用，不能成功。

4. 工人阶级。它有领导的本领。（1）它痛最深，所以革命性最坚决；（2）工人阶级比资产阶级力量大，资格老（因帝国主义开的工厂早）；（3）工人的人数在比例上是小的，但在力量上是团结的。其中在城市里面，工厂有组织、有纪律；（4）它与广大的农民有天然的联系，与农民结成坚固的同盟；（5）工人阶级运动一开始就是马列主义的中国共产党领导，是不像欧美国家的工人一样，有改良主义影响。因为，中国革命为无产阶级领导，故不走旧民主主义的道路，而走新民主主义的道路，工人与农民一结合，因它们占全国人口90%，力量也就最大。毛主席说，中国的革命必须依靠工农联盟，才能胜利。

革命者的思想，究竟谁对新民主主义建设最有利？

1. 资产阶级的思想。资产阶级占有大量的生产资料，它们希望工人听他指挥，听它自由剥削、压迫。对生产出来的工业品，它希望自由买卖、贸易、竞争，这就是资产阶级的自由主义思想的来源。当它反对帝国主义、官僚主义、封建主义，那它的思想是进步的，当人民政权建立后，他的自由思想对人民是不利的。

2. 小资产阶级的思想。一般地讲，它依靠少量工具与劳动来养活自己，他们靠自己吃饭的，因此它就会产生个人主义思想，它具体表现就是自高自大，有虚荣的，排挤别人，提高自己。这种个人主义思想对祖国是不利的。因它是个人工作的，不与别人联系。由于生产是个体的，因此产生无纪律，自由散漫，无互助，无组织，对祖国亦不利。它至少有点工具，因此接近剥削阶级，又因他是劳动者，所以他又接近无产阶级。所以，他会产生中间路线，超阶级思想，有了动摇思想，不彻底，妥协性。这种中间路线是对祖国不利的。它有时可以上升到资产阶级，或下降为无产阶级，又因小资产阶级与知识分子在生活上和资产阶级一样，产生许多幻想与易犯急性病，空想。

3. 农民的思想。它是受地主阶级压迫剥削，它们是无地的。农民它看到农民的剥削是有土地的关系，故产生了平分思想，农民在政治上翻了身，可是这种平分主义思想是对人民（祖国）不利的，好像是衣食住行各方面都要求平分，对国家是有害的。

以上三个阶级或多或少有私有财产，因此造成自私自利思想，他就有剥削思想，抢劫、偷窃行为这种自私自利的思想，这对我们祖国利益是不利的。

4. 无产阶级的思想。工人在工厂中分工合作才能完成一件东西，单纯一个人不能完全做一件事，因此，工人知道在生产当中只起了一点作用，是靠全体工人们才成功的。因此，工人阶级是没有个人主义思想的，而是讲集体主义的思想。工人阶级在工作的时候按时工作，遵守时间，他不遵守时间就不能生产。在生产产品的工作上也需要准确，正因为如此，工人阶级有高度的组织性与纪律性、互助性的观念。工人阶级知道生产资料是劳动者大家生产出来的，那么大家可以使用。工人阶级反对自私自利剥削者，工人在生产过程里面是没有财产的，故把生产资料分掉，工人就不能统治，因此工人阶级是有大公无私的思想。工人阶级与其他劳动者基本上是没有利益矛盾的，它知道解放自己必须与劳动人民联合起来，一起来解放自己。一部（个）工人单独来解放自己是不可能的，它没有半途妥协、动摇性，而且贯彻到底，这就是决定工人阶级有国际主义思想，爱国主义思想，有为人民服务思想，这就是无产阶级的思想，马列主义毛泽东思想，这些思想对中国是有利的。

故我们小资产阶级、资产阶级、农民阶级应由无产阶级领导。

用对祖国不利的思想来批判克服，这样中国才有前途。克服别的阶级错误思想，划清思想界限，看对祖国哪些有利，哪些不利，这样才真正地树立正确的人生观。

李正文：武装斗争是中国革命胜利的关键

【1951.4.16 上午李正文副校长报告】

武装斗争是中国革命胜利的关键，是中国革命的主要特点。一般地讲，在资本主义国家，在没有法西斯制度的时候，是没有了封建制度，是有了资本主义的民主制度，在那里无产阶级是有长期合法的斗争，是用议会讲台宣传等来提高无产阶级的觉悟。在经济上、政治上的罢工等，他的行动是合法的，他的斗争是不用流血的，所以他用这种合法的斗争。

首先，旧中国是半殖民地、半封建的国家，是帝国主义支持反动政府的血腥统治，对内，无产阶级、小资产阶级、农民阶级是没有合法的地位，是没有民主制度；对外，受帝国主义的民族压迫。所以，在旧中国，人民是不自由的，没有合法的活动，故中国革命不得不把人民武装起来，经过长期的武装斗争，否则革命就不会胜利。

有人说资本主义国家已经法西斯化，已准备战争，中国要有武装斗争，这个要看它的时间条件够不够。旧中国是半殖民地半封建国家，它的经济发展是不平衡的，经济成分亦各有不同。在农村的自然经济，依然是部分地存在着，农村可不完全依赖城市，农村中的农民是不可依赖于城市。在生产关系上，无论劳动力，还是生产资料都不用依赖于城市。因之，在农村的经济是独立的，革命者就可在农村中建立根据地。反动政府统治不到根据地。假使对其经济封锁也不可能，而其他资本主义国家则不可以。

第二，中国受到帝国主义的侵略，因为帝国主义与帝国主义之间的矛盾，因之，中国的反动统治者与统治者之间就造成矛盾，相互之间的斗争，军阀混战，这样就造成了武装斗争的一个好条件。

如革命的根据地井冈山，它不但山势险，且是湖南与江西的边界山，因为江西与湖南的军阀之间矛盾，相互不管的条件，所以是理想的革命根据地。

第三，因为中国是一个大国，革命的游击队，可以在国内到东到西，到处胜利。

假使不明了这一点，革命就会损失，如李立三的右倾，只知道工人运动，武装起义，但中国不是资本主义的国家，不知道中国革命的特点，故亦使革命受到损失，只有毛主席认清了中国革命的特点，革命可能（从）农村中革命起，所以革命胜利了。有人说，为什么美国没有武装斗争，而亚洲的中国则有强大的解放军。

这是因为美国的经济发展（是）平衡的，农村经济完全依赖于城市，而共产党只是还有合法的地位；在美国有改良主义分化美国的工人阶级，使工人阶级力量减小；在美国的统治机构是没有矛盾的，而是非常强大的统治力量。

在殖民地经过第二次世界大战，原来的统治机构改变了，而帝国主义的统治力量大大削弱了。而人民的武装力量大大强起来，所以中国革命的胜利是一个宝贵的经验。

二、毛主席的战略思想。有了武装斗争的根据地（条件），但你以为何种思想能掌握这正确的思想，毛主席的战略思想是中国武装革命胜利的思想，所以我们要学习毛泽东战略思想，那时国民党有全国性的一个统治机构，特别是蒋介石他有几百万的正规化部队，而革命力量的地区又小又分散。我们的军队又小，是一点一点增加起来的，经济又困难。在这种情况下，我们往往被敌人围剿及多次扫荡。在这样的形势下，导致我们的战争是持久战，防御战，内线战，在一次战争上是进攻的，是没有固定的战线的，毛主席就根据这个制定了军事原则。

1. 诱敌深入。目的为保存实力，等候反攻。用次要的力量牵制敌人，敌人不能按计划前进。主力则是放在对自己有利的地方准备反攻敌人。有利的地方是指地势险，当地的人民觉悟高的地方。因为老百姓是会报告消息，支援解放军，利用这个有利条件来杀敌人，使敌人处于被动。

2. 集中优势的力量，使我们的内线作战变为外线作战，使敌人成为内线的作战。当敌人进攻时，我们以少数的力量牵制敌人的主力，再以我们的主力包围他。在每一个具体的战场，我们以几倍的力量来打击敌人，总的讲敌人的兵力是比我们大，在全国性的战线是内线作战，是被包围的，但在个别的具体的战争中则我们是外线，是敌人处于被动的地位，我们是包围中的包围，封锁中的封锁，但我们的作战始终是外线的主动的。

3. 运动战声东击西，是走来走去的作战。我们的作战是没有一定的地方的，当敌人来时就往好的地方，对自己有利如险要地方作战，当敌人有缺点时或力量比我们小时，就早到一点给他一个致命的打击。

4. 遭遇战。毛主席讲，我们不打无准备无保证的仗。从毛主席的战略来讲，就可以知道我们不是国民党造谣的人海战术。在"九一八"后至1935年前，在革命阵营中部分"左倾"分子，反对这种诱敌深入的战略，认为以多胜少是没有面子的，以少胜多那才是有面子。如果按照毛主席的战略是必定胜利的，否则是会失败的。

三、中国人民解放军与国民党反动派的军队的区别。反动派的军队是为蒋介石与帝国主义服务的军队，老百姓看见就怕。所以，老百姓说：好男不当兵，连盟军的宪兵也管制不牢。所以，老百姓恨匪军入骨。在反动政府时期，壮丁比犯人都不如。他的壮丁变匪兵，匪兵变兵痞，兵痞变死兵，如我们以看蒋介石的部队来看解放军则是错误了。

反动派的军队是替剥削阶级服务的。而解放军对老百姓很爱护，对敌人很勇敢，有中国光荣的传统，是为全国人民服务的，它（是）有高度的组织性纪律性的军队，它是使人民翻身的军队，是保卫祖国的军队。为什么这样好呢，就因为解放军的政治觉悟高，知道打仗是为全国人民，而反动军队是根本谈不到政治觉悟，不知为谁而作战，是制造地痞流氓的工厂，而人民解放军则像一所学校一样，他们不但学习了打仗，且学习了文化劳动生产，它又是革命的宣传者和组织者，帮助人民做事。因此老百姓很爱护人民解放军，且他们常常帮助老百姓生产。

所以，解放军不仅是一支战斗的队伍，且亦是一支学习生产的军队。今天，我们的军队又是一支近代化的军队。解放军的士兵、指挥是上下一样的，是为人民服务，为祖国服务，和国民党的将官完全两样，反动派的军官为争权夺利，而不会为人民服务。

我们从三大纪律、八项注意，就可看到：一切行动听指挥、不拿百姓一针一线、缴获要归公、借物要还、损坏要赔、不打人骂人、不得损坏庄稼、不调戏妇女、不虐待俘虏。

四、武装斗争在今后的作用。现在全国的经济，全国物价已经平定，不但已经恢复生产，纺织工业已经走向发展的道路。从前一个矿产煤16吨，现在已到250多吨了。全国的工人已经开展了爱国的劳动竞赛，从这些地方来看我们祖国是在前进途中。可以知道我们是有伟大希望的。我们是从落后的国家到先进的国家，从农业的国家进到工业的国家，从半封建半殖民地的国家进到独立、自由、民主、统一富强的新中国。我们的幸福哪里来呢？这就完全靠中国人民解放军来解放。如果没有解放军，那就没有新中国。它在以前是解放我们，以后是保护我们，没有它则我们新中国就会走向原来的道路，殖民地半殖民地的道路。

我们中国人民解放军给予世界的贡献，给予中国人民的贡献，所以，我们伟大的祖国的国际地位大大提高了（仅次于苏联），我们中国的代表都受到世界各国的拥护。世界上的国际会议如没有我们代表参加，那就不成为国际会议，因为我们伟大的祖国人口占全世界的四分之一。

为什么我们祖国有这样伟大呢？

那就是我们中国人民解放军，人民志愿军创造出来的，亦就说有了解放军就有了一切，就有了光明的前途。从这里可以看出，解放军是最光荣的。

温仰春：关于"五一劳动节"

【4.28 温仰春副校长】

五一是全世界工人的团结斗争的一天。中国人民在伟大领袖毛主席的领导下，进行了革命并取得了胜利，建立了自己的政府。这个成绩是伟大的，在中国劳动人民和全体人民在毛主席的领导下取得了胜利。为了保卫祖国保卫世界和平，我们是站在保卫世界和平的最前线，就是人民志愿军，在朝鲜打败了美帝国主义。这是以马列主义、毛泽东思想教育下的，他们是代表着全中国人民的力量的，中国人民的光荣是空前的。但我们要知道这个光荣是中国共产党毛主席领导全国人民争取来的。中国胜利的人民在建设上也取得了伟大的胜利。重工业1950年的生产量比1949年多7到8倍。这是可观的，机器也增加了三倍以上，要知道中国是长期受帝国主义、国民党的摧残，而当人民有了政权后，取得这样胜利是伟大的，农产也超过了战前。

中国人民取得胜利后就渐渐地克服了许多困难，这说明了劳动人民是伟大的，中国共产党的领导是英明的。今天这个会是要我们明确劳动的伟大、光荣。我们要重视劳动，学习劳动，从劳动中改造自己。我们看到全世界的劳动人民和爱好和平的人民团结的伟大，我们又看到帝国主义是不顾劳动人民自由的，它给我们的只是痛苦。今天我们看到了光明与黑暗，我们要以实际行动来庆祝这个节日。

为了使祖国建设稳步前进，为了断绝帝国主义的魔掌，所以我们当前的任务就是坚决镇压反革命分子，也是保卫世界和平的实际行动。全国人民为了反对侵略进行爱国主义的生产，都订了爱国公约。我们革命大学的学生，也应该更积极地展开学习竞赛，我们要为人民为国家学习，人民要我们到哪儿，我们就到哪儿。这是爱国主义、保卫和平的实际行动的具体表现。我们庆祝五一的口号就是以实际行动保卫和平，以实际行动努力学习，在思想上打了胜利仗，更好地为人民服务。

李正文：关于国际统一战线的几个问题

【1951.4.30 李正文副校长（于大草棚）】

一般同学对国际统一战线的要求过高，例如苏联的贷款，说是剥削思想是不对的。因为苏联的贷款虽有利率，但只有百分之一。而帝国主义的利率是比苏联高，近百年来只支付的利率亦就有苏联的四倍、六倍以上。反动派的贷款是进行反革命的。现在苏联的贷款，对新中国的建设是有利的（贷款购买的货物是中国不能制造的各种重要机器，如母机等）。在国外，帝国主义在国际上又大大造谣了。如新疆的石油，有人认为是在掠夺中国的财产。事实是对中国的建设事业有利，对民族工商业有起带头作用。像开采石油，我们只出了矿产地、建筑、原料、房屋，其他的开采的机器、工程师都是中国所不能有的。中苏经济合作对中国是非常有利。

李正文：知识分子投身革命思想改造问题

【1951.5.3 李正文副校长报告（一部、三部、四部）】

共产党对知识分子的政策是一手抓团结、一手抓改造教育。在过去，失学就是失业，这不是知识分子多的原因。因为中国人民大多数是文盲，失学失业都是帝国主义封建主义长期压迫剥削的缘故。现在这种现象就没有了。虽曾一度困难，也是帝国主义造成的。有人问，解放后为何有工厂商店倒闭呢？这倒闭的不是正当而是不正当工商业，如钱庄、舞厅、高贵的消费场、高贵的化妆品等。因为他们不是被广大群众拥护的，所以这现象在现在也许就正常了。现在的知识分子再也不是毕业就是失业了。如其他各大行政区都到华东来找知识分子，在新民主主义的经济建设里面，无论文化、经济、建设都需要大量的知识分子，在建设近代化的国防军方面都需要大批知识分子。

我们这里许多知识分子，有两个来源，一个是现在改造培养着如许多的大、中、小学里面的学生，另一方面是改造旧的知识分子，把他们旧的思想去掉，如个人主义，自由主义，建立起为人民服务的思想。现在知识分子不仅是少，而且还不全。如造船业等方面的知识分子，他们是祖国最宝贵的一分财产。

不经过改造的旧知识分子是不是可以为人民服务呢？

这是不完全可能的，或不可能。如个别国家还用铅笔、粉笔写反动的旗子或语言，像有这种思想的同学怎能为人民服务呢？他是不能为祖国服务，而为美帝国主义服务的。假如这样思想的知识分子，能不能爱祖国呢？为人民服务呢？这当然是不可能的。

少数同学同情地主阶级的利益，他就忘了祖国贫穷落后的原因，他还能爱国吗？这部分人必须经过改造，否则很难接受人民的要求为人民服务。

如英国，他无理地征用我们在香港的一艘一万五千吨的大邮船，我们警告他，他不理，我们就征用英帝国主义在中国的亚细亚火油总公司，他的财产比得一百艘的一万五千吨的大邮船还不止。我们祖国给他一个事实的事情来警告他，以后不再有类似的情形。因为英帝国主义现在还有许多许多财产。以这种事实与上面一个人的话比起来，像上面一种人必须改造好思想，才能为人民服务。由于中国人贫穷落后,有许多学生轻视劳动,而且轻视他的父亲、母亲、兄弟的劳动,这种思想都是受到美帝国主义的侵略所致。我们祖国的主体,我们祖国的生产推进者,而你轻视他,你还怎么能接近劳动人民,为人民服务呢?自私自利的思想,某些知识分子往往将个人利益放在第一位,因此有贪污行为或反对组织纪律或者卖国求荣。在工作上往往不服从分配。经济方面,或纷纷到大城市里面去工作,不欢喜组织上分配的工作。这种个人思想怎能够做好为人民服务的工作呢?所以这种思想必须改造过。如二期同学都是从城市里面来的,经过了一个短期的学习后,他们为中国富强起来的土改工作,百分之九十八都愉快地同意到工作岗位上去。又犹如苏联远东近代化的青年城,是在很荒凉的地方建立起来的,这是苏联号召青年团员来建造成的。如我们不服从祖国的需要,你要做到爱国主义与为人民服务是不可能的。所以说知识分子不经过改造是不可能全心全意为人民服务的,更做不到爱国。

铲除思想改造的障碍。我们要检查一下那些思想与爱国主义有矛盾的思想,要以爱国主义来衡量我们的思想,把思想对的、错的划分得清清楚楚。划分以后要把脑子里面危害祖国利益的思想打倒,要如对付美帝和敌人一样的仇恨。我们对这种思想要大胆地把暴露出来,不要以为说出来会受到轻视,那是错误的。因为旧社会出来的人,每个人都有许多缺点。所以坏的思想不暴露出来,我们也知道,因为没有一个人是没有缺点的。我们不要背旧社会的包袱。我们不把旧社会的思想丢掉,在脑子里面的爱国主义思想就无法建立起来。在这一课中看你进步不进步,就看你的思想包袱肯不肯丢。有了错立刻承认且改正它,这才是真正爱国主义表现。肯放下思想包袱不是为面子,而是建立起威信。不暴露,不批判,他就是不进步。有人把思想包袱偷偷地放在门外,这是错误的。因为从旧社会里面出来的人,都是有缺点的。你有思想包袱,你会以为新社会的思想是错误的,旧社会的思想是对的。那就是你的思想是落后的。暴露了分析了加以批判,这就证明你是进步了,提高了。你对不起人民的历史不公开,就会被过去一同做过事的反革命分子威胁做特务,做对祖国危害的事情。为了怕自我批评,就不能批评别人的你,没有批评与自我批评,你怎能进步。所以我们必须把思想包袱拿到台面上

来讲，才证明了你的觉悟程度提高了，对祖国的认识也提高了。

有的同学把大事说成小事，主动说成被动，杀人说打人，这就是避重就轻的暴露，对祖国不利，对自己也不利。有人说共产党真的有办法，用种种的办法把你心里的东西都挖掘出来，这并不是不相信别人的思想用这种办法。而是当相信的做法，如一般学校就没有这样着重。我们大多数同学的思想是纯洁的，但并不是说你就没有旧的思想，我们要老老实实地坦白，没有就没有，把没有当有，那你的思想对祖国也是不利的。所以说我们对祖国要忠实，思想检查一课对于人思想改造是有决定的作用的，积极分子要做好自己的思想检查，自己带头，启发同学的思想检查。我们不相信个别人的思想，他的思想叫他自己完全负责任。我们相信自己人民的力量是伟大的。

这两个多月来，进步不进步，看作这期间把旧思想丢掉了几个，暴露了多少，这些思想检查是我们在思想战争上的歼灭战，我们必须建立起爱国主义的思想，不做敌人的思想俘虏。

温仰春：爱国主义思想与政治自觉运动

【1951.5.16 温副校长报告 全体学工人员（六部，文工团）】

爱国主义思想与政治自觉运动在现在来讲是非常重要的，表现在同学自己的思想检查以来，虽暴露了一些，但还不够，有过（顾）虑，还不能彻底暴露思想。现在我们必须把革命与反革命的思想划分开来，更好地镇压反革命，巩固了祖国，同时使自己成为一个为人民服务的优秀干部。这一课重要，到底重要在哪里呢？必须第一时间说明情况，讲清道理。我们是处在全国人民政治觉悟高涨的时代，土地改革大部分完成了，我们是处在全国人民一直要求镇压反革命的高潮中。处在这样伟大的时代中，我们进行了思想检查是爱国主义的思想斗争，这三大运动是爱国主义，是爱国主义思想检查的最高表现。（略）

全国人民向封建主义、反革命分子与侵略者作斗争，我们革命大学里面也进行了思想的斗争。

全国人民空前地团结反对封建主义、帝国主义反革命分子，从中央人民政府公布大张旗鼓镇压反革命分子，巩固我们的国防，全国的工人、农民在进行生产竞赛运动。反革命分子只是一小部分。但我们不能麻痹大意，我们人民的力量是强大的，打垮三敌，而反革命分子却要想恢复他的统治，恢复帝国主义、官僚主义和剥削统治，要想使中国由光明自由走向黑暗不自由，想高高地压在人民的上面，想出卖祖国给帝国主义。所以说真正的爱国主义者是仇恨反革命分子，真正的爱国主义者必定是切身痛恨的。在革命分子当中有些人是被迫的，不是自愿的，我们同学帮助他、启发他，改正错误，重新做人，如仍不觉悟，那是不能怪同学与学校的。

我们是爱国青年，我们要爱护我们祖国的一切，对祖国无限忠诚。对国家对人民不利的事，我们是坚决地反对，对人民老实，对自己老实，对人民有利的事表示无限忠诚，这是光荣的。如站在旧社会反动立场去看问题是不对的。在旧社会里面是光荣的，在新社会里是最不光荣的。要忠诚老实必须要有具体的表示，就是用"坦白"二字来明确"是""非"，忠诚老诚（实）对己对人对人民都是老老实实坦坦白白的，忠诚老实是联系在自觉的基础上的，才能证明你是真正的爱国主义者。

认识真理就能走向真理。

好好地研究这些文件，自己努力学习，在学习过后自然会知道有些顾虑是不必要的，在这些文件之中纠正了宽大无边的偏向。应该镇压的镇压，可以改造的改造，叫他重新做人。镇压反革命案例是全国人民保障和平的最好的武器，因之，我们要好好地研读。我们要相信群众力量的伟大，我们要懂得社会发展规律，革命的客观规律。苏联是一个社会主义国家，在新民主主义国家里已打倒敌人，建立人民自己的国家，其他各国也正在解放。对破坏和平、破坏人民建设的特务，必须坚决镇压。提高觉悟，主要在于他自己好好从事物发展规律来提高自己，从行动中表现出来，有政治运动的……（空五个字）是参加过反动党团的人必须坦白，反动军队、反动政府人员，有枪支、证明、档案等重大者，可向部主任坦白，口头也好，书面也好。

克服障碍，打破顾虑，只有讲得清清楚楚、忠诚老实，老实才是光荣的，我们反对一知半解、自满自足的，亦反对隐瞒事实，不坦白，危害同学是不对的。

第三部分，认真负责，辨别是非。不论对哪一件事情都要认真负责，丝毫不能马虎。不乱抓一个好人，不放走一个坏人。用科学的眼光去分析问题，要站在人民的立场上看问题。从利害关系来看问题，对人民不利的事情应反对，就是对自己有利。

【1951.6.2 上午 李副校长报告　　革大全体同学（大草棚）】
爱国主义思想检查——政治自觉运动学习总结大会

我们在这次思想检查中知道了地主阶级、官僚资产阶级、帝国主义的思想对人民是不利的。资产阶级、小资产阶级思想也是不利的思想。只有无产阶级的思想是真正的爱国思想。在这运动中，我们在思想上划清了敌我。我们的运动是结合全国性的镇压反革命的运动，我们经过了这三十天的思想检查，大部分同学是站在无产阶级的立场。我们极大部分同学是建立爱国思想的，表现在过去同学认为没有什么检查，在检查中都检查出了家庭观念、经济观念、自私自利，不能服从组织分配的个人打算思想，经过学习后，不但认识这些缺点，且批判了错误思想，全校大部分同学已坚决保证服从组织分配。过去小同学自认为思想单纯，其他同学也没有什么问题，经过了温校长的报告，同学们的坦白，在认识的反革命分子无孔不入的麻痹思想，经过这革大的学习，提高自己的警惕性。过去有的同学觉得年轻的反革命分子较为可惜，现在觉悟了。认识到自己的立场模糊，使自己站到反革命的立场上去讲话，现在分清了，站稳立场。一部有一位同学在坦白大会上坦白了，1944—1949年解放的时候，贪污过二万斤大米，……经过这个学习运动，认识到亦可说是证明共产党对知识分子团结、教育改造的政策。

经过这个爱国主义思想检查后，大部分同学划清革命与反革命的分界限，敌我的界限，在政治上大大地提高了。在这单元之前自己坦白的只有12人，经过在华东革大学习之后有120多人。这单元之前，反动党团坦白只有191人，现在有390人。伪政府人员在华东革大学习之前只76人，现在坦白的有300多人，坦白了有政治问题的有196人。坦白缴出枪支初步统计有29支枪，子弹很多。但还有一小部分的反革命还是执迷不悟，而且更加大肆活动和特务分子经常保持联系。他在政治自觉的一个月的学习当中，经同学们、同志们的帮助仍不坦白，人民已知道你是反革命分子，我们校党委会给他充分的时间，充分的教育，仍不悟，昨天公安局逮捕了四位同学的反革命分子，这种反革命是必须要镇压的。

【1951年6月2日上午 温副校长的报告】
总结：

现在我们全体同学在这单元中所得成绩是很大的，李副校长也报告过了。最主要的表现在思想上的认识大大地提高了。爱国主义思想最主要的问题是要从人民、从祖国的需要出发，才是正确的。我们的收获是表现在思想觉悟提高的基础上，拥护政府镇压反革命，向人民忠诚老实地交代。在这单元中有许多同学都坦白了过去的罪恶活动，我代表校党委表示欢迎。这并不是说因为他的罪恶而欢迎，而是他坦白了过去的罪恶认识到过去自己的不对，对旧社会旧我表示痛恨，而向人民交代清楚，今天坦白是初步的，要在最后的实际行动中，实际斗争中来表现，这是我们学习中一个很大的收获。在同学中来讲坦白，自觉的程度不同，所以所得的成绩也不同。什么是自觉，什么是不自觉，我认为同学坦白觉悟的程度是要在工作实际中考验。你的政治到底有没有觉悟，你的思想到底是不是站在人民的立场上。

袁也烈：国防建设与人民解放军

【1951.6.6 中国人民解放军华东军区海军司令员袁也烈】

同学们，今天伟大的新时代到来，去学习革命的理论，革命的经验，这是必要的。特别是改造我们的思想，是一个革命者必要的条件，建立正确的革命人生观，我们富有进取心的同学们，在这样的锻炼中前途是无限量的。

我们的祖国——中华人民共和国有五千年的历史，我们中华民族是爱好劳动、爱好和平的民族，我们的祖先留给我们极丰富的遗产，给人类创造了许多条件。在祖先中有伟大的革命家、理论家、艺术家等，我们祖国的历史简单说是最伟大的、最光荣的。我们祖国人口有四亿七千五百万之多，比世界上任何一个国家都要多。我们是爱好自由、爱好和平、勤劳的，我们有美丽的山河，广大的海域，丰富的矿藏，是全世界海岸线最长的国家之一，有一万三千多里的海岸线。我们在这一万三千多里的海岸线中有许多的产鱼区、产玉区，单讲华东的海岸线中有无数的军港、商港，可以建设起来。我们的祖国自鸦片战争一百年以来成半殖民地半封建社会，帝国主义的势力入侵了中国，在经济上、军事上、文化上，在中国有许多的租借地，把中国的原料以低价卖出去，把帝国主义的商品高价买进来，使祖国的同胞受到压迫、欺辱，中国人这个称呼成了骂人口号，没有帝国主义盘踞的中国人称呼是光荣的。现在的新中国是光荣伟大的，在中国共产党三十多年的斗争下，在毛主席英明的领导下，打垮了日帝、美帝武装的国民党军队，建立了自己的政府——中央人民政府。在这两年以来，我们祖国的同胞在中央人民政府的正确领导下，到处是生产建设，过去听到中国的名字是骂人的，现在不同了，听到了中国的名字是给我们和平、自由的印象。在苏联、在东欧人民民主国家，没有人不知道毛泽东。无论老也好，小也好，过去中国人到外国去受到外国人鄙视，现在则相反了，受到外国人的热烈欢迎。在外交上，国际上我们祖国是大大地提高了。所以新中国的光荣、伟大，把旧中国的污点洗刷清了，新中国人民是站起来了。

中国人民的胜利是加强了和平阵营的力量，改变了整个世界形势，中苏两国合起来的人口占世界人口的三分之一以上。中国革命的胜利使帝国主义的力量大大减弱了。第二次世界大战之后，在经济上、在政治上也大大的减弱了。帝国主义的力量，像英、法、意、德等帝国主义国家，没有美帝的援助，压迫人民是不可能的。只有美帝自己这样才有一些力量，但也不行了，现在和平保障力量的空前壮大。帝国主义存在一天，就有战争威胁。所以胜利了的中国人民不能麻痹，唯有加强和平建设来制止侵略战争。

结业典礼

【1951年6月17日 舒同校长讲话于大草棚】
全体学员结业典礼
一、要完全服从组织分配，放弃一切个人打算，树立正确的组织观念。
二、今后要在工作岗位上不断克服缺点，要掌握批评与自我批评的武器来提高自己。
三、不断地学习马列主义毛泽东思想。
华东军区政治部主任 唐亮 报告
华东军区空军司令部聂凤智司令 报告
苏州市 王市长 报告
华东妇联主任谢雪红 报告

班主任吉浩

笔记本中出现次数最多的人物，是一直陪伴三期学员的班主任吉浩（1925—2007年）。

吉浩生于江苏省盐城。1940年参加革命，1942年加入中国共产党，历任乡长、区委委员，积极投身抗日战争。

在解放战争中先后担任区委书记，县委委员兼青委书记，1949年春随军南下，任苏州市青委宣传部部长。

1950年任华东人民革命大学二至五期班主任。

1952年底，调任华东局宣传部科长，1954年调任华东建筑设计院室主任，建工部设计总局办公室主任，1964年任建工部第二综合设计院副院长。

1976年，到清华大学清查"四人帮"工作队工作，负责建筑系领导班子的调整。1978年，吉浩同志调至中国科学院工作。

他为中国科学院建筑设计院今天的发展奠定了坚实的基础，在设计院的发展史上写下了光辉重彩的一笔。

1985年12月，吉浩同志离休后，继续发挥余热，为盐城发展做了很多努力。他参加组建"新四军历史研究会三师暨苏北分会"，并担任副会长。

五

回旋：纪念集会 空前绝后

2001年4月17日上午，华东人民革命大学第三期结业50周年纪念大会上领导来宾、老师与筹备组合影。前排左起：张兆田、董金平、温建民、舒关关、钱吉虎、冯瑞渡、魏伯雨、林超、邱国隆、郭坚化

告别了度日如年的漫漫长夜，在站起来、富起来、强起来的征途上，好日子过得实在太快，在感受日新月异的同时，不知不觉五十年过去了！

长夜难明赤县天，百年魔怪舞翩跹，人民五亿不团圆。
一唱雄鸡天下白，万方乐奏有于阗，诗人兴会更无前。
——毛泽东《浣溪沙·和柳亚子先生》

七十年前，共和国的缔造者、诗人毛泽东的有感而发，直到今天我们也能感同身受。

在丰富的物质生活基础上，衣食住行无忧无虑，通信发达千里咫尺，和平幸福含饴弄孙，我们还能干些什么呢？

何枝可依的革大学子盼团圆

1949年时的中国，文盲占绝大多数，初中入学率仅占全国人口的5%。本书的主人公钱吉虎在诸暨的忠义中学毕业，他曾经和15000名同学一起，为了一个共同的目标，为人民服务，为革命建设做贡献。

这些不一般的人，华东革大三期的同学们，铭记华东人民革命大学和老师的教导，酝酿了几十年的热情，怀着与"几几回梦里回延安，双手搂定宝塔山"的同样情感，梦萦魂绕他们心中的圣地——华东人民革命大学的校址所在地姑苏城外北兵营欢聚，同时怀念把他们领上革命道路的导师们。

左起：钱吉虎、顾岁荣、叶上莺、葛弘敏

抚今追昔，很是怀念当初华东革大那些难忘的日日夜夜，那些令人难忘的青葱岁月。如今他们共同的心愿是再聚首叙友情，继续弘扬革大革命精神，希望还能为华东人民革命大学的历史研究做点贡献。为迎接新中国的革命和建设,培养干部的革大,秉承"红大""抗大"的优良传统,适应新形势的发展需要培养了一支干部队伍,大家都认为,华东革大圆满地达到了既定目标,这个宝贵经验是需要总结的。

经过五十多年战斗的洗礼,由于工作分配到全国各地的人,过去都在忙于革命和建设,要组织起来是十分困难的;

再者,短暂的百日高强度的集训班早已结束,母校也不复存在了,没有挂靠的单位,没有机构资助,谁来出个头?另外,聚集起这么多人行吗?聚集起这么多老同志干吗?一时,众说纷纭,怎么弄呢?

现在,当年的小青年都成为"奔九"的老人,以后再要组织这样规模的活动,可能性是越来越小了,他们自信这次聚会的规模也是空前绝后的。

为迎接那一天的到来,组织者做了大量的事务性工作,事无巨细,尽心安排。

筹备组长钱吉虎,行动快于思想,受同学们重托,筹划准备,务求实现广大同学聚会的愿望。

筹备组的同仁们一致认为:首先要目标明确,为纪念活动定名:

华东人民革命大学三期同学结业 50 周年聚会。

埋头苦干、拼命硬干和为民请命的人

在这个世界上,需要各种各样的人才。

因为办成一件事情,涉及方方面面,其中具体的工作要有人做,事要有人办,组织工作需要有人来张罗!吉虎同学勇挑重担,通过一份份简报,聚沙成塔,积细流汇江河,以个人的努力,采撷集体智慧,铸起一个个由个人、一件件事组成的群像，谱写了一段段历史。历史造就了人，人也丰富了历史。

我们的历史观正是为了培养大家的眼光不局限于当下，而能穿越时空，洞察事物发展的脉络与前因后果的对比，这些研究是现实的也是超前的。

可以很清楚地看到：社会发展史，也就是个人发展史，正如马克思所指出的：

"人们的社会历史始终只是他们的个体发展的历史，而不管他们是否意识到这一点。"社会是个人组成的社会，个人是社会中的个人，社会是与个人在同一历史过程发展起来的。——这也许就是个人与历史发展的辩证关系。

回首往事，笔者发现钱吉虎拥有这样坚持不懈的恒心，拥有不管如何都能办成事情的能力，在不断受挫之后反而越战越勇。于是想起了鲁迅在杂文《中国人失掉自信力了吗》中写道：

> 我们从古以来，就有埋头苦干的人，有拼命硬干的人，有为民请命的人，有舍身求法的人，……虽是等于为帝王将相作家谱的所谓"正史"，也往往掩不住他们的光耀，这就是中国的脊梁。

在中国革命和建设的历史长河中，华东人民革命大学虽然存世很短，但是意义重大，三年总共五期，每一期也只有三四个月，放到一个人身上，也就是百天，然而就是在这一百多天的时间里完成的转化，叫人终生受用。

同学聚会，校史研究，工作开展起来了！同学们发现正因为有钱同学这样埋头苦干、拼命实干的人，才有这段历史的完整生动的记载。他为了革大，四处奔走，做成了许多人想干而没有干成的事情。因此，他工作的历程，他所拥有的革大精神，也就成了这部历史一个方面的写照。

三期部分校友首聚杭州西子湖畔

为了同学欢聚，华东革大三期35班和同城的31班、36班及四部、五部来自江苏、江西、安徽、上海、黑龙江等地的24名师生先在杭州相聚。1997年国庆节，华东革大三期三部、四部、五部同学24人以华东人民革命大学三期部分同学名义聚会杭州。此后，分别40多年和素不相识的三期同学，开始函电往来，互访沟通。聚会后，组织者整理并印制了200余位三期师生的通信录。

1999年4月，来自苏、锡、沪、杭的22位同学在苏州开会。明确目标，筹划准备，务求实现广大同学的聚会愿望，以及筹备50周年庆。感谢现代的通信技术，钱吉虎同学用短短的两天时间不知打了多少电话才把大家集合起来，追溯华东革大岁月，畅叙别后离情。

1997年金秋十月国庆佳节，由东道主顾岁荣等人发起的这次聚会，把与会师生中断了46个春秋的友情重新接续。

9月30日下午，从杭州东站和梦苑宾馆，顾岁荣、翁镇国、舒永孚同学尽地主之谊，已早早分头在迎候同学。

钱吉虎从上海专程到诸暨护送曾瘫痪三年、不能独立行走的陈迪辉同学及其夫人如期抵达杭州。正是：

少小离家老大回，乡音无改鬓毛衰；儿童（校友）相见不相认，笑问客（你）从何处来？

一听介绍之后，就会引起一阵惊喜、一阵欢叫，换来更加强烈的握手拍肩拥抱："你要是不说，走对面也认不出来！"泪眼相看泪眼人，此情此景难以言表。

（1997年10月1日）华东革大三期部分同学在杭州国庆聚会

10月1日上午，大家早已把西湖美景抛在脑后，还要做啥啊？足不出户，畅叙为主吧！于是在梦苑宾馆会议室里，聚会仪式尚未开始，同学们就二三人一堆，三五个一群促膝长谈起来：

你当时编在几组？我后来分在哪里？还有某某同学现在在哪？

还有的同学拿出了革大结业时的全班合影，在逐排逐人地辨认、寻找自己和自己所熟悉的人。

正式聚会仪式开始，发起人顾岁荣致辞，集体摄影留念之后，35班的邱国隆老师带头介绍自己别后的历程。同学们也相继"自报家门"，无论是一生顺达、春风得意的，还是历尽坎坷曲折的，人人都抛开"荣辱贵贱"四字，抱着"珍惜现在"的态度，敞开心扉，坦诚相见，都在努力唤醒对昔日的回忆，想让被岁月冲刷变得模糊了的情景重新清晰呈现。会议室里热闹非凡，尽管主持人限定每人发言5分钟，但话匣子一打开就关不住了，一个上午的时间实在不敷应用。

对于这次聚会，远在北京的35班班主任吉浩、在新疆石河子的钱连本、浙江诸暨的徐鸣皋，以及叶德华、王志新、马邦祯、黄鸿度、张希曾、洪家瑾、陈以宏、金同春、夏楚明、陈树人、陈家骅、楼望月等同学，由于种种原因，虽然不能赴杭参加，但都写来了热情洋溢的信，表示了对这次聚会的支持和祝贺，也介绍了自己别后的经历。可惜限于时间，在会上只宣读了吉浩班主任和徐鸣皋同学的来信。

大家希望这次聚会将成为今后加强友情联系的起点。大家建议继续寻找目前还不知下落的华东革大同学和老师，以扩大同学的友谊联系网。大家主张从现在起要积极筹措，创造条件，期望能在华东革大三期50周年时，择地再进行一次有更多校友参加的聚会。

百字广告八方呼应定下重逢的日子

天南海北的同学们分头行动起来，高举"革大"旗帜，呼唤着聚会的口号"友谊和健康"，为迎接五十年一聚，而整理资料深入研究，积极准备着。

要扩大影响，让更多的革大人知晓、参与，只有登报声明，发布启示。

华东革大停办近半个世纪，登报寻找校友非易事。

钱吉虎与周珩

当年，72岁的周珩主动请缨，他曾在上海市星期日工程师联谊会发挥余热，有较好的人际关系。他得到上海科学会堂负责人的支持，同意在会堂内设接待窗口。并给新民晚报总编逐字逐句酌定，寄出一百字的消息稿，很快以"本报讯"发表。

梦缘情怀——光荣属于华东人民革命大学

华东革大筹办50周年纪念

本报讯 华东人民革命大学第三期结业50周年纪念会筹备组定于2001年4月在苏州召开纪念大会，并办革大文物展览，请三期各部学员、老师、干部见报后相互转告，速与周珩同志联系。(地址：上海南昌路47号4309室，邮编：200020)。(纪岳)

华东革大学子首创，要在苏州举办大型纪念会啦！

2000年6月10日，发行100多万份的《新民晚报》刊出《华东革大筹办50周年纪念》的一百字消息。如一声春雷，传遍神州大地。一百字，贵千金。沉寂半个世纪的华东革大又复活了。

分散居住在北京、上海、江苏、浙江、安徽、四川、青海、甘肃、内蒙古、山西、辽宁等省市的革大学子欢呼雀跃，奔走相告，函电往来，"孤雁"归队，校友队伍迅速壮大起来。

一百字的召唤，使筹备组原计划的100余人，提前翻番，来了360余人。一百字的召唤，引来《中国气象报》《苏州日报》《苏州老年报》《上海老年报》《无锡日报》《安徽老年报》《江淮时报》《文汇报》《京江晚报》《都市快报》《人才开发》和《乌鲁木齐晨报》等呼应，先后刊出革大校友消息和文章。同学集资出版《圆梦录》《纪念文集》等书，以及印发了数以万计的《圆梦》《梦缘》《华东革大》《京华寻梦》等通信期刊，使数千古稀老人晚年生活里多了殷切的期待。

数十位革大一期、二期及陶牧之(一期学员，去西南服务团参加征粮遇害烈士)的侄子闻讯热情来信，给首次筹办大型纪念活动以鼓励和支持。筹备组热忱地以书面形式一一表示感谢，并明确表示欢迎"组成小组赴会"。重庆董国春学长还专门向西南服务团中数百位革大人发出消息函，《圆梦通讯》15期"寻根圆梦"板块介绍了"近百位同学来信来电，还有50位同学要求来苏州赴会"，播种了友谊的种子，为全校性纪念活动做了思想和舆论准备。

华东人民革命大学同学联谊活动有今天欣欣向荣的大好局面，人们不会忘记《新民晚报》2000年6月10日刊出消息的，也不会忘记周珩同学当年的辛苦奉献。

经过努力，筹备组以师生为单位，聚拢了核心，开始运作。

钱吉虎拜访李正文副校长

五　回旋：纪念集会空前绝后

钱吉虎、陈准提老师合影

忙于组织联谊急于研究历史

这一天，华东人民革命大学三期结业50周年活动筹备组长钱吉虎早早醒了，他回想起了这段时间的日日夜夜，再也睡不着了——

四年前，1997年国庆节，华东革大三期三部、四部、五部同学24人，以华东人民革命大学三期部分同学名义聚会于西湖，杭州会议开了两天，大家寄情于山水，边游边谈，尽兴交流，大有相见恨晚之感。

钱吉虎同学叫了起来，想与其长相思，不如组织更大规模的再聚首，一番务虚之后，大家一致希望4年之后，能够在2001年相聚苏州，相约在结业50周年时再次会面。并以此班底，让分别40多年和素未谋面的三期同学有了函电往来，互访沟通，积极行动起来，并整理印刷了200余位三期师生的通信录。

在此期间，远在新疆和最近的江浙的校友们都行动了起来。1999年4月，钱吉虎牵头，苏、锡、沪、杭的22位同学来到苏州开会筹备。

时间暂定2001年5月下旬（或6月上旬）的一个气候宜人的双休日。

筹备人员商请有关部门同意，在苏州阊门外北兵营，原华东人民革命大学

梦缘情怀——光荣属于华东人民革命大学

领导、老师、来宾与京、津、冀、鲁、晋、粤、黑、陕、甘、内蒙古自治区、川、鄂、豫、黔等地区同学合影　　　　　　　　　（王新铭摄）

旧址或附近礼堂（教室）举行庆祝大会分会。

  这次庆祝活动组织瞻仰华东革大旧址、全体合影、召开纪念大会、参观史料陈列及书画展览、座谈聚餐等活动；晚上还安排了小型文娱节目联欢，大家在古典园林里边走边谈。

  同学们无不感叹万分，华东革大作为新四军历史研究的余脉，从南昌起义到坚持井冈山斗争，从三年南方游击到新四军成立，从皖南事变到东进江南，从抗战胜利到南征北战，从华中七战七捷到孟良崮胜利，淮海战役，渡江战役，一路走来的战斗班底，在丹阳整训，进军上海。

  华东革大沿袭了红军大学、抗日军政大学和全国的人民革命大学的优良传统，钱吉虎的组织工作做得好。对这段历史的研究工作一丝不苟、井井有条、内容翔实、丰富多彩，并具有一定的学术价值。鲜活的人文资料给了我们一个完整的历史，以期待将华东革大的精神发扬光大。

筹备班子组成及准备工作启动

  原则上筹备组由同学相对集中的城市（及周围地区）各推荐一人组成。超30人的地区可增选一人，超50人的地区可增选两人。下设组织通信、宣传编辑、会务财务等小组，分别实施，各司其职。

当时由陆勇翔（北京）、吴林（济宁及附近城市）、徐善庆（合肥及附近城市）、叶德华（常州及宁波、镇江、扬州）、庄云鹤（无锡及南通）、陈家骅（苏州）、钱吉虎（上海）、金震明（嘉兴浙北）、顾岁荣（杭州）、陈树人（绍兴及浙东）、黄毓华（金华及浙南）及胡崇侠（高级护校）、叶上莺（35班）、李云程（56班）担任临时召集人，在收到本计划后两周内召集同学开座谈会（或电话联系），反馈意见，推选一名筹备组成员，并于1月30日前函告钱吉虎同学。

决定于2000年3月初在苏州召开筹备组全体会议，审议并通过本计划，确定各工作小组组成人员。3月上旬各小组制订工作计划，筹备工作全面启动。在一个城市及附近地区，三期同学人数在6人以下，推一人负责，每增加6人，可增选一位，联络、组织、沟通，并核对订正现有同学名单（地址、邮编、电话）。4月1日寄发联系登记表，并募集资金。5月，结合郊游，各地先后集中活动一整天，汇集赞助款和登记表，发动大家人人寻访三期同学，以滚雪球方式扩大联系面，在目前联系的5%的三期学员（三期学员共280名）的基础上，力争再提高2%~3%的人数。下半年，编辑等各项准备工作应有眉目。年底，筹备组召开第二次会议，检查进度。明年一季度重点抓会务事宜。2001年4月1日召开第三次筹备组会议，全面检查落实后，确定会议日期，并发出附有回执的聚会通知。

很久没见了，为了了解同学们后来的经历和现状，筹备组设计同学名录，征集同学基本情况和简历，还要求写下心中最想表述的一席话（晚年生活精彩片段，革大生活回忆，对聚会活动的感想），400~500字。每位同学交1951年照片及近照（尺寸不限，生活照，阖家欢均可）各一张。钱吉虎派人分区收集，集中编审，征稿出作品集。

同时，征集在省（直辖市）报刊上发表过的诗词、书画作品及在省部级刊物上发表过的优秀论文。制作纪念卡（或纪念章）、刻纪念戳、备白布供大家签到。

由会议筹备，形成第一批研究成果和照片资料。钱吉虎不仅提供了大部分的资料，还搬来救兵——责任编辑陈家骅（苏州吴县地方志办公室主任）、张家驹（空军政治学院哲学教研室教授）、葛弘敏（上海金谷园酒家经理）、王新铭（人才开发杂志常务副主编）来编撰《圆梦录 华东人民革命大学三期50周年纪念册》，内容由两大块组成：

历史资料有：舒同校长在校史上作的序；1951年三期招生简章；华东各地招生录取公告及名单；校史中三期部分及1951年校刊摘要；三期纪念章图案；35班、36班、56班等班结业集体照及有关照片；当时部、班主任题词。

纪念文章有：1997年告同学书、杭城聚会纪实、1999年聚会苏州小记和情系革大梦绕姑苏等文章，还有三期校友通信录以及赞助款募集记。

李源潮等领导发来贺信

革命前贤龚育之在《党史札记》写道：历史不能归结为一个个人的经历的集合，历史需要作整体的，宏观的考察和研究，同时，离开个人的经历，对历史的了解也就流于抽象，显出苍白，是不能深入的。

钱吉虎的个人历史串联起了华东革大研究历史的过程。

2000年9月24日，钱吉虎专程赴京，由同学陆勇翔少将接待，在二期、三期老师徐振亚的陪同下，请在北京教育部的94岁的李正文副校长题词：发扬革大精神　共叙同学友情。

李正文在题词

五　回旋：纪念集会空前绝后

右起：钱吉虎、崔毅、崔夫人、王新铭

老领导李正文在贺信中深情回忆道：

> 回想50年前，你们正当青春年华、意气风发，在这座大熔炉里为革命而学习的热烈情景，令人难以忘怀。现在半个世纪过去了，你们都在各自的岗位上勤奋工作，为中国的社会主义革命和建设事业做出了成绩，作出了贡献，令人欣慰。

李源潮的贺信由来

2001年春节，钱吉虎专程向毛巧拜年，向师母提出，老同志要集会搞纪念活动，因没有了母校依托，请求联系相关领导支持。

毛巧的儿子温建民建议，可以找李源潮，请他给予支持。对啊，当初李源潮都在华东局保育院（建国西路570号）学习，毛巧是保育院的负责人，他们都很熟悉。

三人商量下来，决定由钱吉虎商请张百年同学一起撰稿以筹备组名义上书一封，由毛巧出面送出，发出邀请。

> 江苏省委李源潮副书记：
> 　　新中国成立之初，百废待兴。中共中央华东局执行党中央、毛主

席大量吸收知识分子、培养革命干部的英明决策,创办华东人民革命大学。校长由华东局常委、宣传部部长、华东军区政治部主任舒同兼任,副校长刘格平、李正文、匡亚明。再说,刘格平副校长1949年8月底奉调去北京任中央人民政府委员会委员,另调华东局委员、组织部副部长温仰春同志继任华东革大副校长职务主持日常工作,一直到1952年12月结束。

在毛泽东同志亲切关怀下,校址初设上海,而后觉苏州更为理想,所以,革大第二期即迁址苏州。华东局领导以及军、政、学各界都对革大极为重视,陈毅、饶漱石、管文蔚、潘汉年、陈丕显、魏文伯、宋时轮、聂凤智、袁也烈、马寅初等都曾来校上大课、做报告。江苏大地人杰地灵,古老苏州的历史传统和优秀文化内涵,为同学们提供了良好的学习环境,对于培养同学们热爱祖国、为人民服务的优秀品德,影响深远,使万余青年从苏州起步走上革命征程,曾在全国各条战线担任各级干部,其中不少同学是优秀工作者,有的还是部长、将军、教授等高层领导和专家。

2001年是革大第三期同学结业50周年,为缅怀历史、歌颂祖国巨变和发扬革命传统,三期同学将有300余人会聚苏州革大旧址北兵营,举行纪念活动。李正文、王乐三等8位老同志任筹备组顾问。已故舒同夫人石澜、温仰春夫人毛巧等都将出席会议。

纪念会定于4月18日举行,我们热忱邀请您届时莅临指导。如蒙俯允,至为感激!

华东人民革命大学三期50周年纪念会筹备组
2001年2月7日

2001年2月7日送信,预计4月17日开会。4月10日李源潮的秘书来电说,筹备组开会邀请已收到,但由于李源潮副书记人在北京开会,不能出席。钱吉虎提出请来函同贺。4月12日发到李源潮签名的贺信。4月16日得到中共苏州市委陈德铭书记批示请副书记出席,媒体到场予以报道。

时任江苏省委李源潮副书记给华东人民革命大学三期50周年纪念会筹备组来函致贺:

谢谢筹备组的邀请,我因届时在北京开会不能前来参加纪念活动,特致函表示祝贺。

华东革大是我党创办的培养党的干部和新中国建设人才的学府。成千上万名优秀青年在这里接受马克思主义、毛泽东思想的熏陶,学习科学文化知识,并从这里起步,走上保卫祖国、服务人民、建设社会主义的革命道路,在投身中华民族复兴的宏伟大业中实现了人生理想,对国家富强和社会进步作出了巨大的贡献。在新世纪的第一年,举办这样一次缅怀历史岁月、歌颂祖国巨变、弘扬革命传统的纪念活动很有意义,对坚持在有中国特色社会主义道路上奋斗前进的后辈人是有力的鼓舞。

中共苏州市委陈德铭书记批示传真件

请筹备组代我转达我对与会的各位老领导、老同志的亲切问候,祝大家革命豪情永在,身体健康长寿!

李源潮

2001年4月12日

领导的贺信感动了全体同学,老领导的亲切关怀,成了纪念筹备组和吉虎同学工作的新的亮点、新的动力。

盛况空前的纪念大会实录

新世纪的第一年,四月的姑苏城依旧是"芳洲拾翠暮忘归,秀野踏青来不定"的季节,500多名两鬓染霜已近暮年的老人,从华东各地区以及北京、广东、黑龙江、四川、甘肃、内蒙古自治区和陕西等十几个省市,千里迢迢来到苏州,他们不是来踏青的,而是来访革命生涯的起点——华东人民革命大学,来参加阔别半个世纪的周年纪念活动。

青少离别古稀归,老同学见面时的欢乐,给那天的苏州火车站平添了洋洋喜气。日月悠悠、关山叠叠，在岁月的路径上，时间的枯枝早已盖严了他们青春的足迹，然而每一个人心中涌动着那一缕温馨的生命里的阳光。

五十年来的第一次同学大聚会（苏州）

2001年4月17日是一个平凡的日子，但对华东人民革命大学的历史来讲，2001年的4月17日却是不平凡的一天。相隔那么多年后，能组织起规模这么大的活动是很不容易的。

半个多世纪，一个甲子六十年，甚至百年都过去了，在中国共产党领导下，中国社会发生了天翻地覆的变化。沧海桑田、斗转星移，一切的一切都是那么的自然而又必然地发生发展着。50年对于一个人而言，贯穿了大部分人生轨迹，而20世纪的后50年，对于每一个中国人来说都显得那么的丰富多彩。这50年的风雨历程，缅怀那半个世纪前的光荣与梦想、青春与激情、战斗与友谊，聚会将呈现给大家的正是这段历史的真实写照。

位于苏州石路附近的枫桥路330号北兵营，可是有年头的兵营。门口有自由生长的梧桐树，进了兵营有一条笔直的大道，两旁的树木笔挺。钱吉虎告诉笔者，那天，部队官兵夹道欢迎老同志来此聚会。

当年，华东革大学生在苏州校舍内过的是崭新的革命化的生活。灰蓝色的校服；芦席搭的大草棚，没有课桌椅，而是坐着小马扎听课；住在旧兵营里，睡在十几个人挤在一起的大通铺上；旧时军马的马厩食槽，是同学们的洗脸池；带着两只洋铁碗（搪瓷）打饭，席地而坐用餐，生活虽然艰苦，但一切都是有组织有纪律的，充满勃勃生机，真正体现出了革命大熔炉团结紧张严肃活泼的氛围。

那天，沉寂了五十年的兵营又热闹起来了。

观古今于须臾，扶四海于一瞬。回首往昔，当年朝气蓬勃的大姑娘和毛头小伙，如今都步履蹒跚进入古稀之年，但这一群人、那曾经的事，依然闪耀着光辉。鬓虽染霜，依然初衷不忘，赤子之心犹在。最值得庆贺的是欣逢盛世，不忘初心、牢记使命，才能得以大力宣扬红色经典。

嘹亮的歌声响彻会场，邱国隆指挥唱响一曲苏联歌曲《再见吧，亲爱的妈妈》，燃烧起了当年的青春激情。

听吧！战斗的号角发出警报、穿好军装拿起武器，

青年团员们集合起来踏上征途、万众一心保卫国家，

我们再见吧亲爱的妈妈，请你吻别你的儿子吧！

再见吧，妈妈，别难过，别悲伤，祝福我们一路平安吧！

素有2500年建城历史的姑苏北兵营（原革大校址）披上了节日的盛装，500多名曾为革大的学员和老师在苏州集会，共同庆祝革大50周年校庆，大家为半个世纪后的师生同学团聚而欣喜不已，对组织者多年来的奔走呼号而心存感激；积累下来的校史资料，为恢复了一段辉煌历史、能够不忘初心、重叙革命的友谊而感怀万千。

上午9时30分，华东人民革命大学三期50周年纪念会在北兵营大礼堂庄严隆重开幕。

会议由司马达同学主持，介绍各方面来宾。

充满激情的方方面面的发言，道出了我们的心声

右起：冯瑞渡、魏伯雨、钱吉虎

活动开始由纪念活动的筹备组长钱吉虎致开幕词。他回顾了筹备的过程，说道："如果说我们取得过一点成绩，那也是和革大这个名字相联系的。所以在以往漫长的岁月里，我们都不免情系革大，梦绕姑苏。梦想能有一天，能圆一次苏州重聚的美梦。今天这个梦终于圆了。我们聚会的宗旨是，友谊和健康。主题是瞻仰旧址，交流友情，发扬传统，同庆新世纪。"

革大的领导老师辈的原四部副主任魏伯雨代表王乐三主任向大会表示祝贺。"老同志们要退而思进，书报常读，思想常新，发愤忘食，乐而忘忧，不知老之将至。我们是幸存者，在今后的日子里，要常想着党和人民，坚定理想信念。保持革命晚节，多做有益于人民的事。"

中共苏州市委副书记冯瑞渡表示，"华东革大三期50周年纪念会在我市召开，这是苏州的骄傲和自豪。华东革大是新中国培养造就急需人才的新型学校，也是解放初创办在苏州的一所革命大学。她在这短短的时间内造就了成千上万的新干部，你们的革命朝气和奋发前进的精神，一直鼓舞着苏州人民，革大的一部分干部在长期的革命和建设当中，在苏州的建设中作出了重要的贡献，为苏州争了光、添了彩。"

中共上海市教委秘书长董金平代表上海市教委，向前辈表示诚挚慰问和崇高的敬意。"1952年底，华东革大完成了历史使命之后。华东局为了加强上海的教育工作，把大批干部派到上海教育战线，特别是高等教育战线，其中一批领导干部被分配到上海市教委领导机关和高等学校担任领导工作，为上海高等教育事业的繁荣和发展起到了奠基性的作用。

"你们第三期同学在这50年来，在部队、公安、气象、教育和科技等系统工作，大多数人成为党政各级领导，也有不少同志成为某一方面的专家学者，其中就有将军、教授、研究员、总工程师和总经理等。为国家做了大量的工作，为人民作出了许多的贡献，受到党和政府的充分肯定。你们是共和国成长的见证人，是共和国发展的功臣。"

"中共上海市委党校与华东革大有着很深的历史渊源。当年作为上海市委党校前身之一的华东局党校，和华东革大像一对孪生姐妹，共同致力于党干部的教育事业，在工作中关系密切，结下了深厚的情谊。中共上海市委党校秘书长张兆田指出，华东局党校在1951年6月复校，与华东革大接受同一个校党委的领导。华东局党校许多干部也是从华东革大调配的，其中多位同志后来成为上海市委党校的领导。在新中国成立初期的四年里，华东革大培养了五期，共计15 300余名学员，其中1951年第三期的学员人数近5 300人。这些同志后来大多成为党政干部、军队领导、专家学者、企业骨干，成为国家之栋梁、民族之精英、执政之基石、事业之中坚，这是华东革大的光荣，也是上海市委党校的光荣。"

五 回旋：纪念集会空前绝后

"作为驻守华东革大旧址的我师官兵永远不会忘记，这里曾经聚集着一批中华民族优秀的青年。"驻苏州部队某师副政委林超致词，"50年前，你们为了一个共同的革命目标走到了一起，在古城苏州这片热土上，坚定地迈开革命人生的第一步。50年前，你们迎着火红的朝阳，英姿勃勃奔向祖国的四面八方，奋斗在祖国的各条战线，为了党和人民的革命事业默默奉献了一生，立下了不可磨灭的汗马功劳，你们一生的功绩，祖国人民不会忘记。踏着你们的脚步走来的后来人不会忘记。"

南京军区郭坚化中将是在50年前盛夏季节，奉命专程来苏州迎接700多位革大第三期结业同学到当时的华东军区司令部青年干校深造的该校政治部主任兼教员。岁月如流，转眼半个世纪过去了，当年一大批风华正茂的热血青年经过革大和人民解放军革命大熔炉的培养，在我国国防建设的伟大事业中作出了重要的贡献，这是我们党和军队教育的巨大成功。

他赋诗一首与大家共勉：

姑苏金陵五十春／沧桑巨变创业人／而今虽已双鬓染／四化征途搞后勤。

舒同的儿子舒关关登场，献上舒体书法作品："发扬华东革大传统　保持以德治国方针"。全场掌声雷动，如见老校长，十分亲切。

广州同学代表黄鸿度回忆当年参加了人民空军，在这里登上北上的军用专列，华东革大的种子已在祖国四面八方开花结果。

"这些年来，许多同学走上了不同的领导岗位，有的成了专家学者。革大同学立功受奖的喜报频传。不论职位高低，不管顺达和坎坷都过来了，在共和国的基石上有我们的心血和汗水。我们没有辜负革大的教导和期望，我们也永远铭记革大领导老师的培育之恩，也永远铭记曾经哺育过我们的这片热土——苏州。"

前排左起：韩金凤、舒关关、温建民
后排右一：陆勇翔

上海徐一鸣同学朗诵道：

> 50年前姑苏城里，聚居着来自四面八方的数千名莘莘学子，
> 他们向往的是民族的昌盛，国家的富强，
> 期待的是做一颗革命的螺丝钉。
> 我们从这里起飞，飞向祖国四面八方，
> 经过多少个日日夜夜，多少个春夏秋冬，
> 我们经受了血与火的考验。
> 在雄伟的共和国大厦，有我们添加的一砖一瓦。
> 我们可以说此生没有虚度，
> 我们可以说革大，亲爱的母校：我们没有辜负您的期望……

筹备组副组长山东济宁吴林同学也是结业后参军的，他说，现在经过13个月的不懈努力，终于如愿以偿地成功举办了这次规模相当可观的纪念盛会，从而了却了同学们重聚苏州的夙愿，同学们对革大如此怀念，其主要原因是华东革大在我们的心目中是摇篮、是熔炉、是播种机。我们在革大学习的时间，虽然短暂，仅有三个月零八天，但收获是全心全意为人民服务。这九个平凡而又闪光的大字，使我们终身享用。

筹备组第一副组长陈家骅，宣读致华东革大三期全体同学的一封信：

> 我们深切地希望通过这次欢聚，今后能进一步加强同学间的联络与交往，以增进我们革命友情的交融和发展丰富我们的晚年情感生活。更深情地希望通过这次欢聚，能让革大精神进一步得到充分地发扬光大，在我们有生之年，老当益壮，焕发青春，为子孙后代再多发一份余热。祖国人民多尽一份余力。

据了解：华东革大三期50年纪念会到会的老师和同学有400余人，家属91人，特邀参加会议的领导来宾及报社电视台记者31人，加上驻地人员及其他人员共计近600人。上午大会历时100分钟。同时，在拥军楼大酒店会议室"革大三期史料展"展出300多份资料，200多张照片，引起老学员的无限感慨。下午以原革大的部为单位，座谈共叙离情，再续友谊。晚上在拥军楼大酒店多功能厅举行"让我们再年轻一回"的联欢晚会，再现了革大人的风采。筹备组副组

长郭亦渔致祝酒词,"为大会的成功,为友谊长青,为各位健康长寿,干杯"。

沉浸在成功的喜悦中和欢聚的幸福中,远在广州的同学写来热情洋溢的信——

吉虎同学:您好,照片早已收到,谢谢您。

几帧摄影让时空定格,烙下了弥足珍视的印象。而这些又是你们这些高智商、重情感的同学策划的这次50周年同学聚会。去年我从家驹同学那里知道了您。您不顾自己的身体,全心策划这次集会。这是您洁净的心灵和一种没有被污染的感情所驱动。我们是了解您、感谢您的,您不为名、不为利,为实现革大学子50年相见付出的心血,我们不会忘记您,也不会忘记与您一起工作的好同学们。

2001年1月,筹备组核心:钱吉虎、陈家骅、顾岁荣

家驹同学很关心爱护你,上海的同学都尊重爱护你。我们在广州的同学都想念你,望您自己多多保重身体,有病要抓紧治疗,切莫马虎。何时到广州来玩,我们会热情欢迎您接待您。祝全家安康,

韩金凤2001年端午。

注:韩金凤时任广东省经济管理干部学院人事处处长

1997年杭州 前左起:叶上莺、邱夫人、邱国隆、钱吉虎、葛弘敏(后)

梦缘情怀——光荣属于华东人民革命大学

2001年4月16日 左起：谢华生、黄桂芳、钱吉虎、韩金凤、黄鸿度、张家驹

2004年5月建校55周年纪念筹委会工作班子（11人小组）合影
前排左起：王　瑛、贾文秀、陈志强、丁月娥
中排左起：柏立高、孙承艮、董景星
后排左起：殷良铎、钱吉虎、俞步云、王荫泰。
贾文秀、丁月娥、董景星、殷良铎、钱吉虎、俞步云、王荫泰为留守组成员

五 回旋：纪念集会空前绝后

2004年5月9日，纪念华东人民革命大学建校55周年筹委会第二次会议

六

转合：回望追忆 激扬文字

2004年6月，在北京工作的华东人民革命大学的同学聚会

六 转合：回望追忆激扬文字

凝聚力来自何方

记忆是否停留在过去的些许时光中，50周年纪念集会过去了，同学们意犹未尽。当初太短暂的同学一场，都来不及互相了解，都把眼光投向了革命，一心一意用在学习上。当今社会人们交往难免功利化，但是老同学聚会，不掺杂任何一点个人利益，唯一的功，在总结研究革大历史，唯一的利在重燃起革命激情。功在当下，利在千秋，大家为了一个共同的目标走到了一起，50年后也同样为着一个共同的目标，又相会在一起。三期50周年纪念会之所以取得成功，除了各方面的支持，关键还是各地同学积极踊跃地参与。

三期同学不远千里从黑龙江、内蒙古、甘肃、山西、贵州、四川、河南、湖北、广东、安徽、福建等地赶到苏州。有的同学身体实在不好，就由丈夫、妻子、子女陪送；有一位双目失明的同学，在其他同学的扶助下到会；有的同学腿有旧伤，还打着钢钉，仍忍着伤痛参加纪念活动；还有的同学挂着双拐，早早地来到纪念会场；有的同学会前血压很高，血压刚刚降下来，立刻就赶到苏州；有的同学家在农村，是一个普通农民，经济上也不富裕，为了参加这次聚会，也从千里之外赶来；有侨居海外的同学，不知是巧合，还是专门为了参加聚会，也和其他同学一起赶来。

……

革大的学子们同时也向自己、向同学、向老师提出这样的问题：

华东人民革命大学为什么会有这么大的凝聚力？大家会不远千里万里，不顾年尽古稀，克服重重困难，来到这里。

上海的王新铭同学说出了大家的心声：

华东革大情结，像一块巨大的磁铁把革大的学子们吸引到苏州。

50年前，我们来自五湖四海，为了一个共同的革命目标走到一起。50年后，我们还健在，还能聚会回忆峥嵘岁月，我们坚持过来，并且在各领域

顾岁荣、周珩、王新铭、钱吉虎四人于王新铭家

都有建树，大家不由自主地想到，华东革大教育渗透力的强大，能在三个月的时间内，为国家培养 5 000 多名革命意志坚定、工作能力强、综合素质好的栋梁之才。

未能与会同学迟到的祝贺

有了重聚的理由，又有人肯出面组织张罗，何乐不为呢？当然，大家都知道这次聚会不仅仅为了见面，同时也揭开了总结整理研究华东革大历史的序幕。

三期学员 50 年集会，也影响感动了一期二期的学员，他们纷纷来信联系，要求参加。组委会考虑到当时大型集会的风险、接待的困难，无法估计所到的人数，由此婉言谢绝了一些行动不便的老年同学。——这样一来，无疑是给有些热情的同学泼了冷水。

一贯工作谨细的吉虎同学也为此感到非常遗憾，他在编辑《圆梦录》时，让不能参会的同学都表达一下心意，弥补了一、二期的华东革大同学不能参会的遗憾。

于是，未能与会的学员热情洋溢地写下了难能可贵的贺信。

革大三期校友：

我看到《新民晚报》和《苏州老年报》上报道了华东人民革命大学三期 50 周年纪念会隆重召开的消息，我心情无比激动，作为华东革大一期学员（后参加西南服务团，当时有革大一期学员参加），很想参加会议，因为身体原因不能前去，亲临祝贺，深表遗憾！

我们革大学子在母校的培养下，由此起步参加革命征途，毕生贡献于革命事业，党和政府给予充分肯定高度评价，我们都受到了很大的鼓舞。今天是《新民晚报》报道革大三期 50 周年庆典消息一周年之际，我对大会的成功致一份迟到的祝贺，请三期全体校友予以笑纳，特此祝贺，并祝大家身体健康、全家幸福。

一期学员、中国人民解放军西南服务团苏南团史研究会会长　姚学伟
2001 年 6 月 10 日

六　转合：回望追忆激扬文字

革大三期校友：

　　最近看到革大三期 50 周年纪念会如期举行的报道，再一次使我激动不已，老友相见，一定是又惊又喜，想不到 50 年后还有这么多老友相聚真是难得也特感幸福。

　　回想起一年前的今天我在《新民晚报》上，看到华东革大筹办 50 周年纪念的消息，真是热泪盈眶，恨不得马上见到三期筹备组诸位同志。经过联系，承筹备组不嫌。热情鼓励我参加，可惜由于种种原因也没能成功。因此，我看到你们能聚会姑苏，感到格外珍惜，就如我们二期也聚会一般，我虽没能参加，苏州纪念会能知道革大校友点滴信息，也觉得心里乐滋滋的。最后衷心祝愿，华东革大三期校友们个个健康长寿，家家幸福快乐。

二期学员、长航芜湖分公司退休干部　顾芮芬
于 2001 年 6 月 10 日

纪念集会带来的连锁反应

　　沉寂了多年的同学们热情爆棚，华东革大人在钱吉虎等人的组织下，成功集会，纷纷写出了回忆录，唤醒沉睡的记忆，让这段光辉的历史浮出水面，取得一定范围的影响。

华东人民革命大学建校 55 周年纪念文集封面

资料搜集成册，研究成果遍地开花：有题为《锻炼·成长·奉献》文集，汇集了建校 55 周年纪念活动与回忆文章；2006 年，在安徽凤阳召开会议，决定于 2007 年形成二期同学回忆录（精装本《革大人》）；2008 年，在上海复兴公园召开会议，审定建校 60 周年纪念活动与文集（2009 年，《华东革大人》）；2014 年在上海复旦大学召开会议，审定上海解放 65 周年暨建校 65 周年纪念活动与文集《红霞满天》。

（详见本书后面的章节）。

2003 年 1 月 29 日，石坚老师提供夏征农的题词，原件现存舒关关夫人处。（见《圆梦通讯》第十期）

> 发扬华东革大光荣传统
> 夏征农

百岁老人夏征农（《辞海》主编）题词

建校 55 周年纪念在各地分别举行

2002 年，华东人民革命大学三期结业 50 周年纪念活动圆满结束以后，活动筹备组完成了其历史使命，工作告一段落。纪念活动的圆满成功，在上海乃至全国反响很大，尤其是老师们强烈要求，再做一次全校性的一期至五期学员的纪念活动。钱吉虎又开始着手这方面的工作，写了 200 字的倡议书，倡议得到了老师和同学的签字响应。

4 月 18 日倡议书：

1999—2001 年华东人民革命大学一期、二期、三期在上海、苏州举办大、中型 50 周年纪念活动的喜讯唤起了广大校友对母校深厚的怀念之情。激情呼吁：2004 年在上海举办一次华东人民革命大学建校 55 周年纪念大会。为实现校友在有生之年再聚首的愿望，展出革大史料，弘扬革大精神，我们义不容辞，认为这是时代赋予我们的历史责任。为此，希望广大校友互相转告，积极参与。

发起人：（签名）

老师：丁西三、孔子彬、王国银、石坚、孙均、吉浩、陈广文、张铁毅、傅赤先、谢俊峰、魏更生、吴世民、高友德、张举元、汤宽泽、陈志强、石涛、于希敏、韩韬、王淑超。

一期同学：贾文秀、姚学伟、董国春、俞步云、谢启元、谢进、郁昌佑、戴国峙、史乐毅、陈汝鼎。

二期同学：潘钛、倪湘正、陆曦、王荫泰、徐卓然、李迈力、徐秉琪、徐曼英、许连生、于鸿志、谢学诚、庞忠信。

三期同学：王新铭、王熹生、王同宅、孔繁成、朱玉成、许以麒、何向东、宋维邦、李材芳、吴仁德、陈尚礼、花子昌、周珩、周震寰、张茂生、张菊生、张志高、顾岁荣、施济良、施俊彦、郭亦渔、郭斌、钱吉虎、殷良铎、徐善庆、徐仁福、陆志全、陆慧、高祖培、高南生、邬龙兴、黄良鑫、梅素琴、单荣森、蒋小萍、魏长增、吴思安、何勇民、路景生、吴永健、贾毅。

四期同学：邱彭年。

在校友的积极响应并大力鼓动下，短短三个月，就有181位师生签名倡议，以上海为主，面向全国的纪念建校55周年筹备委员会于2002年10月30日在上海华侨大厦召开筹备会。至2003年底，已联系2 000位校友，筹资16万余元。

由于各种原因，集会活动无法成功举办，于是筹备会发出紧急通知，做善后工作。在德高望重的陈准提老师的指点下，由常委王瑛学长主持召开56人出席的筹委会第二次会议，宣布由丁月娥为首的七位同学组成留守工作组，负责善后事宜。

同时支持校友分别在重庆、北京、杭州、苏州、成都、乌鲁木齐、合肥、滁州、六安、德清、无锡等地召开中小型纪念会，出席总人数超过1 260人次。2004年10月24日，上海校友270人在华东师范大学召开了纪念华东人民革命大学建校55周年大会。

筹备组统一制作分发舒同校长题词的水晶内雕纪念品、3 100名校友通信录、精装纪念册和55周年纪念光盘，结集印制了建校55周年纪念文集《锻炼·成长·奉献》。

参加南京分校60周年集会

2009年6月6日，华东人民革命大学南京分校（包括继办的南京干部学校）建校60周年纪念大会于江苏省委党校隆重举行。

梦缘情怀 ——光荣属于华东人民革命大学

华东革大当年的干部、干校的干部、学员共三百五十余人从江苏、上海、浙江、福建、安徽、陕西、北京、辽宁等各地赶来，有的拄着拐杖，有的坐着轮椅，有的由小辈搀扶，带着五六十年前年轻人参加革命的豪气和回忆，带着对战友几十年分离后重聚的期盼，一大早来到当年分校校部的旧地报到。大家仔细地辨认，亲密地握手，大声地问候，回忆过去的峥嵘岁月，介绍着几十年的工作历程和对华东革大与同学的怀念，使会场成了一片热情的海洋。苏州革大总校的代表和总校校长舒同之子舒安也作为嘉宾参与了这次盛会。

上午，举行纪念大会，四百余人济济一堂、座无虚席。先由江苏省委副书记、组织部部长、党校校长王国生同志讲话，阐述了华东革大南京分校组建的重大意义和巨大成绩，介绍了江苏发展的历史轨迹和美好愿景，指出华东革大精神的特点，表达了对老同志的祝福。省委党校常务副校长致欢迎辞，介绍了从华东革大到干校再到省委党校的发展历程。华东革大分校组建领导人之一、副校长，后任省委统战部部长、省政协副主席王昭铨同志具体介绍了当年组建革大的经过，并祝愿大家继承革命传统，发扬华东革大精神、教育好家属子孙，为建设有中国特色的社会主义祖国再作贡献。最后由校友代表王志强同志做了发言。大会全体与会人员合影留念。中午，举行了自由组合四十桌的聚餐。席间，书法家舒安讲了话，并向每位校友赠送了《舒体楷书》集，部分校友向大会献上了自己的书画作品，大会也向每位校友赠送了60周年纪念杯等礼品。下午，校友们分别在六个小会场自由组合进行聚谈。面对已不易相认的老友，回忆、倾谈、合影，大家一下像回到了六十年前，年轻时的形象又回到了眼前，直至傍晚聚谈结束还有不少校友紧握着手不愿离去。次日上午，大家又拿到匆匆赶就的通信录和合影长卷。

这一次隆重的纪念会，虽然短暂，但与会校友感到从未有的满足。它将永远铭刻在校友们的心中。

编撰文集：《圆梦录》《革大人》《华东革大人》

邓小平同志指出："一些同志回忆自己的历史，写一些东西，那很有益处。"

通过编撰出版同学回忆录，进一步秉承和弘扬华东革大的优良传统与革命精神，于是老同志们纷纷行动起来，回忆起激情燃烧的岁月。

参与纪念文集的编写者都是解放全中国、建设新中国的参与者和见证人。文集中所记之人，虽非英雄豪杰；所叙之事，也不惊天动地，可都是真人真事，

六　转合：回望追忆激扬文字

实话实说。从中既可窥见一些历史事件的演变轨迹，也能观察知识青年投身革命的艰苦历程，还可体验人生百味，获得人生真谛和领悟为人处世之道。所有这些，或将有助于存史、资治和教育。时光不能倒流，历史应当牢记。阅读文集者，倘有所得，编写者认为也就如愿以偿了。

钱吉虎出刊了一期《梦缘》专辑，介绍张家驹撰写《悠悠二十年》一书的过程。

2020年11月7日《圆梦录》主编张家驹与钱吉虎于张家合影

华东人民革命大学三期的同学编了《圆梦录》，其编委如下：

责任编辑：陈家骅　张家驹　葛弘敏　王新铭
版面设计：王新铭
责任校对：张家驹　葛弘敏　王新铭

随后二期同学也行动起来，发动面广，阵容强大、声势浩大，这都是主编王荫泰由发起的。这其中，钱吉虎协助丁月娥（二期领军人）全力支持王荫泰工作。《革大人》一书编委会人员（以笔画为序）如下：

梦缘情怀 ——光荣属于华东人民革命大学

革大人
——华东人民革命大学二期同学
二〇〇八年八月

主　　　　编：王荫泰
常务副主编：王昌畴
副　主　编：王锄非　徐绍良　杨正清　陈政文　陆国初
委　　　　员：丁月娥　于鸿志　王文芝　王昌畴　王祖兴
　　　　　　　王荫泰　王锄非　王兴邦　王纪录　王尚箴
　　　　　　　闪　烁　卢修庆　朱永镇　朱启凯　吕基业
　　　　　　　刘士俊　严　廷　吴惠铭　吴新周　吴佐时
　　　　　　　张　辛　张　铭　张勤秀　张　璞　李维驹
　　　　　　　陆国初　陆征翔　陈　新　陈政文　陈福生
　　　　　　　杨文瑶　杨正清　杨　焜　周民德　孟存勤
　　　　　　　庞忠信　林文杰　林　芳　林昌业　季国祥
　　　　　　　郑昌嶷　周华国　周春芳　姜梦飞　施平东
　　　　　　　钮韵文　姚惠菁　胡一华　胡一翔　赵祖德
　　　　　　　须静芬　姚　丹　胡炳石　奚金法　徐绍良
　　　　　　　徐　霞　徐　雄　徐　榛　徐　骅　徐春成
　　　　　　　徐詠韶　浦明辉　郭锦霞　钱昌任　钱秋琴
　　　　　　　顾芮芬　顾国雄　唐济周　陶　正　高亭耀
　　　　　　　商文祝　章　劲　蒋衡康　蒋祥贞　谢茜露
　　　　　　　童家骥　裴　兰

　　编辑组组长：顾国雄
二期回忆录《革大人》
　　联络组组长：林昌业

行政事务组组长：张璞

四期同学附录：吕基业

《革大人》一书的序言是由王锄非所写。

华东人民革命大学是解放后建立的一所新型的抗大式学府，为新中国培育了一大批革命建设干部，作出了重大贡献。华东人民革命大学二期同学的回忆录，展示了这个时代的伟大精神。

华东革大人具有正确的革命观、人生观和价值观，忠于党，爱国为民，一生奉献，全心全意为人民服务。

华东革大人，处处闪烁着革大精神。高位者淡位薄禄，清正廉明，鞠躬尽瘁；中位者承上启下，求真务实，俯首甘为孺子牛；普位者安岗崇劳，兢兢业业，平凡不平；更有蒙冤受屈者，含莘度日、乐对人生。坚信光明必将来临！

历史是一面宝镜。以史为鉴，可知国家之兴衰存亡；以人为鉴，可知人生之得失成败，故《回忆录》是一部难得的好书，也是一本珍贵的史料。载入史册，永放光芒！

三期同学出了《圆梦录》，二期同学出了《革大人》，反响强烈，一期的老大哥们坐不住了，正式出版了《华东革大人》。

姚学伟最先呼吁，滕越率先响应并执笔。2007年4月17日由7人具名进而扩大至33人签署了倡议书；2007年5月向100多位一期同学发函全面启动。继而通过书信、电话往来，酝酿推选了编委会和组织联络班子成员。杭州周其中同学两次开会动员，直至编委会向800余位一期同学普遍发信，上海同学向一部赴东北同学和二部四班同学发信300多封，以及用上门采访、电话约稿等多种方式，深入发动，全面部署做到广度和深度并进，而使稿件、赞助款、购书款源源而来，为编成回忆录一书奠定基础。

姚学伟在启动之始就商请王新铭主编《梦缘通讯》、沈翔主编的《京华寻梦》配合，发布信息，予以支持，邀请二期、三期校友志愿参与，功效显著。童家骥收款不厌其烦，笔笔清楚。徐绍良及时拟出编辑大纲和徐詠韶、杨正清细心审阅稿件，通力合作。钱吉虎受总主编、副主总编的委托，沟通联络，尽心尽力。钱吉虎担任责任编辑，校对文字4遍，校对图片6遍，图片部分是钱吉虎搜集而来。

凝聚全校热心校友通力编撰的《华东革大人》一书，充分体现了华东革大人团结协作的革大精神。

2007年10月底，《华东革大人》编委会发出通知：本书的主题为终生最难忘的人和事。秉着真实、准确、鲜明、生动的原则，各地区编委会分片组稿和改稿，包括对政治倾向、思想品位、艺术价值、文学水平等各方面进行把关，直接修改，或提出意见。

2008年5月，在上海复兴公园茶室召开各地编委联席会议，推举出11人的编辑领导班子。经分片编稿后由刘知群主编二审，主编对各地来稿进行了通读审核，调整了篇章结构，对过长的文稿进行了压缩，对不规范的词句进行了更正，并修改了文字语法错误。

2008年10月，编委会主要领导成员在上海召开了会议，由王瑛副主总编和主编、副主编与主要编委共同讨论疑难稿件，并提出处理意见。然后将正文稿件按四个地区排序，又将书画、图片、诗词等插入正文中适当的位置，最后由总主编终审。终审完成，便与出版社签订出版合同，并将书稿交由出版社编辑出版。

本书内容有各位校友的亲身经历，也有作者看到和听到的最感动的人和事。一期同学是与共和国共同成长的一代，经历特别丰富。有的校友在剿匪、反霸斗争中牺牲，他们是革命烈士，丰功伟绩，永垂不朽；有的在旧社会时被捕，受尽折磨，坚贞不屈，令人敬佩；有的是抗癌、抗击瘟神（血吸虫病）的斗士；有的在围海造田中作出了贡献；有的备受苦难，但意志坚强，仍顽强拼搏，作出重大贡献。还有许多校友成为党政领导、大中学校领导，以及成为铁路建筑、造纸、水利、国防建设等领域的专家，成为外语翻译、文艺精英。更多的是一生诚诚恳恳，埋头苦干，为建设祖国添砖加瓦，为锦绣河山增光添色。书中除新作之外，还收有曾发表过的文章的修改稿，还有已故校友的亲人、挚友推荐收藏的遗作。

2009年是伟大祖国成立60周年，也是华东人民革命大学建校及第一期学员奔赴革命征途的60周年。我们怀着对母校的敬仰和怀念，经过反复酝酿，多次磋商，取得共识，一致选出25位同学组成编委会，负责编撰、出版和发行工作。

《华东革大人》编委会成员名单

顾　　问：滕　越　邹人杰　丁月娥
总 主 编：姚学伟
副总主编：王　瑛
主　　编：刘知群
副 主 编：陈观云　张时才　沈翔　吴俊彦　王新铭
编　　委（按姓氏笔画为序）
　　　　　王　瑛　王伯均　巴　泳　孙克非　刘知群　沈　翔
　　　　　吴俊彦　张时才　张靖中　陈观云　罗　吼　姚学伟
　　　　　胡建华　徐炎武　戴文芳

编辑部工作人员名单
编辑出版组：徐绍良　苏虹　邵汝瑾　郑玉昆　杨正清
通联协调组：钱吉虎　邹人卓　罗吼
事务财务组：张永年　徐詠韶　谢进　童家骥
策　　划：张仲煜（社长）
责任编辑：裘家康（出版社编审）钱吉虎
2009年4月由上海锦绣文章出版社正式出版。

建校65周年纪念活动专刊《红霞满天》

编委会

主　　编：钱吉虎
副主编：金玉言　吴俊彦　楼汉钊　包文杰　徐绍良　徐善庆
　　　　贺焕荣
编　　委：尹春明　王昌畴　于鸿志　王锄非　史美昌　邓燕芬
　　　　　刘炎垱　刘知群　林昌业　余成鳌　沈国藩　邵伟宣
　　　　　沈道弘　孟凡曙　卢修庆　孙志韬　潘志成　杨怀诚
　　　　　苏　虹　罗　微　张一鹛　张时才　张济隆　张福海
　　　　　张　辛　张凤梅　陈时中　陈观洪　陈崇唐　周　珩

梦缘情怀——光荣属于华东人民革命大学

周明康　徐　霞　胡祖兰　徐梁镇　顾岁荣　顾国雄
姚龙翔　黄毓华　黄新秋　屠元法　姜　珉　童家骥
傅东海　楼纪和

特邀编委：戴文芳　方俊生　杨爱莲

2015年5月由香港天马出版有限公司出版

编委会自2014年6月启动，从编印周刊入手，经沟通，由八位同学组成核心组。函电往来，志同道合，效率尚佳。定书名、筹资金、约稿件、设计封面，不急不躁，稳步前进。为弥补未开编委会的缺憾，将装订成样书的清样稿12本快递给近半数编委认真审阅，反馈意见后增加3个章节，精简46篇（推荐《梦缘》选刊），新增数十篇，总量持平。加上经历多次排、校、改，调整内容，编者奔波于永正制版公司80余次，以减少差错提升质量，力求上乘。

《红霞满天》封面

往事回眸，历历在目，上千校友，奋斗十数年，众志成城，历史丰碑，档案史库，交相辉映。《红霞满天》以中共中央党校杂志社编入的庆祝中华人民共和国成立60周年、65周年和建党90周年的求是先锋丛书中的三篇文章：《华东人民革命大学三期同学结业50周年聚会构想》《从校友情到树丰碑——革大人发扬与时俱进革命精神》《岁月逝去精神在　将军墨宝留史碑》为主线，依据事实，编排梳理，目的是将新中国成立之初数十万知识青年在党所创建的华东人民革命大学大熔炉里锤炼的一段珍贵历史，得以被抢救和传承，存史育人。

这是华东革大人共同努力的成果，编者作为策划者、组织者和实践者，有责任把亲身经历的重要事实记录下来，以回报社会和广大校友。最好的途径就是以共叙同学友谊、弘扬革大精神为主导，以华东革大建校65周年纪念为切入点，以树纪念碑和深挖史料为目标，理论与实践紧密结合，珍重历史，实事求是，整理编撰，总结经验教训，同时留存部分史料线索，盼望学者的关注和研究。

我们还要铭记作出积极贡献的校友：感谢三期50周年聚会的带头人陈家骅、顾岁荣、庄云鹤，和编者于1999年的首倡之举；叶上莺、葛弘敏、王新铭、周珩、潘鈜、邱国隆、徐振亚、殷良铎、徐善庆、黄鸿度、郭亦渔、张朝维、李炎、杨永庭、舒永孚、陆勇翔、叶德华、张家驹、楼志斌、朱琛、吴林、黄良鑫、胡绍基、李文钺、李云程、高祖培、张志高、金震明等同学，特别是李正文副校长和毛巧同志，促成1997年杭城聚会，将聚会人员规模由一个班到同城几个部班的"部分同学"扩大到全校。

自2002年以来，又涌现一大批新人员，把全校性联谊活动推向新的高潮。积极参与者和带头人有：方明、丁西三、陈志强、王淑超、孙承艮、王志强、甘竞存、虞传政；姚学伟、滕越、陈观云、王瑛、贾文秀、董景星、张靖中、沈翔、周其中；王荫泰、丁月娥、张目、李迈力、倪湘正、徐雄、陆国初、杨正清、徐詠韶、方荣林、王兴邦；戴锦环、陆志全、唐大平、顾轩、朱玉成；吕基业、王震华；王鸿忠、姚工善、章大欢等。

感谢上海市教委和复旦大学党委对华东革大建校65周年纪念会和落成发源地纪念碑的关怀和支持，对前来出席会议和揭幕典礼的嘉宾：李海丘、李海鹰、顾明、贾浩、张海生、沙尚之、舒晚和陪同亲属再次表示感谢。感谢永正彩色分色制版有限公司徐炜、叶学挺、杨慧、沈融海等同志对本书的密切配合和大力支持。

为华东革大人联谊研究作出贡献人员的增补名单

2001年前：

王乐三	陈准提	王 零	余 仁	周 抗	魏伯雨	吉 浩
吴世民	高友德	张铁毅	韩 韬	王玉春	庄振华	汤宽泽
谢俊峰	刘振海	张希曾	曹鑫澍	夏明媛	任惠民	王淑超
曹萃亭	石 汉	陈越潮	胡桂卿	夏启裕	沈国抚	杨忻生
韩金凤	司马达	张仲飞	胡崇侠	路景生	黄毓华	徐一鸣
宋维邦	张培昌	王同宅	石宗德	陈 谢	唐福林	陈育才
贺焕荣	王仁铭	孙树人	张一鸥	吴复华	王锡鑫	徐仁福
邓燕芬	刘炎垲	翁毓东	何勇民	周震寰	吴尚年	姚振贤
戴 毅	翁镇国	杨秀元	何向东	刘星华	胡祖兰	张祖仁
张百年	王志新	戴锦环	史柏棋	庄韶之	孙思通	张锦芳
孟信托	史洁新	岳 韬	罗念祖	蒋冰海	陈宗堂	陈南儒
沈碧君	常学彦	杨玉兰	王维谦	张金城	张 硕	施济良
张菊生	赵金华	何国元	高跃翁	戴文芳	王中明	诸福伦
傅东海	孔繁成	顾宝华	卢益昌	叶瑞汶	戴知谦	董国春

朱佛慈　潘志成　孙志韬　姚龙翔　张锡良　史美昌

2002年后：

吴树青	刘知群	吴俊彦	罗　微	郑玉昆	钱大礼	张时才
孙克非	胡建华	范家永	张福海	徐炎武	朱长青	蒋雨生
石　英	沈鸿震	汤　成	倪敏夫	刘　珩	李迈力	王昌畴
徐绍良	王锄非	林昌业	孟存勤	童家骥	楼纪和	陈政文
周明康	郑昌巍	尹春明	姜梦飞	金玉言	王记录	庞忠信
严连根	蒋祥贞	朱凯中	于鸿志	许连生	卢修庆	徐　霞
包文杰	楼汉钊	朱福生	施国礼	姜　珉	余成鳖	沈国藩
屠元法	李照明	邵伟宣	陈时中			

六　转合：回望追忆激扬文字

梦缘情怀 ——光荣属于华东人民革命大学

六 转合：回望追忆激扬文字

七

华彩：勒石铭志 永世不忘

华东人民革命大学旧址纪念碑落成典礼　　2011年4月18日于苏州北兵营

　　纪念碑简介：坐落在苏州市北兵营内大礼堂东侧百年雪松旁。碑体上方是一面旗子，下方为一本书。碑体高2.3米，寓意：培养了2万多名干部（含分校）。书的左侧阔为1.949米，象征学校于1949年成立。右侧阔为1.952米，象征学校于1952年结束。碑体底阔为3.66米，象征学校办学历时3年8个月。

　　正面旗子的左上角，为华东人民革命大学纪念章；

　　正中是南京军区原司令员向守志上将题字："华东人民革命大学旧址"；

　　下方（基座）介绍华东人民革命大学简况——校长：舒同　副校长：刘格平（第一期）温仰春（一至三期）李正文（第二至四期）匡亚明（第二至三期）吴仲超（第四至五期）

七 华彩：勒石铭志永世不忘

我们每个人都会有各种各样的想法，在传承红色基因的发祥处，寻找到实实在在不忘初心的精神寄托之地，也好为后人牢记使命留下个象征之物。然而，想归想，做归做，真正做起来，却是不那么容易，实际上很难！但是，在钱吉虎等校友的不断地努力下，做成了！革大人在重温这段历史的时候，无不动容，北京的戴文芳告诉笔者，"吉虎同学有条缝就能钻进去"，不但钻了进去，还打开了局面，开辟了一片新天地。

在华东大地上竖起了四块纪念碑牌，一块史碑记录着一段历史，在立碑的过程中也有许多的故事。吉虎同学为我们提供了坚持不懈的典范，传递出革大人不达目的誓不罢休的奋斗精神。

对此，他却轻描淡写地说，事情总归要有人做的。

动议建华东革大旧址纪念碑

争取在母校旧址建历史丰碑，筹备委员会主任张目发表了自己的看法：

> 对于母校旧址建碑，从同学们的来信看，从《情系革大》上一些文章看，从积极赞助看，使我很受感动，或者说，使我受到很大的震动！知道同学们对我们自己的母校怀有深厚的感情，对母校旧址建碑寄予极大的期望与支持。感谢同学们对我们筹委会及对我个人的信任，使我感到我们筹委会责任重大。特别是我作为筹委会的主要负责人，肩膀上犹如压上千斤重担。我一定会不辱使命，决不辜负同学们的期望，与筹委会全体成员，与全体同学一起，将建碑工作做好。发自我内心的话在呼喊：母校建碑，"只准成功，不准失败"；"只准建好，不准建坏"；不到长城非好汉，这就是我的决心！
>
> 回顾自筹备建碑以来，我们排除了不少阻力与困难，已在顺利地推进。一开始我个人就认为要抓好三项工作。而抓好三项工作，必须有正确的思路去指导。否则，会受到极大挫折，或一事无成。现在看

来，有的工作已达预期目标，有的工作正在有序地进行。

第一项，要解决自筹建碑资金。要建碑，就需要资金。于是筹备委员会向全体校友发起赞助邀请，校友们也积极踊跃赞助。固然不错，目前赞助款已达十多万元，已超额完成预定十万元的目标。非常感谢每一位赞助者的大力支持。希望不知晓或持观望态度尚未赞助者赞助。赞助不分先后，意义是一样的。

第二项，要获得建碑场地的审批。光空头讨论是不行的，我们是积极努力去获得场地使用审批。这里我要表扬一下钱吉虎同学。钱吉虎同学是三期的，我以前并不认识。通过这次筹备建碑，觉得这是一位勤勤恳恳、任劳任怨、积极工作、努力为同学们服务的好同学。事前，他通过舒安和南京的蔡志芳院长，已经拿到了向守志上将的题字，这是多么不容易，这样为我们向华东革大旧址驻苏州部队申请场地审批，创造了前提条件，使之能够落地。

吉虎同学多次到我家来商议。2009年9月14日、11月9日我们又两次去苏州，与苏州同学一起去部队商谈。目前正在审批过程中。这项工作尚待继续进行。我们是有思想准备的。如顺利是最好，如遇万一，我们会继续努力去解决。不达目的，决不罢休。请同学们放心。

第三项，要做好建碑图纸设计。设计组在王新铭同学的主持下，已开会商讨，有了一个设计框架。以后会进一步完善。

可以说，搞好建碑，是我们筹委会每一位成员，一生中又一次为华东革大作出的贡献，我们一定会全力以赴去完成。我们是光荣的革

华东人民革命大学南京分校暨南京干校建校60周年纪念（局部）

七 华彩：勒石铭志永世不忘

大人，我们历经长期的工作与战斗的考验，我们富有战斗经验，我们的任务一定会完成，我们的目标一定会达成！

60年重逢建碑启动

集10年联谊活动成果，聚千百位华东革大人友情，更有东西南北校友们主办的数百期通讯，作为平台的传播和沟通，终于迎来了2009年5月10日在上海，召开华东人民革命大学60周年纪念会暨《华东革大人》首发式，这是全国各地一期、二期、三期、四期、五期和分校校友首次举办的全校性聚会。

2009年5月11日，部分师生150人分乘三辆大巴到苏州敬谒母校旧址，受到20多位苏州校友的热情欢迎，鲜艳崭新的横幅悬挂在北兵营礼堂内外，同学们引吭高歌，军乐队鸣奏乐曲，气氛热烈，给来宾和媒体都留下了深刻的印象。

积极建议赢得支持

早在2000年9月，钱吉虎代表华东革大筹备组向上递交了《关于华东革大旧址列为市级建筑保护单位的建议》。

苏州市人民政府：

新中国成立之初，百废待兴。为了贯彻执行党关于放手大量吸收青年知识分子的战略决策，中央决定在各大区办军政大学、人民革命大学。历史文化名城苏州市，以位于沪宁线、紧挨华东局所在地上海市的独特优势，成为华东军政大学的创办地和华东人民革命大学的正式校址，是现实的需要，历史的必然。在短短三年多的时间里，她为国家培养了数以万计的干部。

中共中央原华东局宣传部部长、华东军政委员会文教委员会主任兼校长舒同，在华东人民革命大学校史序

左起：钱吉虎、舒安、李海丘、温建民

中指出："学校得到了毛泽东同志的亲切关怀，他曾特别强调要把华东人民革命大学办好。""华东军区副司令员粟裕，曾专门下令将原驻苏州的华东军政大学迁至南京，腾出南北兵营让给华东人民革命大学作为校址。"一处旧址，先后成为党创办两所著名大学的地方，具有一定的历史纪念意义。

50年后的今天，新中国成立初期参加祖国建设的一万多干部，在垂暮之年，思念导师、向往母校，把苏州看作他（她）参加革命的摇篮，心目中的圣地，纷纷以当年激情寄语下一代"怀念革大，爱我苏州"。这份历史和现实的情结，将为历史文化名城添加一份无形资产，在今天进行两个文明建设和开发旅游资源上也有重要的现实经济意义。

基于以上认识，参照各地对一些历史建筑予以保护的政策，我们诚恳建议贵市文物保护部门，在条件允许的情况下，能否对原华东人民革命大学校部和南北兵营等处主要校舍中，选其有代表性者列为苏州市市级建筑保护单位（名单），并在遗址或建筑外墙处设置醒目名建筑保护标志，如条件许可，设立文物陈列专室，供人瞻仰，以发扬革命传统，激励后人。

妥否？请酌夺，谢谢！

华东人民革命大学三期50周年纪念会筹备组
2000年9月4日

2010年1月30日张目同学"捐资三千元，支持在华东革大旧址建碑"的倡议，吹响了向母校旧址捐资建碑进军的号角，广大校友积极响应，在半年多时间内，很快筹资22万余元，为建碑打下了厚实的资金基础。

旧址建碑筹委会会议召开后，筹委会的负责人员更是废寝忘食、全力以赴，与北兵营部队领导精选建碑地址，精心设计施工，保质保量完成建碑任务，并隆重举行落成典礼。

《浙江老年报》《安徽老年报》《新民晚报》、上海《新闻晚报》、苏州《城市商报》《安徽电台》先后报导建碑信息。《苏州日报》在庆祝中国共产党成立90周年特刊《红色回响》中，用整版篇幅刊登了母校旧址纪念碑，以及相关资料。

为了追记这段令人难忘的历史，筹委会印制了《历史丰碑》纪念册，作为华东革大人对历史研究的再奉献。

七 华彩：勒石铭志永世不忘

在时任江苏省委梁保华书记两次关怀批示下，时任省委王国生副书记出席并讲话的庆祝华东革大南京分校60周年大会上，北京、西安、上海、合肥、苏州、杭州、金华十多位华东革大校友应邀出席，欢聚一堂，大家一致为革大人联谊活动叫好。

各地先后隆重举行华东革大建校60周年纪念会，向世人宣告革大人联谊活动的历程，具有历史价值和社会意义。特别是天津、沈阳、上海的6位一期同学于《华东革大人》书中撰文建议："在华东人民革命大学旧址勒石纪念"，为建碑和研究揭开了新的篇章。

向守志上将向钱吉虎赠书

拜访向守志求得墨宝来

受华东革大南京分校校庆班子的委托，钱吉虎同学力邀舒同校长之子舒安，从西安专程赶来，并将北京运来的一期学员柳伦新编的《舒同楷书》赠予到会人员。

会议期间钱吉虎同学与舒安一起拜访了方明同志。又与蔡志方院长一起拜访了开国将军、原南京军区向守志司令员（1949年任第二野战军44师师长，后任第二炮兵首任司令员）。向守志司令员对第三野战军政治部主任、马背书法家舒同特别尊重和敬仰。在向守志家，舒安送上了舒体书法作品，并致以亲切的问候。将军对舒同幼子舒安的熟悉和关爱之意，溢于言表。钱吉虎赠送给向将军《华东革大人》一书。向将军欣喜接受，当场翻阅，并回赠新书《高山流水》（开国将军向守志与太行女杰张玲伉俪传奇），在扉页上亲笔签名，并盖上印章。

向守志将军身体健康，平易近人。90高龄创作的

梦缘情怀——光荣属于华东人民革命大学

左起：蔡志芳、舒安、钱吉虎、蔡桂香

《弘扬国学》书法作品，曾捐赠给孔子研究院，充分展示了将军深厚的书法功底。钱吉虎与蒋志方向将军说明了华东革大人欲在苏州北兵营建碑的愿望，若向将军施以墨宝，会使建碑更具风采和历史意义。

华东革大人一方面通过各地刊物通信提高校友的凝聚力，不断增加文字记录，充实史料；另一方面加强对外宣传，特别是有关部门，通过各种人际关系对话，引起各方的重视和支持，也为当地现代革命史增添浓重的一笔。

功夫不负有心人，一分耕耘，一分收获，在《梦缘》通讯2009年第13期（总62期）首页上，钱吉虎发表267字短文，再次提出建碑的呼吁和设想，希望得到校友们的响应和支持。

2010年5月钱吉虎再次赶赴南京，拜访有关同志求赐墨宝，终于如愿以偿。向将军墨宝定乾坤，方明、舒安的墨宝亦给纪念碑添光彩。

史料不断积累，建碑题字的人已到位，筹款第一炮已打响，眉目已清，条件成熟。因为华东革大人都处于高龄期，所以时间紧迫，说干就干。

踊跃集资建造纪念碑

万事俱备，箭在弦上，一触即发。历时短短七个月，500名校友踊跃集资20余万元，在历史古城苏州市北兵营百年雪松旁建造了高2.3米，长3.66米气势雄伟的纪念碑，为历史名城增添了一处新的人文景观。这是华东革大学子拓宽思路，集体智慧的结晶，也是华东革大母校标志性的永久纪念碑。来自新疆、东北、四川、广东等地的五百华东革大人亲临现场，见证了这一历史时刻。不少老人赋诗："当年热血洒神州，而今翰墨写春秋。纪念华东革大立丰碑，传承历史万千载。"曾是革命始发地，激励后人学前辈。贺诗、贺词、书法、绘画表达了革大人对母校的依恋和怀念，及圆梦的崇高情怀。

2010年11月，在纪念碑筹建工作取得进展的同时，邀请对华东革大史料颇有研究的楼汉钊同学，四处联系广为宣传，牵线搭桥，其诚意感动了素无往来的苏州市委党史办和苏州市档案局的有关同志，开始了华东革大珍贵史料的抢救性征集和整理，在国家一级档案馆建立了全宗档案154卷，永久收藏了向将军的真迹墨宝。江苏档案馆在其网上平台向全世界开放这些历史档案，在海外几十年的华东革大学子纷纷前来联系。纪念碑揭幕期间，李正文校长之子李海丘携珍贵的照相簿，首次聚会的三位校长之子欣喜整理、翻拍、洗印。这批1950—1951年的珍贵老照片，又引起时任中共中央组织部部长李源潮的关注，写了热情洋溢的信，给华东革大研究以新的高度评价和鼓励。

（苏州北兵营·华东革大旧址碑上是原苏州市市长方明题词）

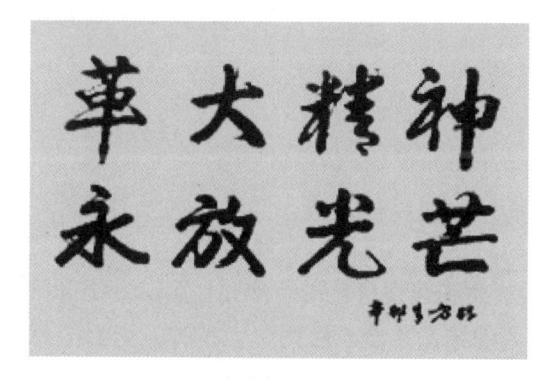

原苏州市长方明题词

华东革大旧址纪念碑铭文

华东人民革命大学创建于1949年5月，是一所培养革命干部的政治大学。中共中央华东局宣传部部长舒同任校长。第一期在上海，借校办学，次年初，全校迁址苏州南、北兵营等地。共办学五期，培养干部15 300余名。南京和浙江分校也培养了万余名干部。学校用马列主义、毛泽东思想武装学员头脑，树立革命人生观，全心全意为人民服务。各期学员结业后，根据党和国家需要奔向四面八方：有参加西南服务团解放大西南；有到中央和各大区工作、到浙江搞基层政权建设；有赴安徽、苏南搞土地改革；有参加国防建设和奔赴抗美援朝战场；还有支边建设新疆等。革大学子听从党的召唤，信仰坚定、勤勉工作、从政清廉、无私奉献。有的成为党、政领导骨干，专家、学者；有的历经坎坷，艰苦奋斗一生；更有的在革命、建设事业中献出生命。可歌可泣！立碑永志。

华东人民革命大学旧址建碑筹备委员会撰文　舒安　敬书　2011年4月

落成典礼八方来贺

张目同志在开幕式致辞

尊敬的诸位来宾，同学们，朋友们：

华东人民革命大学纪念碑，自从2010年8月31日正式筹建以来，历时七个多月的奋战，终于胜利地建成了！这是我们全体革大人的大喜事！今天，我们在这里隆重举行揭幕仪式，大家心潮澎湃，难抑由衷的高兴！

华东人民革命大学纪念碑的落成，她的意义在于：第一，记载了一段难忘而珍贵的历史。这就是：新中国成立前后，有我们这一批革大学子，为党开创的中国革命事业，将革命进行到底，为建设新中国而努力学习。接着，听从党的召唤，服从组织分配，到祖国最需要的地方去，英勇战斗，努力工作，无私奉献！为祖国的革命和建设事业添砖加瓦！第二，纪念碑的树立，可供代代人瞻仰。对继承光荣的革命传统，弘扬革大精神，全心全意为人民服务，有着积极意义。正如舒同校长之子舒安同志所说："……是一件将老一辈革命精神，薪传给后代的、千秋万代的好事。"第三，她对于社会，对于苏州，增加一处文化历史古迹，是一个贡献；她对于九泉之下，曾经为华东革大辛勤耕耘的领导与同志们，以及我们同学中的烈士、已去世的学子，是一个安慰；她对于我们这些活着的革大学子，进一步弘扬革大精神，发挥余热，继续过好有意义的日子，是一种鼓励！

华东人民革命大学纪念碑的建成，与中国人民解放军的支持是分不开的。首先，感谢南京军区原司令员向守志上将的亲切关怀，他当年已94岁高龄，仍给我们题了字"华东人民革命大学旧址"。其次，感谢驻苏州某部队的首长与政治部上校王副主任、中校贾科长、上尉郭干事，他们亲临现场，共同商议选址，解决建碑中的具体问题，给予我们很大的支持！这里，我还要感谢苏州校友会的《情系革大》刊物，她及时给我们传递信息，对推动建碑起了很好的作用。

华东人民革命大学纪念碑的建成，是我们革大人集体努力的结晶，众人拾柴火焰高，资金靠大家筹集，建碑中遇到的许多问题，靠大家协力解决。凝聚了我们革大学子对母校的一片深情厚爱。我谨代表筹委会,向全体校友们表示衷心的感谢!

"江山如此多娇"。我相信:母校纪念碑的建成,也将为祖国的锦绣河山,增添一丝耀眼的光辉!亲爱的母校啊,我们中的绝大部分同志,从您这里开始,踏上革命征途,这是一个伟大的起点。使我们永远不能忘怀。您是在党的领导下,是我们心中的一面旗帜,这面旗帜,将永远飘扬!

现在,我宣布:华东人民革命大学纪念碑剪彩、揭幕。

左起:钱吉虎、李海丘、舒安拜访温仰春夫人毛巧同志(前坐者)

建碑活动结束后,钱吉虎将拍摄的过程照片印成画册,寄给李源潮,他回信道:

> 尊敬的钱老:
> 感谢您寄来的《历史丰碑》纪念册。看到当年的革命青年六十年后仍激情不灭,志在千里,令人感慨。我等当继承鸿志,为中国的富强和人民的幸福不懈奋斗。让革命前辈们放心。
> ……
> 李源潮
> 2012.2.29

2014年4月18日是华东革大旧址建碑三周年,苏州校友以庆祝母校建校65周年华诞为主题,列队来到华东革大旧址——苏州北兵营,对纪念碑举行了瞻仰活动。来访者受到了驻地部队的热情接待,纪念碑周边环境被整理一新,大门上挂上了大红横幅,道路两边彩旗飘扬。

校友们在北兵营东门口集合,由部队战士引领。不论是拄着拐杖,还是在家属的陪同下的校友都迈着稳健的步伐,走在林荫道上,聚集到碑前,怀着崇敬的心情,在纪念碑前伫立致敬。十分钟后,大家绕碑一周。浏览敬慕。拍照留念,情谊融融,感慨万千。

复旦大学树立发源地纪念碑

2014年是华东人民革命大学建校65周年,各地、各期校友都在寻找合适的纪念方式。春节过后,各种建议纷纷呈现,特别是杭州11位、上海29位华东革大一期校友联名建议在上海举行一期纪念盛会,并在华东革大发源地的上海旧址也建一座小型纪念碑,这是一个极好的创意,此举获上海市教委领导的高度评价。

华东人民革命大学旧址建碑请示回复信函:

钱吉虎同志:您好!

您致薛明扬主任关于"在上海为华东人民革命大学旧址建碑"的来信收悉。受薛主任委托,现回复如下:

华东人民革命大学成立于全国解放前夕,是党和国家为新中国建设培养干部而设立的抗大式的政治学校,学校为新中国建设培养了一大批有巨大贡献的人才。你们是华东人民革命大学第一期学员,结业后奔赴祖国各地,为国家建设和发展奉献了青春,作出了贡献!在此表示崇高的敬意!

来信希望在复旦大学或原光华大学校园内的绿地一角或历史建筑物外墙上建立纪念石碑事宜,建议你们直接与有关大学党委联系。

祝

身体健康,一切顺利!

上海市教育委员会办公室
2014年3月27日

2014年3月31日，华东革大教工王淑超老师偕张目、钱吉虎、朱长青拜访复旦大学校党委。4月9日，校党办来电：领导同意在校内择地建立"华东人民革命大学旧址"小型纪念碑（0.5m²），还同意为5月下旬革大建校65周年纪念会提供会场。

2014年4月14日，建碑小组成员钱吉虎、徐绍良、蒋雨生、于鸿志以及张目同学共5人，应约再次前往复旦，受学校领导刘承功副书记热情接待。随后，由党办边副主任、宣传部周副部长陪同察看学校选定的建碑具体地点。

建碑小组经反复研究纪念碑（高0.5m，长1.05m）的设计图，2014年4月30日由复旦大学校领导审定。至此，华东革大一期同学希望在上海为母校建一标志性石碑的夙愿有了付诸实现的坚实基础。整块花岗岩石料通过海运运到，抓紧基础施工、雕刻制作和建装。为满足部分身体健朗的外地校友参加揭碑典礼的强烈愿望，经慎重研究，上海校庆会定在2014年5月25日上午9：30至10：30，揭碑典礼11：00至11：15准时举行。

华东人民革命大学旧址纪念碑立于复旦大学老校门内侧绿化地

　　碑高：总高0.8m，

　　碑体：长1.05m，

　　基座：长0.4m×2块　高：0.4m　面积：0.32m²

　　占地：1.0m×0.5m=0.5m²

　　基础：1.0m×0.5m²=0.5m³ 砼埋深土下0.4m，加钢筋。

　　碑体石材：印度红花岗岩

　　基座石材：蒙古黑花岗岩

碑名"华东人民革命大学旧址"，手工雕刻，贴金箔，舒同、舒安、方明题词。

梦缘情怀 ——光荣属于华东人民革命大学

发源地纪念碑立于复旦大学老校门内

  2014年5月25日6时许，大雨滂沱，7点过后雨过天晴。
  邯郸路上从复旦大学校门口到会场"逸夫楼"，一路彩旗飘飘。设立在校门口的报到处开始人流聚集，近10名工作人员和20余位复旦大学团委组织的大学生志愿者开始忙碌起来。80多位年逾八旬的耄耋老人，从四面八方来到会场。其中包括10位从北京、蚌埠、诸暨、杭州、海宁、嘉善赶来的各期校友。到会成员中，有33人是由家属陪同的；有22人是由子女搀扶的。值得一提的是，有多位90高龄的学长坚持参加。当主持人介绍92岁李照明由顾岁荣从杭州到嘉善全程护送到会时，全场报以热烈掌声；84岁陈莉华腿脚不便，步履艰难，由复旦大学生志愿者推轮椅送抵会场；华东革大一期吴家谈同学让儿子把他从医院接来参加会议；原华东革大教工王淑超老师，长期在复旦大学任职，离休后就住在复旦大学宿舍，家中三代人都师从复旦，学业有成，有博导、有教授，是与华东革大、复旦有渊源的典型和继续，这次全家（包括老夫人）出动，由外孙摄像、录影捕捉每一个稍纵即逝的场景。上述种种，感人至深，这是凸显华东革大人对参加华东革大这段短暂却又刻骨铭心的历史念念不忘的真实写照。

七 华彩：勒石铭志永世不忘

2014年5月25日钱吉虎致揭幕词

会议在雄壮的国歌声中隆重开幕，出席纪念会的共有167人，其中华东革大校友82人（教工5人，一期27人，二期25人，三、四期和分校25人）。在主席台就座的有：时任复旦大学党委刘承功副书记、原革大教工、复旦离休干部王淑超、上海外国语大学校友会秘书长孟庆和、李正文副校长之子李海丘，纪念大会由尹春明主持。

会中，舒晚（舒安之子）向刘承功副书记敬献舒安书写的"山高水长"条幅和宣读贺词，继由复旦大学陈启明老师宣读贺信贺词，刘承功副书记代表复旦大学致辞、李海丘、孙承艮、罗微、徐绍良、顾岁荣、余成鳌、王淑超等、（嘉宾）孟庆和校友，复旦大学档案馆周桂发馆长也作了热情洋溢的发言。

建碑小组组长钱吉虎请刘承功副书记一起揭开纪念碑红色幕布，此时在场的所有照相机、摄像机、手机都纷纷记录下了这珍贵瞬间。小型、精致的石碑上，镌有详细铭文，叙述六十五年前15 000余名热血青年，响应党的号召，毅然投身革命，为新中国的今天作出了无私的奉献。她将随着复旦学子的瞻仰，传播于海内外，华东革大精神在实现中国梦中永存。

纪念会后，华东革大的同学们反响热烈，普遍认为纪念会开得成功，感谢复旦大学党委的大力支持，会场的安排、接待工作非常周到，让华东革大的同学们感受到校方的热情与温暖。

2014年5月25日复旦大学党委原副书记刘承功与钱吉虎揭幕

2014年5月部分嘉宾在档案馆前合影留念

《百年巨匠·舒同》首发和赋碑揭幕

关于举办"华东人民革命大学"校长《百年巨匠·舒同》新书首发式和"华东人民革命大学"纪念碑《华东革大赋》揭幕式的建议。

中共复旦大学党委并领导同志：

不忘初心、牢记使命。上海复旦大学是当年华东人民革命大学（第一期）办学的校址之一。星霜屡移，历历在目。"华东人民革命大学"是全国解放前夕党中央鉴于新中国成立必须要有自己的干部队伍，于1949年成立，1952年撤销。华东局宣传部部长、华东军区政治部主任舒同兼任校长。第一期千余学子借复旦大学校舍办学，曾任北京大学校长的吴树青是当年学子。接管军代表复旦大学李正文任华东革大副校长，两年后又调回复旦大学任党委书记；为加强复旦大学领导班子，从革大派王零、徐常太、刘洁、刘博泉、郑子久任复旦校级领导；华东革大附设工农速成中学建制划归复旦大学。曾到过华东革大讲话授课的有陈毅、饶漱石、刘晓、潘汉年、马寅初、陈望道、魏文伯、刘瑞龙、章蕴、冯定、夏衍、范长江、李士英、李培南、骆耕漠、许涤新、张广业、陈同生、姜椿芳、周而复、金仲华、熊佛西、唐守愚、沈体兰、管文蔚、刘季平等，当时被誉称为华东最高学府。

岁月荏苒，光阴如歌。"华东人民革命大学"与复旦大学源远流长。"华东人民革命大学"建校50周年和65周年纪念会曾经在复旦大学举行。2014年在复旦老校大门内侧树立华东革大发源地纪念碑，现任复旦大学党委副书记刘承功与革大学子、革大校友会筹备组负责人钱吉虎共同揭幕，成为上海地区红色文化标志之一。

通计熟筹，响和景从。值此中华人民共和国成立70周年和中国共产党诞生98周年之际，"华东人民革命大学"校友会筹备组通儒达士学者们建议，将于2019年7月间，择日在复旦大学老校区举行华东革大建校70周年纪念活动，诚恳向校党委提出两项建议：

第一，举办"华东人民革命大学"创办人《百年巨匠·舒同》新书首发式。届时展出舒同墨宝真迹和革大图片史料，邀请舒同之子舒安先生、老校友、美籍华人施国礼等校友莅临指导，并瞻仰革大纪念碑和孙中山铜像。

第二，举办"华东人民革命大学"纪念碑暨《华东革大赋》勒石立碑揭幕式。《孙中山赋》《齐心赋》作者、解放军某部政委、党委书记刘书环创作了《华东革大赋》，拟请舒同之子、书法家舒安书写。同时国家邮政发行专题纪念邮品。

费用由"华东人民革命大学"老校友集体自愿赞助，同时希望学校支持一部分，详细方案待批准后仔细打造。

以上建议妥否，期待批示。

顺致

敬礼！

"华东人民革命大学"校友会筹备组

丁西三、郭川、孙承艮、汤成、钱吉虎、施国礼、

斯杭生、丁月娥、张目、尹春明、于鸿志

2019年2月15日于上海

华东人民革命大学赋

雄狮醒，头颅仰，雄鸡鸣，鸿运昌，莽莽乎横空出世，巍巍乎屹立东方，天安门领袖挥手，毛泽东激越铿锵，解放战争，艰苦卓绝，共产党人，挺起脊梁，反动势力狐奔鼠窜，和平降临，中华民族奇耻尽洗，气吐眉扬也！

且夫挽狂澜于既倒，驾惊涛于骇浪。陈毅粟裕若铜筋铁骨，登高经纬，舒同格平袭抗大传统，眺远担当，陈望道陆定一匡亚明授课，巨擘振臂，温仰春李正文吴仲超辅导，淬炼劲钢矣！

乃尔急倒悬之需，无须等待，盼断缣之期，岂容彷徨。誉最高学府，播马列火种；负崇高使命，燃熊熊腾光，己丑开办，师生夕惕朝乾，壬辰结束，铸就万六栋梁。所从靡靡，治乱扶危之国祚；可共歆歆，钟鼓俱振之交响矣！

于是勃然奋励，蓓蕾竞芳。运筹乃精兵列阵，帷幄乃韬略锦囊。第一期安魂定魄，出征新岗，第二期安徽土改试其锋芒，第三期抗美援朝批熊碎掌，第四期拱卫襟喉，凌跃新疆，咦，信念坚定，中流砥柱，有据义履方欤？

恭承执政何以凭，本色怎忘。为社稷立德，使命必达，厚黎庶冷暖，帜命肩扛，吴树青柳伦，灰躯糜骨而载道；顾岁荣陆勇翔，克尽厥职而端庄。及至匆匆岁月，足足如夯者也！

七 华彩：勒石铭志永世不忘

伊予探隐拯沉，时若雨旸，遗德余烈，福纬耀金而春祺；远去复见，笔墨横姿而愈彰。全宗建档奠其基，著述帙叠铭其方。适逢建校七十周年，合纵连横史为鉴，积厚成势慨而慷耶！

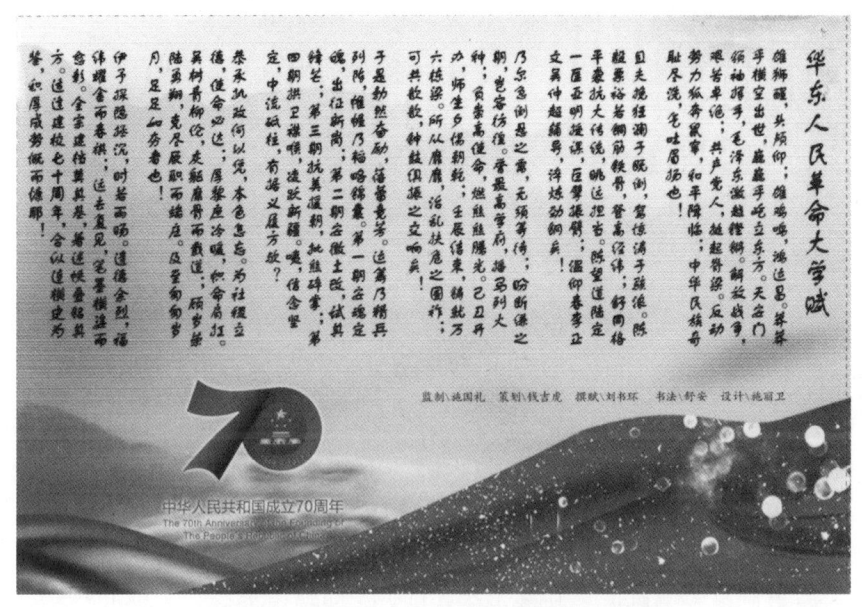

中国邮政明信片上的《华东人民革命大学赋》

华东人民革命大学赋碑坐落在复旦大学校园　百年老校门内

梦缘情怀——光荣属于华东人民革命大学

2019年7月1日赋碑作者刘书环和创意人施国礼外甥女张琳芳朗读碑文

　　新民晚报讯（记者张炯强）为庆祝新中国成立70周年、上海解放70周年、原华东人民革命大学建校70周年，2019年7月1日下午，《华东人民革命大学赋》纪念碑石在复旦大学老校门内落成揭幕。"千秋翰墨—舒同·永远的长征——舒同舒安书画展"开幕式在复旦大学博物馆举行。上海市人大常委会原主任龚学平，上海市教育发展基金会理事长王荣华出席书画展活动。著名书画家、舒同之子舒安，复旦大学党委副书记尹冬梅，原革大校友代表钱吉虎在纪念碑石揭幕仪式上致辞。

　　原华东人民革命大学成立于上海解放初期的1949年5月，在上海招收第一期学员起，至1952年第五期学员结业并撤销，华东革大共培养了1万5千余名学员，为新中国建设培养了大批优秀干部。据悉，华东人民革命大学与复旦大学有很深的历史渊源，华东革大部分校址与复旦重合，后来附设"工农速成中学"在革大撤销时划归复旦大学成为复旦大学附属中学的前身。舒同是原革大首任校长，参与组织了1952年高等院校院系学科调整工作，为新中国成立初期全国高等教育快速发展发挥了积极作用。

　　著名书画家、舒同之子舒安表示，看到复旦大学校园内的纪念碑，就如同看到那个如火如荼的年代，看到华东革大师生在党的领导下走过的艰难而光辉的岁月，激励后辈面对今日世界的新征程。在"不忘初心，永在长征路上"的大潮中，继往开来，将老一辈革命家与世世代代的祖先们对新生活的向往与追求融入新时代潮流，为人类共建多元新文化共同体时代的到来贡献力量与智慧。

"华东人民革命大学筹备处旧址"在丹阳揭牌

政府网站发布来自丹阳市人民政府新闻,题为"华东人民革命大学筹建处旧址在丹揭牌"。

2021年5月18日,上海市新四军历史研究会文教分会会长余金法一行来丹阳市,走进上海战役总前委旧址纪念馆,举行"华东人民革命大学"筹建处旧址揭牌仪式。

据悉,全国解放前夕,党中央鉴于新中国成立必须要有自己的干部队伍去接管、培养各行各业的领导和专家,决定筹建"华东人民革命大学"。1949年5月上旬,忙于解放上海的总前委、中共中央华东局领导邓小平、陈毅、粟裕等同志在丹阳开会,筹建"华东人民革命大学",校长为中共中央华东局常委、宣传部部长、华东军区政治部主任舒同。多年来,上海市新四军历史研究会经多方考证,证明位于丹阳市的上海战役总前委旧址为"华东人民革命大学"筹建处旧址。

左起:陈发奎、钱吉虎、梁振若、张爱军、王玉娟

左起:陈发奎、钱吉虎、张爱军、王玉娟

笔者没有想到,一次普通的挂牌,一块略带古旧的纪念牌,会引起这么大的震动。2021年5月18日真是个好日子,乃国际博物馆日,这一天在丹阳市总前委旧址纪念馆,举行了上海市新四军历史研究会立的"华东人民革命大学筹备处旧址"揭牌仪式,为丹阳的华东革大历史研究营造了浓郁的研究气氛。

梦缘情怀 ——光荣属于华东人民革命大学

赠送总前委旧址纪念馆的部分华东革大史料

整个仪式从简,没有主持没有专题发言。出席丹阳揭牌仪式的嘉宾:华东革大的后人、红二代赵保平、周泉、李翔,另有从南京过来的郭毅和郭镇,江苏警官学校副教授王健玲。华东革大校长舒同之子舒安因赴京筹办舒同纪念活动而托人向纪念馆赠送了画册。

历史告诉我们,上海的解放有世界历史意义,正因为有了丹阳的集训,才有上海解放的全面顺利进行,当华东革大的红二代来到这里,便有了朝圣般的感觉。

左起:李翔、郭镇、郭毅、赵保平、钱吉虎、陈发奎、周泉、王健玲

七　华彩：勒石铭志永世不忘

周珩、王新铭、钱吉虎于王家

八

升华：建档立案 全宗呈现

2019年2月1日贺焕荣与钱吉虎合影于苏州市档案馆

钱吉虎先生向复旦大学图书馆捐赠华东人民革命大学图书文献资料

八　升华：建档立案全宗呈现

忙于建碑急于立档

钱吉虎一边忙建碑，一边造势宣传。在2010年，和苏州的同学楼汉钊、贺焕荣取得了联系。

楼汉钊自退居二线后，到2007年，蒙校友赵康强邀请，参加华东革大苏州校友回忆录《熔炉》《情系革大》的编辑工作，才与苏州华东革大校友续上前缘，大家开始在一起回忆，写些回忆的文字。

2008年4月8日，在《熔炉》发行会上，校友王仁铭提出，咱们华东革大的历史在苏州的地方志上仍是一片空白，希望能早日补上。

楼汉钊回忆着，写道：

我和贺焕荣听到后，冒着高温酷暑，翻阅了大量历史资料，写了《革大学子写校史》一文。在搜集资料写作过程中，我们发现不少有关钱吉虎的文字、图片及捐赠活动，深为感动。特别是从《圆梦录》及他编的《革大校友联谊活动的历程》等作品中，对他有了进一步的了解，我们不由得拍案叫好，此人难得，其为华东革大所做的贡献真是十分难能可贵啊！

于是我们之间开始共同培植起华东革大常青树。

因此，当我们写的《革大学子写校史》，经苏州市委宣传部高志罡副部长审定后，终于以《忆"革大"》为题，编入《苏州史志资料选辑》2009年刊（总第35辑第158~165页），此书出版后，我们立即寄给钱吉虎一本以示敬意。他收到后，多次来电邀请相聚，虽未成行但友谊日深，真是"一书架起友谊桥"啊！

2010年秋，从未谋面的吉虎同学来电，委托我在苏州找一个合适的单位，以保存他掌握的一些华东革大文史资料。尽管我没有把握，仍努力去办。开始遇到最大的困难是：许多人不知道苏州曾办过华东人民革命大学，更不了解该校归属高教部，是中共中央华东局办的一所政治大学，共培养了数万名干部，散布到全国各地，生根开花。有的在高科技、核试验以及航天事业等尖端领域默默奉献了毕生精力，有的在平凡岗位上做出了不平凡的业绩，虽历经坎坷但红心不变……所有这些，随着岁月流逝而在淡化、湮灭以致消失，令人感慨万端……面对茫茫人海，激起了我另辟蹊径的勇气，在万般无奈中，我想起了政协，它是集各民主党派社会贤达于一体的智囊团，人才济济，办法多。我冷静思索，筹划了三条理由：

其一，我是20世纪50年代初期的华东革大学生，早在2000年，我们有100多位校友联名上书，建议将苏州母校旧址列为保护单位。2000年，经校友钱吉虎的努力，已经得到原南京军区司令员向守志上将亲笔题写的《华东人民革命大学旧址》书法作品，该作品幅高达2米多，笔迹苍劲、神采飞扬，是十分珍贵的书法作品，应当有一个可靠的单位珍藏。

其二，吉虎同学十多年如一日，足迹遍及大江南北、长城内外，同黑龙江、新疆、云贵川均有联系。收集了各地联谊活动的，资料，急需寻一个收藏部门。目前已有一大批装帧精美、图文并茂、文史翔实的回忆录和刊物，作为华东革大的母校所在地，却少有存档，不能不说是一大憾事！现在校友们无偿捐献，有哪个单位可接收并保存呢？

其三，我们的校友存有当时的校徽、胸章、华东革大校歌、《改造》校刊、《学习文件》、"参军光荣"红标签……一大批具有时代特色的文物资料，他们愿无偿捐献，由哪个单位愿意接收？特别要强调的是，这些同志之中，最年轻的已经75岁了！现在是"抢救性挖掘"这些资源的最佳时期，时不我待，机不可失，失之是无法弥补的。

有了这三条理由，我拨通电话，向政协秘书处小孙同志声情并茂地陈述，她听了十分感动，立即和有关部门取得联系……过了1小时，小孙回复道："政协文史委不保管文物"，她建议同市委党史办联系。

2010年11月1日，我同市委党史办联系时，把以上三条理由讲得更加精练，接电话的宋处长一口答应，并表示要上门拜访。我说此事的主要负责人是上海的钱吉虎，并告知了他的联系电话。

翌日，老钱和周珩赶到苏州，我和贺焕荣热情接待，全程陪同最后和宋处长达成协议，由其负责，同苏州市档案局联系落实。一星期后，我接到档案局王处长的电话，也说要上门拜访，联系档案移交事宜。

我如实相告：我是联络员，具体工作要由上海的同志安排。后来，钱吉虎来苏州，档案局王处长等人亲自到火车站迎接，陪同我们参观了苏州档案馆藏。由老钱和他们达成协议。我这个联络员也算是大功告成。

发布苏州市档案馆征集资料启事

在几方充分协商之后，钱吉虎、楼汉钊和沈慧瑛副馆长、王仁斌处长和刘凤伟开始办理此事，钱老等人从上海拉去三箱文献资料。苏州市档案局、档案馆及时发布华东人民革命大学档案资料征集启事，如下：

> 苏州市档案馆是苏州市委的直属事业单位，现实行与苏州市档案局机构合一的管理体制，是国家二级档案馆、省级爱国主义教育基地，是苏州市市级重要档案的永久性保存基地和利用中心，有较完善的软硬件设施和较完备的保管利用制度，现存档案资料430多个卷宗，34万余卷。
>
> 华东人民革命大学是解放初华东局直属的高等学府，创建于1949年5月。同年秋，在上海暂借其他学校举办第一期，后于1950年3月迁至苏州南、北兵营等处，1953年结束，共办五期，培养干部15 300余人。学员遍布全国各地，为我国革命和建设事业作出了重要贡献。因历史久远，相关档案资料均已散落，成为目前苏州市档案馆馆藏档案的空白区。近年来，在省、市领导的关怀支持下，华东革大校友们先后写了《圆梦录》《锻炼·成长·奉献》《花开花落总欣然》《熔炉》《革大人》《华东革大人》等回忆录，纪念文集数百万字，其中引用了大量相关的历史文物资料，目前部分散落在个人手中。如果集中起来，可形成体系较完备、内容较丰富的历史档案。敬请各地华东革大人校友踊跃奉献，以利彪炳千秋，造福子孙。
>
> 为丰富和优化苏州市档案馆馆藏，增加这座历史名城的文化底蕴，对苏州市珍贵地方性史料进行抢救性征集，根据《苏州市档案条例》，现与原华东人民革命大学三期50周年纪念会筹备组组长钱吉虎、联络员楼汉钊以及华东人民革命大学苏州校友会合作，利用明年即将召开的大型校友集会之机，面向各地的华东革大及南京、浙江分校、原俄文学校校友及有关人士，征集相关纸质、电子、照片、实物档案资料。征集范围如下：
>
> 1. 党群行政类：学校组织沿革，各级各类党群组织、行政部门的会议文件、会议记录及纪要，工作计划、总结，人事、财务、行政管理材料，与上级机关及其他单位来往函件。
>
> 2. 学生类：录取通知书（名单）、入学登记表、体检表、学籍档案、学生成绩表（卡）、奖惩记录（奖章、奖状）、党团组织档案、学生证、毕业证，以及反映学生在校期间的学习情况和衣食住行等生活情况的照片、实物等。

3. 教学类：反映教学管理、教学实践和教学研究等活动的文件材料，以及间接反映教学情况的学习笔记、学习成果等。

4. 出版物类：主要包括学校或学员编辑出版的报刊、书籍、回忆录等出版物及出版物的审稿单、原稿、样书、出版发行记录等。

5. 其他相关档案资料。

以上档案资料仅限原件、原始资料。苏州市档案馆将以良好的保管条件和严格的保管制度对相关档案资料进行保管，并向捐赠者颁发捐赠证书。如需留念，苏州市档案馆可代为制作复制件。

再次诚挚地欢迎华东人民革命大学校友及社会各界人士向苏州市档案馆踊跃捐赠相关档案资料。

档案局联系方式：苏州市档案局征集编研处

联系人：王仁斌　刘凤伟

联系电话：（0512）68617107　13771737167

地址：苏州市三香路998号（215004）

电子邮箱：batiwei801230@163.com；

筹备组联系方式：原华东革大三期50周年纪念会筹备组杨永庭，15306217145。

苏州市档案局　2010年12月6日

保存在苏州市档案馆的革大资料

苏州市档案馆敞开了大门。位于苏州拙政园边上的新建苏州市档案馆有独特的风格韵味。新馆库建筑面积5 500平方米，其中库区面积2 000平方米，建筑横剖面呈回字形结构，外观庄重又不失江南风格现代气息。

走进档案馆库房，首先映入眼帘的是向守志上将的墨宝，为"华东人民革命大学旧址"题写的碑名。

还有一份非常重要的资料：华东人民革命大学的校刊《改造》报，笔者小心翼翼地翻拍着已经发黄变脆的报纸上的内容，熟悉亲切而又陌生惊奇。这几本合订本非常珍贵，全程记录了华东人民革命大学所经历过的事。包括领导讲话、所有的活动动态和学员的思想汇报。这是研究华东人民革命大学的百科全书。它和温仰春的工作手册、钱吉虎的笔记本，三件文物相映对照，是对华东

八 升华：建档立案全宗呈现

人民革命大学的历史原始记录之一。

因为苏州是华东人民革命大学的旧址所在地，所以苏州档案馆不失时机地向全国征集华东人民革命大学的资料，这些资料汇集在这里成为华东人民革命大学研究的一个部分。另外一部分，钱吉虎捐献给了复旦大学图书馆。

校刊《改造》合订本

钱吉虎向苏州档案馆捐赠华东人民革命大学图书文献资料

复旦大学档案馆发布征集资料的启事

复旦大学档案馆也开始征集华东人民革命大学的史料

尊敬的华东人民革命大学校友：

欣闻即将举行《华东人民革命大学赋》纪念碑石落成揭幕仪式暨舒同舒安书画展，谨向您致以衷心的祝贺和诚挚的问候！华东人民革命大学的创办充分贯彻党中央关于放手大量吸收青年知识分子的战略决策，为适应人民解放战争的迅猛发展，以及随之而来的革命和建设事业对干部人才的急切需要作出了巨大贡献。在此，我们希望能将更多承载革大情结的校史档案资料收集起来，因为它们不仅浓

缩了华东革大精神,更蕴藏着丰富的红色基因,是"革大人"生生不息的印记。在此,我们恳切地向您征集:

(一)校史资料系列:包括反映华东人民革命大学历史的重要文献、校史文物,如各类校徽校章、证件、胸标、校刊等;

(二)名人档案系列:包括历任校领导及曾在该校授课的著名学者、专家、教授以及杰出校友的证书、证件、奖牌、手稿、照片等;

(三)大学记忆系列:包括当时的听课笔记、讲义讲稿、试卷教材、珍贵书刊、老照片等。记录历史脚印的校史档案资料,是"革大人"共同的思想高地和精神家园。热切期待您的慷慨捐赠,革大因您而更精彩!

联系地址:上海市邯郸路 220 号 复旦大学档案馆征集编研室

邮政编码:200433

联系电话:65642653 65642208

电子邮箱:chmfudaneducn.c

复旦大学档案馆 2019 年 6 月 28 日

复旦大学图书馆捐赠仪式

2021 年 5 月 27 日下午,钱吉虎先生收藏华东人民革命大学图书文献捐赠仪式在复旦大学图书馆特藏中心卿云书房举行。

捐赠人、上海市新四军研究会文教分会华东革大大组组长钱吉虎,上海市新四军历史研究会文教分会会长余金法,复旦大学老校友、华东革大一期学员、高级工程师顾克俭,华东革大三期学员、四川成都信息工程学院原支部书记黄良鑫,《光荣属于华东人民革命大学》一书特邀作家、中学高级教师陈发奎,上海市新四军研究会文教分会华东革大大组组员、中国贸促会上海分会原商务发展部长赵保平,上海市新四军研究会文教分会华东革大大组组员、上海甄涛律师事务所办公室原主任周泉,上海市新四军研究会文教分会华东革大大组组员、华东革大赋碑设计者雕塑家施丽卫,钱吉虎先生原工作单位应急管理部上海消防研究所王俊、马祥军,复旦大学退休教职工工作处处长周桂发,复旦大学校史馆研究员钱益民,复旦大学图书馆党委书记兼常务副馆长侯力强,复旦大学图书馆副馆长王乐及特藏部馆员出席了捐赠仪式。

捐赠仪式上,钱先生回忆起自己在华东革大的求学时光。他于 1951 年初

八 升华：建档立案全宗呈现

入学，成为华东革大第三期学员，结业后被分配到上海市公安局消防处二科从事化学危险品管理工作，后调至公安部上海消防研究所工作，至1994年正式退休。他说，华东革大为新中国建设培养了许多优秀干部，华东革大精神影响并鼓励了自己的一生，把华东革大精神传承下去是责任也是使命。多年来，钱吉虎先生不仅悉心保管着种类繁多的文献资料，还通过各种方式与学员们建立联系，编制通信录及华东革大纪念刊物《梦缘》。2001年4月他以筹备组组长的身份主持华东人民革命大学三期结业50周年纪念大会，还担任了《华东革大人》一书的责任编辑。

捐赠人钱吉虎先生致辞感谢复旦大学。复旦大学曾经是华东人民革命大学的发祥地。今天图书馆特藏部为我们举行了捐赠仪式，对捐赠表示感谢。希望这些革命的文物在图书馆里能真正发挥作用。

余金法先生致辞并向图书馆赠送了书法作品。

余金法会长向图书馆提出建馆的要求。图书馆有收藏展览教育的功能，更是要有培养一个人的情操的馆魂。

黄良鑫先生激动地表示支持。他称赞吉虎同学坚忍不拔的精神，努力通过各种途径收集整理相关史料，发扬华东革大的优良传统。回忆往事，他们提到了陈毅、王零，唱起了新四军军歌。

"东进，东进，我们是铁的新四军，……"

陈发奎先生致辞并向图书馆赠书。陈发奎先生介绍了认识的革大人。华东革大人为革命和建设作出了贡献。同时华东革大人也搜集整理了很多资料，为后世的研究和发扬华东革大精神，做出了很多贡献。

周桂发处长等嘉宾先后致辞，回顾了钱老为华东革大的纪念活动筹备与文献资料筹集工作付出的诸多努力。

他与钱老相识很久，觉得他的东西具有文物价值、文化和教育价值。

赵保平即兴表演了陈毅在丹阳的著名讲话的片段，赢得大家阵阵喝彩。

钱吉虎先生表示，陈毅元帅的藏书文献在复旦大学图书馆得到了妥善的收藏、保护与研究，元帅一直重视和关注华东革大的创建与发展。华东革大的校领导大都来自新四军，是陈毅元帅的老部下，如校长舒同，校党委副书记、副校长温仰春等。复旦大学图书馆是这批华东革大文献资料最适宜的"归宿"。

据统计，三年多来，钱吉虎先生共计向复旦大学图书馆捐赠了含《温仰春工作学习笔记》《钱吉虎笔记》《情系革大》《梦缘》《革大纪念册》等在内的图书125册，期刊44本，相册2本，实物10件，手册资料46本，手迹资料43

侯力强书记向钱吉虎颁发捐赠证书

份，书画作品56幅，以及证件、光盘等各类资料，合计505件。

这批资料的捐赠缘起于2017年10月12日，钱吉虎先生在多家媒体上看到了陈毅元帅家属向复旦大学捐赠陈毅元帅生前收藏和使用的珍贵文献资料的新闻报道。他立即与复旦大学图书馆特藏部馆员张春梅取得联系，表示愿意将自己保存的华东人民革命大学的资料文献捐赠给复旦大学图书馆，作为陈毅元帅藏书文献的扩展与补充。

此外，图书馆党委书记侯力强对钱吉虎先生的捐赠表示衷心感谢，并向钱先生颁发了捐赠证书。

峥嵘岁月永难忘，革命精神永传承，捐赠仪式结束后，嘉宾们还前往特藏中心对由叶剑英元帅题词的"毅公书屋"进行了参观。

参观期间，侯力强书记对钱吉虎先生的热心捐赠再次表示感谢，并向嘉宾们讲述了图书馆获捐陈毅元帅藏书及文献资料、成立研究中心的缘起与经过。图书馆为成立陈毅元帅藏书与研究中心所作的努力得到了社会各界的认可，促成了钱先生与复旦图书馆的联络。

2021年是陈毅元帅120周年诞辰，又恰逢复旦大学建校116周年校庆，各位前辈和嘉宾前来参加捐赠仪式，有了更加特殊的纪念意义，也给我们上了一堂生动的党史、军史、校史教育课。

八 升华：建档立案全宗呈现

钱吉虎先生出席复旦大学图书馆举办的华东革大文献捐赠仪式
前排左起：赵保平、黄良鑫、顾克俭、钱吉虎、余金法、陈发奎、周　泉
后排：陈丙杰、张春梅、王　乐、施丽卫、侯力强、周桂发、钱益民、马庆萱、周月琴

图书馆党委书记侯力强致谢辞。他说，复旦大学图书馆将保护好、利用好钱先生捐赠的这批华东革大相关文献资料，做好挖掘、宣传、共享红色馆藏文献的服务工作，打造师生红色文化学习教育的新阵地。

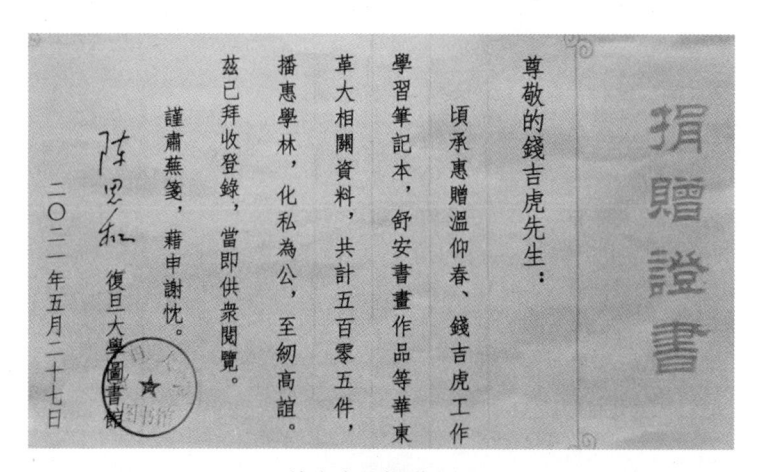

钱吉虎的捐赠证书

后之视今，亦犹今之视昔。华东人民革命大学的档案是建构革大人集体记忆重要且不可替代的资料。从中可以看到最终编织成立体多维、有温度感的时

代记忆。

　　华东革大的同学们在探寻历史的同时,通过捐赠个人的点滴,收获属于自己的档案观和记忆观,从保管好自己的档案做起,共同为这段历史传承贡献一份力量!

九

辉煌：著书立说 气盛言宜

2012 年 9 月 25 日　钱吉虎与中央党校《求是先锋》杂志社金一鸣主任合影

九 辉煌：著书立说气盛言宜

四篇文章发表在中共中央党校刊物上

钱吉虎等同学研究华东人民革命大学历史的文章有4篇，发表在中共中央党校刊物上，题目如下：

"华东人民革命大学三期同学结业50周年聚会构想" 作者钱吉虎，2009年中央党校《理论动态》编辑部，入选《求是先锋——新中国六十年发展的理论与实践》丛书；

"从校友情到树丰碑——革大人发扬与时俱进革命精神" 作者钱吉虎、尹春明、成莫愁（执笔），入选中共中央党校《科学社会主义》杂志社为庆祝中国共产党成立90周年编纂的著作；

"岁月逝去精神在 将军墨宝留石碑——向守志上将为革大旧址纪念碑题词" 作者钱吉虎、包文杰（执笔），被中共中央党校《求是先锋》编辑部编入庆祝中华人民共和国成立65周年著述；

"创新突破 树碑建档 存史育人" 作者钱吉虎，被中共中央党校《求是先锋》编辑部选编入2015年《求是先锋——领导干部全面深化改革的理论与实践》丛书。

梦缘情怀 ——光荣属于华东人民革命大学

　　中央文献出版社刊有以上四篇力作的丛书，为各大图书馆珍藏，为革大历史研究提供第一手资料。2009年8月16日，钱吉虎应邀出席纪念抗日战争胜利70周年暨《求是先锋》丛书出版学习座谈会。2015年9月18日，钱吉虎应邀出席纪念抗战胜利70周年暨《求是先锋》丛书出版学习会议。钱吉虎二次出席党史座谈会，充分体现有作为的地位。

2015年9月18日　钱吉虎赴京参加纪念抗战胜利70周年暨《求是先锋》丛书出版学习座谈会

　　在抢救华东革大资料的工作中，三期的钱吉虎作出了重要贡献。正是由于他不间断地努力，为大家逐渐描绘出华东人民革命大学的历史画卷。

　　吉虎同学在退休前的工作也很出色，以下几件事说明他在消防领域也毫不逊色。

　　翻开《新安全·东方消防》杂志2010年第二期，往事重述栏目，题为《革命人永远是年轻》一文，记者葛钢，记录的便是公安部上海消防研究所副研究员钱吉虎同志。

　　这本杂志是由人民日报社主办，上海市消防局、上海市消防协会协办指导的专业杂志，这篇文章对钱吉虎同志的一生做了介绍，对他在专业的消防战线上的贡献给予了肯定。

作为上海消防系统老一辈的专业人员,钱吉虎为上海消防事业的发展奉献了近半个世纪的人生。他那近乎传奇的消防人生,使他辗转于消防行政、消防科研的相关岗位,在防火灭火技术方面以及社会消防方面都取得了一定的成就。

阅读钱吉虎就像翻阅城市消防发展的历程,令人回味的风景似乎迎面扑来。

钱吉虎的成长之路

记者葛钢写道:

我们追寻历史,却发现历史总是隐含着一种不言而喻的伟岸。吴越地区自古出英才,在千年岁月中那里涌现出了多少名垂千古的杰出人物,在吴越有一个庞大的家族,在中华文明千年的推进中他们作出了杰出贡献。这个家族就是钱氏家族在千年岁月的历史长河中有非常多的杰出子孙先后涌现,很多古往今来彪炳史册的钱姓人物大多出自这个家族。从事了大半生消防事业的钱吉虎也是吴越钱氏家族的后人之一。

钱吉虎,公安部上海消防研究所原副研究员。1934年4月出生于浙江诸暨枫桥镇。在他的记忆中自己的家庭是一个贫穷的佃农家庭,钱吉虎谱名"钱吉火",在小学二年级的时候,由老师改成了今天的名字。钱吉虎虽然现在的名字里没有"火"字,但是他的一生却完全与火结缘,防火、灭火,消除火灾隐患,防止火灾发生。

对文化知识的推崇,让子孙后代接受良好教育是吴越氏姓家族千百年的优良传统,然而对于钱吉虎贫穷的家庭来说,孩子上学成了奢望。年长五岁的哥哥早年失学,担负起了家庭的重担,使钱吉虎得到受教育的机会。母亲虽然是一个大字不识的农妇,但却目光长远,宁可自己吃苦也要让钱吉虎读书,并希望他读书识字后能由表叔介绍在上海做邮差。在极其艰苦的生活中,钱吉虎读完了小学、初中。多少年后的今天,当谈到母亲时钱吉虎充满了感激,觉得是母亲为自己的人生打下了最坚实的基础。

记者面前的钱吉虎是一位随和、细致、认真的老人。得知记者的来意,他为记者拿出了许多自己的旧照片和过去发表过的论文,还有现在正在参与编写的《吴越钱氏》刊物。经过几个小时的谈话,钱老和记者都觉得意犹未尽,于是几天之后,老人又带着许多补充材料来到杂志社找记者,让记者非常感动。

新中国成立前的1949年5月,中共中央原华东局成立了华东人民革命大

梦缘情怀——光荣属于华东人民革命大学

学，这所学校为成立初期的新中国培养出很多优秀干部和大量各行各业有用人才，钱吉虎为1951年初入学的第三期学员。经过100天短暂的学习，1951年6月底，钱吉虎结业后被分配到上海市公安局消防处二科从事化学危险品管理工作。当时钱吉虎所在小组的组长是夏松潮同志，作为一名年轻的后辈他虚心向夏松潮学习各种与危险化学品打交道的技能，并且在工作中勤勤恳恳，以钻研肯学的精神对待自己所从事的工作。在消防处工作的5年中他和组里其他人一起负责全上海市的赛璐珞、废影片、火柴等高度易燃危险品的安全检查和管理工作，并且取得突出成绩。

今天当谈起夏松潮时，钱吉虎满怀深情地说："夏松潮是我的组长，年纪比我长，他当时完全是手把手教我，几年里教给了我非常多非常实用的业务技能。在工作上是他分管我，在生活上他也没有将我当成后辈而是平等相待，在我的心里已经完全将他当成了自己的恩师。"虽然之后钱吉虎几次调动工作，但是冥冥之中似乎有一根牵拉的线将他和夏松潮连接在一起。在其后的几十年岁月里，钱吉虎与夏松潮亦师亦友的关系一直持续到夏松潮去世。其间他们两人在人生许多关键的节点上，相互帮助对方和对方家人，在彼此人生面临艰难岁月时能一起度过。

1953年12月，钱吉虎光荣入党。1955年底，他被组织派送到中央民警干校学习消防业务，钱吉虎当时是干校消防专业第一批学员。在中央民警干校的8个月里，他努力学习，几乎所有课程都为满分5分。从中央民警干校学成归来后，钱吉虎直接到上海市公安局消防处办公室工作，负责所有重要文件的起草工作，还继续参与火灾原因调查工作，制定各种消防技术管理规章。

1957年9月11日，周总理签署《国务院关于加强消防工作的指示》（以下简称"指示"）。这是中央人民政府就全面加强消防工作所作的重大部署，也是共和国成立后关于消防工作的第一个纲领性文件。《指示》共5条，对消防工作的任务、方针、路线、重点、措施都有明文要求。提出了"消防工作是保卫我们社会主义建设和人民生命财产安全的一项重要措施"，要求全国各省市加强组织建设，依靠和组织群众进行自防自救，明确规定各级公安机关必须进一步加强消防监

钱吉虎在中国森林防火研讨会上发言

九 辉煌：著书立说气盛言宜

督工作，在国民经济各部门有步骤地推行预防火灾的安全措施，监督各种防火规则、办法的贯彻执行。为此，公安部于1957年10月在北京召开全国消防工作会议，当时钱吉虎作为上海市公安局消防处的代表，随张振亚副处长参加会议。这次会议的亲身经历让钱吉虎看到了共和国消防事业的艰巨和未来发展方向的辉煌，会议之后他的消防生涯开始走上防火、灭火新的道路。

为了能更好地适应消防工作的特殊性，钱吉虎于1958年开始函授学习工业与民用建筑专业。先前他从没有进行过相关专业技术的学习，后经过单位批准他报考了同济大学工业与民用建筑专业函授本科，于1964年毕业。1963年11月，作为主执笔人，他接受任务与办公室另外三位同志一起编写了《加强消防队伍建设的意见》，上报公安部，引起部领导重视。1974年，他执笔编写了《上海消防建设十年规划》，在这份规划中钱吉虎以妥帖、细致的文笔为20世纪70年代包括上海市在内的全国大城市消防建设工作写出了明确的方法，并且在规划中首次提出了城市消防使用直升机的可行性设想和论证。

钱吉虎参与研制的国产380吨消防船下水前

钱吉虎从事消防相关工作近半个世纪，其间共参与了上千次火灾调查工作。其中较有影响力的是1960年上海浦东南码头石油醚爆炸燃烧引发伤亡事件调查、1962年安徽芜湖市供销社露天棉花仓库特大火灾的起火原因调查工作。其中，1975年上海港务局上港一区千吨食糖外轮火灾调查取证堪称经典案例。1975年3月11日11时，一艘索马里籍货轮"新凯号"，在上海港务局上港一区卸载食用糖时起火烧毁，后来经过钱吉虎与同事们细致地取证调查，查明是装卸工吸烟乱丢火柴梗引起的，并为此出具了鉴定书。

当记者感叹钱老这些年为祖国消防事业付出了巨大精力和奉献了自己快半个世纪人生时，钱老却这样讲："起初我只是一个农村孩子，是党和国家培养了我，结业后更想不到自己能留在大城市工作，想想我身边的很多同学，我觉得自己是幸运的。我取得的所有成绩都与党和国家还有自己所在的集体密不可分，我尽力做好自己的本职工作是应该的。"

2012年，在庆祝党的十八大胜利召开，中国领导科学研究会编《领导干部创新社会管理的理论与实践》（中央文献出版社）将钱老的论文《大兴安岭特大森林火灾损失的估计》选入其中。

水上陆地立新功

1975年9月，钱吉虎由上海市公安局消防处调至交通部所属的上海港务局公安处，从事港务局消防技术管理工作。在上海港务局公安处工作期间，钱吉虎和同事一起创新了很多新的水上公安消防技术。钱吉虎在上海港务局公安处工作12年，在这12年里他取得了许多显著成绩，迎来了他人生的又一次辉煌。

1973年12月，上海市工交组召开了消防器材生产问题座谈会，作为市公安局消防处普通科员的钱吉虎列席了会议。会上消防处就油罐灭火设备和消防装备等问题做了突出汇报。会后没多久，市工交组就给市机电一局下达通知，促使上海震旦消防器材厂恢复泡沫设备的生产和东海船厂制造380吨消防船。1974年初，消防处领导要钱吉虎负责起草市公安局和港务局联合报告，要求尽快安排新消防船建造以适应国家港口发展新需求。看到报告后，国家交通部非常重视，加快了新消防船的建造工作，钱吉虎就是380吨消防船建造攻关领导小组成员之一。到1975年12月，我国自行设计建造的380吨港用消防船正式下水，前后共生产了10艘。其间，钱吉虎代表市公安局消防处，带领上海消防设备厂和上海震旦消防器材厂的领导、计划生产科科长等向公安部消防组谢衡等领导汇报上海消防生产，谢衡对此给予很高评价。

1977年1月，第一辆国产CFP166干粉、泡沫联用15吨消防车试制成功，并且通过国家鉴定。这是1974年钱吉虎在上海市公安局消防处负责编写设计任务书后的另外一项大的成果。它的研制单位震旦消防器材厂和上海消防研究所荣获1977年上海市重大科技成果奖和1978年全国科学大会奖。

钱吉虎谈到自己20世纪70年代的工作时，认为最难以忘怀的就是随团赴日本考察。随着1976年"文化大革命"结束，我国各项工作全部转入正常运行轨道，党中央以战略的高度，从我国各行业选派优秀专家和干部去发达国家考察，并且取得了重要成果。1978年11月，国家交通部选派专家和干部组团去日本考察，钱吉虎是考察团成员之一，他的工作是考察日本港湾消防。当时国家对这次考察非常重视，早在1976年就开始准备工作。

今天，许多人往来于日本大城市和我国上海之间，不会有太大的差别感，但是在改革开放之初的1978年，走出国门的人们所看到的一定是终生难忘的震

九 辉煌：著书立说气盛言宜

撼。谈到当年的考察，对于第一次踏出国门的钱吉虎内心产生的感触难以用言语表达，在异国他乡，他和其他同志一道体验着航空、新干线、城市轨道交通带给人们生活的便利，在东京的消防厅，他感受着现代化高科技消防设备，在港湾他目睹了数百万吨超大型油库和先进的船舶消防设施。这次出国之行，开阔了钱吉虎的视野，打开了他的思路。

1981年上海港公安局消防大队主要干部合影 后排左一为钱吉虎

1979年，上海港公安局消防大队正式挂牌成立，钱吉虎担任副大队长，分管具体的防火与灭火工作。改革开放之初上海作为当时全国最早开放的港口城市，经济开始发展，国内外进出港船舶增多。如何进一步保障船舶消防安全，钱吉虎经过详细调查研究总结了一些符合当时实际的方法，并在1982年12月致信中央领导提出建议由国家经委牵头，会商交通、石油、公安部、国家海洋局等单位，研究和完善船舶安全保障体制、消防法规与技术措施以确保船舶安全、交通部要对此实施消防监督。这个建议信件一经发出，很快得到了当时的中央领导万里和田纪云的先后同意批复，交通部为此还专门在1983年召开消防工作会议讨论钱吉虎提出的相关建议。随着我国改革开放步伐加快，黄浦江上的轮船越来越多，而原来的消防设施越来越凸现火灾隐患。本着对工作极度认真负责的态度，钱吉虎就黄浦江水上消防设施简陋、火灾隐患严重的问题，在1986年6月致信当时上海市委常委、政法委书记石祝三反映了具体情况。在信中，钱吉虎将黄浦江几年中船舶发生的火灾和火灾造成的损失以及相关部门在消防监管力度不够等问题一一罗列，列举了如果船舶发生溢油火灾的危害性和港口消防船集中停靠会贻误扑火战机的情况。并在信中提出几点建议：(1)建立水上消防安全保障体制。(2)制定地方性法规配备油防设备。(3)将消防船分散驻防以就近扑灭水上火灾。这封信很快受到了市委、市政府、市公安局主要领导的重视，并且责成相关部门着力解决。

妙笔著文深层反思

1987年10月，钱吉虎调到公安部上海消防研究所担任办公室主任，主要负责科学仪器设备的管理，地方检验站筹建方案的制定，以及领导办公室日常事务等具体工作。在上海消防研究所，钱吉虎除了在单位工作之外，结合自己多年的消防实践经验先后发表30多篇高质量的论文。论文涉及的领域有：船舶防火、石油消防、火灾分析、林业消防等，且都有较大影响。这些论文，先后在国际学术会议上发表了3篇，在全国性会议和刊物上发表了十余篇，其中有5篇获奖。他与人合写的《中国80年代火灾分析》发表于《上海消防》1995年12期，文中重点论述了我国改革开放之后的20世纪80年代，国家在经济增长迅速、城市建设飞速发展的同时，火灾也随之凸显危害特别严重。文中就20世纪80年代火灾趋势，火灾原因的剖析，还有社会哪些方面容易产生火灾进行了精辟的论述。

此文可谓是分析查看我国20世纪80年代消防形势、火灾成因难得的资料，具有较高的学术和史料价值。2009年6月《中国80年代火灾分析》荣获国际优秀论文奖，并被收入中国社科文献出版社出版的《共和国60年重大获奖理论成果汇编》。

钱吉虎的论文《深圳大爆炸的反思》是一篇被多家机构和刊物转载的论文，也是与他人合写的。文中就1993年8月5日深圳清水河的危险物品仓库特大爆炸的成因，所造成的严重后果进行了深层次反省思考。这篇论文，首先将深圳违禁品仓库大爆炸惊心动魄的扑救现场，严重的人员伤亡和重大物质财产损失一一呈现给读者。读者在身临其境中体会到爆炸灾难的可怕，更重要的是这篇文章就灾难带给社会和人们很多反思。文中就历史上国外的一座城市发生硝酸铵爆炸的严重后果开始，思考当时深圳大爆炸中人们为什么会思想麻痹，消防意识薄弱、为什么城市建设会与消防脱节、为什么当时当地消防体制会突显不适应经济大发展的态势、为什么消防法规会落后于社会需要。论文最后，作者还为此提出几条中肯的建议，盼望以此杜绝类似事件的再次发生。《深圳大爆炸的反思》一文，到现在仍然是每一个专业消防工作者或非专业人员重要的学习和参考资料。

在上海消防研究所工作期间，钱吉虎在公安部重点课题"社会消

1995年钱吉虎与香港消防署署长合影

防综合评价指标体系及评价方法的研究"中担任上海课题组组长。也许上海消防研究所的学术氛围，让钱吉虎能够静下心来，抛开以前的繁杂工作，安静地去做学问。当时他参与编写《消防设备全书》《防火手册》等书，并且担任《化学危险品实用手册》的审稿工作。上海大学还将他聘为消防专业课程的教师，对上海相关企业消防队长、科长等在职干部进行系统地讲授。

以下为专业工作中钱吉虎向有关领导提出的建议。

附一：制止船舶大火的建议

习仲勋同志：

我是一名消防工作者，痛感近年船舶火灾严重，特写信反映：

随着我国水运和海上油田的迅速发展，船舶火灾亦趋上升，自去年九月起短短八个月内，就接连发生三起大火。（如下表所示）

三起船舶火灾情况表

日期	船名	失火地	原因	损失情况
1981.9.26	"莲花城"上海远洋公司	新加坡	一级易燃危险品溢出气体，遇电火花引起	船货全损 4500万元
1981.12.13	"向阳红09"海洋局	黄海航行中	燃料油喷在主机排烟管上起火	仪器和上层建筑全损 1200万元
1982.5.7	"大庆号3号"上海海运局	黄海航行中	原油蒸气遇电焊爆炸	船沉没，亡20人 1280万元

这三起火灾损失近七千万元，接近全国全年火灾损失总额的四分之一。

和上海市一九四九年至一九七八年的三十年间的火灾损失总和相当，而且：

（1）均由危险品引起；（2）两艘船出了名；（3）在同类船舶的火灾中损失都是最大的。

（一）问题探索

海洋船舶缺乏消防安全保障，症结在哪里？

（二）一个建议供参考

为制止船舶火灾，谨建议按二十年前郭洪涛同志主持召开全国化工产品安全管理问

1987年，中央信访局给钱吉虎复信

题座谈会的成功做法，仍由国家经委牵头，在充分准备的基础上，请交通、石油、公安部及海洋调查局的工程技术和消防人员参加，共同商讨和完善船舶安全保障体制，消防法规与技术措施，为四化建设作贡献。

不妥处，请批评。

顺致

敬礼！

上海港公安局消防大队　　钱吉虎
一九八二年十二月二十二日

附二：
大兴安岭特大森林火灾损失的估计
钱吉虎

资源短缺、环境恶化是当代全球的问题。森林火灾，特别是大面积的森林火灾，被认为是当今世界最严重的灾害之一。我国人均林地面积和人均森林蓄积量仅为世界人均数的八分之一，是世界上森林资源贫乏的国家之一。保护森林资源已成为一个关系到四化建设乃至民族生存和人类延续的重大问题。全面正确估计森林火灾的损失，唤起民众，积极预防森林火灾发生对于当前经济建设乃至为子孙后代造福，具有重要意义。

一、大兴安岭特大森林火灾的扑救

人们常以"水火无情"来描述水灾、火灾对人类危害之烈。森林大火，火焰常高达数十米，火头每小时可推进20~25公里。漫山遍野的烈焰火海，是破坏森林诸因素中最严重的因素。我国森林火灾灾情如下表所示。

我国森林火灾灾情表

时间	森林火灾范围	火灾（起）	损失
1986.1—1986.4	全国	13 103	受灾21.4万公顷 毁林约853万立方米
1966—1974 （其中1966.5.4—1966.6.4）	大兴安岭林管局 （其中欧肯河那林场）	5 550（1）	受灾79.5万公顷 共毁林4 865万立方米
1987.5.6—1987.6.2	大兴安岭	1	受灾101万公顷 毁林约3 993万立方米

二、森林火灾灾害损失估计

1987年5月大兴安岭森林火灾,是新中国成立以来毁林面积最大、损失最重的一次。灾害损失有三个方面:

1. 大兴安岭森林火灾使约70万公顷绿色林海被毁。火灾已过去两年多,当年损失金额究竟是多少?尚无答案。这是由于原木有价,林木有价值而无市场价格的缘故,只能推算估计。为此笔者作了一些探索,依据"直接损失为:过火面积101万公顷,其中有毁林面积70万公顷"公布数字进行损失金额估计,得出林木损失高达63.37亿元。

其计算方法是,首先由毁林面积作毁林量的核实估算:①林业部公布毁林3 230万立方米以上;②大兴安岭林业管理局森林蓄积量5.5亿立方米,则70万公顷毁林达3 993万立方米;③全国森林积量95亿立方米与森林覆盖率12.7%平均值推算,大火毁林5 454万立方米。经分析,取三项平均值4 225万立方米较恰当,森林资源按150元/立方米计算,两者乘积即为70万公顷林木损失估计值,占这次大火总损失的91.6%。

2. 大火殃及一个县城,五个镇,死193人,烧毁房屋61万平方米,原木85万平方米,受灾5万余人。损失折款5266万元,占大火总损失的7.6%。

3. 扑火人力(58 000人)、物力(汽车1 300台,飞机96架次等)使用费和灭火弹21万发以及灭火药剂的消耗费用等,损失估计约5 000万元。

以上损失共计69.13亿元。

至于大面积森林的毁灭,带来水土流失,沙漠侵袭,珍稀动植物死亡,严重破坏自然界生态平衡的不利影响,更不是用金钱所能计算的。

三、认识和建设

森林火灾的直接损失应包括林木、原木和城镇,以及扑救费用等三个方面。由于林木损失折算比较困难,往往以受灾林地面积代替,缺少直观的经济数据,不足以引起大家的重视。

全面、正确估计灾害损失,既便于政府决策,又有利于引起全国人民的重视,真正把防灾救灾提上重要议事日程。过低估计,会导致决策的失误,群众思想的麻痹,防灾力量和救灾设备缺少的状况依然如故,最终对国家对人民不利。

笔者建议:(1)国家大力增加森林防火、防灭火资金。森林火灾损失是火灾灾害之首位。据统计,1980—1986年全国火灾损失(不含森林、矿井)15.72亿元,平均每年损失约2亿元。相隔21年的两起大兴安岭特大森林火灾损失,超过解放40年来全国火灾损失的总和。从燃烧面积、持续时间指标看,森林火灾也遥遥领先于其他各类火灾。火灾是森林的大敌,森林火灾损失数以亿元计的严重状况,应当引起国家计划拨款主管部门、防灾救灾系统、教学科研机构、林政消防部门和各级政府的关注,成百倍地增拨防火经费,并尽快落实设置一套火情预测监测防救系统,其费用仅为大兴安岭火灾损失的1%。这套系统将大大减轻火灾对大兴安岭森林的危害。

2. 损失估计宜采用简便算法。通过平时对不同海拔、纬度、树龄状况和疏密程度作典型调查,积累数据,预列计算简表,或推行森林保险一旦发生灾害,只要了解灾害面积、主要树种、蓄积量等资料和市场价格,即可估计出损失数。

(1990年3月第三届全国灾害学学术讨论会发表)

1990年秋,钱吉虎先生在天津《消防科技》刊物上发表时,估计损失数调整为84.75亿元。

英国迈克尔·波拉德(Pollard)教授编著的《百大灾难》中,中国森林大火被列入世界五大火灾(伦敦大火、芝加哥大火、圣保罗大火、澳大利亚丛林大火、中国森林大火)和中国五大灾难(陕西省地震、唐山地震、黄河洪水、中国森林大火、中国的旱灾和饥荒)之一。

英国教授编辑原文:中国森林大火(1987年)

这是1987年初夏一个多风的日子,那天中国东北森林里有一名工人正在使用一台切割机在清除一片灌木丛,他并不知道那台机器正在漏油,油着火了,也许是被哪个大意者丢掉的香烟头点燃的,由此引发了一场火灾。火借着强风,很快失去控制。一天之内,形成了长达18千米的烈火地带,在森林中向前推进。5个小镇被夷为平地,约有200人在火灾中丧命,6 000平方千米的森林被毁。从各地调来了灭火专家,并有5万名军人前来支援,一道宽120千米的隔火带在森林中被开辟出来。同时,飞机在火焰上空喷洒人工造雨的化学品。大火终于被扑灭,但已经烧掉大量的木材储备,并使这块土地几年内无法利用。

(据我国有关资料记载,1987年5月,中国东北的大兴安岭发生了一起新中国成立以来毁林面积最大,伤亡人数最多,损失最为严重的特大森林火灾。过火面积达1.01万平方千米，烧毁存材85万立方米，毁坏各种设备2488台，受灾群众10807户、共计56092人，死亡193人，受伤226人，直接损失约为84.75亿元。—译注）

2012年8月20日钱吉虎先生在上海书展中阅读彩版《百大灾难》，看到一次森林特大火灾损失84.75亿元的数据被国际引用，变成了历史数据。

心系华东革大人

1998年，钱吉虎正式离开了他为之奋斗半生的消防岗位，开始了他的退休生活。回忆起自己年轻时候走过的路，钱吉虎觉得自己最初的人生脚步是从华东人民革命大学开始的，自己晚年应该为华东人民革命大学做些什么以报答母校的培养。1999年由上海、无锡、杭州、苏州等地包括钱吉虎在内的21位校友倡议举办"华东革大50周年纪念会"，自此他作为发起人之一开始筹办联谊活动。

华东革大为国家培养了大量的政治合格、业务素质高的知识青年。当年意气风发的年轻人在今天都已白发苍苍而且不少人都已去世，健在的华东革大人已经越来越少，应该让"华东革大人"的精神继续传承下去，应该让后人了解这一代人的奉献精神，钱吉虎认为这是自己的责任。

到今天华东革大同学联谊活动已经进行了10年多，当年奔向祖国四面八方的学子们再次相聚在一起的时候，大家感慨岁月的变幻，感叹人生的易老。半个世纪的时光，沧海桑田，斗转星移很多东西都已经物是人非了，能把当年一起在"革大"学习的同学、校友联系上本身就不易，更何况聚会。但是钱吉虎是个有恒心和毅力的人，晚年的他依然如此。就拿同学通信录《梦缘》及前身《圆梦》来讲，作为全国各地"革大"校友的文字随感和通信文章汇集，从编写到印刷成册，到最后邮寄到各个省市，还有侨居的国外的老师、同学。这其中所付出的时间、精力之巨大可想而知，但是钱吉虎和几位老同志没有要国家一分钱，全部是他们自愿、自费来完成的。《梦缘》的编辑和发行是从2002年开始的，在钱吉虎他们坚持下整整做了8年，两千多个日夜他们就在做这件事情。钱吉虎他们的精神感动了越来越多的"革大"的校友，越来越多的老同志加入了他们的队伍，这些平均年龄78岁的老人一起努力将《梦缘》坚持下来，直到2009年12月才告一段落。

当钱老和记者谈起他退休后,先后组织了自己当年中学同学聚会、当年"革大"同学聚会、原先消防局一起共事退休老同志聚会,记者很好奇地问钱老:"你这样不为名利,又付出了那样多的精力甚至金钱,究竟为什么?"钱老什么也没说,只是拿出自己日记上扉页写的话给记者看。上面这样写着:晚年怀旧,人之常情;丰富晚年,何乐不为;不计报酬,不为名利,全心全意为人民服务,欣逢盛世,乐于回报。

二期同学,三期老师评论道:钱吉虎对华东革大的联谊和研究的贡献远远超过他四十年工作成绩,说功德无量也不为过。

寻根访祖新编家谱

吉虎同学系诸暨江藻小孤山村迁居枫桥镇百余年的钱氏后裔,所在的江藻钱氏源远流长,德泽深广。盛世修谱缅怀祖先,世代延续,永续不断,是后世人的夙愿,也是继承和弘扬中华民族历史文化的重要部分。

这项工作自然落到旅居上海半个世纪的钱吉虎身上,他得上海图书馆馆藏的先利,又肯钻研,从 2006 年起,吉虎同学曾三次到上海图书馆查阅《江藻钱氏宗谱》寻根未果。直到 2009 年再次细阅时,才从祭祀部分间接获知自己系吴越钱氏三十五世孙。

"贻燕堂"老谱于 1911 年第二十次重修共 58 册,完好无损,上接始祖钱镠亲修的《大宗谱》、四世祖修的《庆系谱》,江藻始迁祖八世确撰《谱叙》而延续千年。谱序、条款、仪制、史事、墓园、碑志、诗文、传记、议事、约据、祀产,记载浩瀚,在存世数百部钱氏宗谱中名列前茅,从中可以学到谱牒的基本知识。

在江藻大村修谱热潮中,距江藻 8 里的下赵村一位钱氏后裔送来他家保存的《暨阳钱氏宗谱》(焕文堂一套),修于 1936 年,谱内记载了钱吉火谱名和生日时辰,上海著名越剧演员钱惠丽(三十四世)和 1928 年曾赴莫斯科出席中共六大代表之一钱志康

钱吉虎发起参与续编钱氏焕文堂宗谱

九 辉煌：著书立说气盛言宜

（党内名李群）的谱牒资料。

"焕文堂"与"贻燕堂"同为钱镠第十世孙修，老谱完整的面世，意义重大。经族人商议捐献诸暨市图书馆珍藏。由此，上海、杭州、诸暨三地均保存了由七世祖钱奎在江藻后裔的钱氏宗谱分别为 58 册（1911）、70 册（1931）和 18 册（1936），以其时间之连续，册数之众多，记载之翔实，在《中国宗谱总目》200 多部钱氏谱中是独一无二，具有历史价值。这是江藻钱氏一大奉献，将为日后修《世界钱氏宗谱》发挥重要作用。

作为钱氏后裔真是很值得自豪的，钱氏是中华民族中的一个非常重视文化传统的伟大家族。

钱氏后裔各类才俊，代不乏人。仅以当代而言，如科技三钱：钱学森、钱三强、钱伟长；文学三钱：钱钟书、钱仲联、钱谷融；部长三钱：钱之光、钱正英、钱其琛等。"三钱"成为中华民族的坐标，激励钱氏后裔不断努力，为钱氏宗族争光，为中华民族大家庭添彩。

名誉副会长、荣获国家文物局、中国文物保护基金会举办的第六届"薪火相传中国文化遗产保护年度十大杰出人物"榜首的钱汉东撰文：

> 这次江藻修谱，钱吉虎宗亲值得一提，他为寻找老谱《江藻钱氏宗谱》费了不少心思，最终分别在上海图书馆找到 1911 年《江藻钱氏宗谱》，在杭州市浙江大学图书馆找到 1931 年《江藻钱氏宗谱》珍藏本，为这次修谱奠定了良好基础。
>
> 桑梓钱池的族谱在"文革"遭毁，遍寻无果。辛卯正月初五，我

左起：楼功炎、陈迪辉、钱吉虎

与宗保、吉虎、伟苗诸宗兄，在我堂兄伯良的陪同下探望长辈，归途邂逅87岁仁照宗长，仁照之父曾为钱池族长，主持过本村钱氏宗谱的修撰工作。他说，江藻钱庚（民国首届浙江省参议员），尊称族长为叔公，据此推算我为37世孙，真是"踏破铁鞋无觅处，得来全不费功夫"，令人欣喜无比。尔后撰写《认祖归宗记》记叙此事，2011年3月31日刊于《新民晚报》。此文收入上海辞书出版社2012年6月出版《钱汉东诗文墨迹选》一书中。

古邑江藻，山清水秀，风骨传人，耕读传家。壬辰年重修《江藻钱氏宗谱》，钱氏世代传承之系谱，实为功德无量之举。你是从哪里来的？一直困扰现代人，今日江藻钱氏后裔，蒙先祖荫庇，承上启下，继往开来，幸哉！幸哉！

钱汉东
2012年8月8日于无闲斋

心系母校真情永存

修好了钱氏家谱，钱吉虎先生开始主编母校校史并参加学勉中学120周年庆典。1999年12月18日，学勉中学隆重举行建校100周年庆祝盛典。校园内处处张灯结彩，喜气洋洋。师生们拉起横幅，敲锣打鼓，热情欢迎来自四面八方的700余位新老校友，共庆母校百年华诞。在熙来攘往的人流中，欢声笑语不绝于耳；照相机、摄像机频频闪光，记下了一个个激动人心的瞬间和充满喜悦的场面，把母校发展史上具有里程碑意义的这一庆祝活动的盛况，连同校友们对母校的关爱和真诚祝愿，形象地记录下来。

欢声笑语的背后有着辛酸和感慨。经过几十年的沧桑变迁，有相当多的同学远离故土，四海为家，同学之间长期失联，音信断绝，有的甚至下落不明。有的在时代社会因素的影响中，曾经身处逆境，种种情形对于同学间的联络沟通往往有所顾忌，长此以往感情上的隔阂或心理上的障碍，咫尺天涯。例如，柴仲木和金铁臣两位同学，20世纪60年代初都在省府大楼上班，彼此却一无所知，后来在一个十分偶然的情况下，才得以邂逅。谢斯英和斯章梅也是如此，20世纪50年代中期就在同一所大学，后来又同在杭州工作，但直到百年校庆前夕，才初次碰面。周万夫和何承蒙，有好几年同在绍兴市区工作，赵美

九 辉煌：著书立说气盛言宜

玲和楼仲坤都住在萧山城厢镇，但彼此都蒙在鼓里。更有甚者，同居在枫桥镇上的骆东华和毛金良，也是在这次校庆前夕的寻访中才见上面。历经劫波兄弟在，相逢一笑乃校友。

所有这些例子，既有个人的原因，也有历史的因素。在这次校庆之前，都无一遗漏地找到了，并且互通函电，恢复了中断数十年之久的联系，其中四分之三的人，欣然来到母校，参加这次欢聚盛会。这不是一大奇迹吗？

这个"奇迹"不会从天而降，而是靠不少有心人穷数年之功，四处寻访，上下求索，才得以实现的。他们出于对旧日同窗的深厚情谊，抱定"不达目的，誓不罢休"的信念，锲而不舍、百折不挠地寻找线索，并一追到底，终于取得了丰厚的回报，换来了预期的结果，使多年来梦寐以求的世纪盛会得以顺利举行。

那么，"有心人"究竟有哪些呢？第一个当之无愧的是钱吉虎（诸暨市学勉中学校友会秘书长）。

数十年来，钱吉虎不但关注着母校的发展，而且十分重视同学间的友情，孜孜不倦地为构建本届同学的联络图而竭尽全力。1983年初，他就和黄振纲一起，回到枫桥与骆东华、金性表、王守良、陈昂轩等几位同学碰头；接着又取道杭州，跟柴仲木、金铁臣、何振松、陈钦基、祝爱芬、顾锡英、斯章梅等会晤，商谈寻访老同学。90周年校庆期间，上海、杭州等地的十多个同学，在母校相聚，钱吉虎又提出进一步的设想：在百年校庆时，举行一次老同学聚会。此后，他一直为实现这一目标而热心奔走，多次穿梭往返于上海、杭州、诸暨之间，并四处发信，打长途电话联络，通过种种关系辗转访求，寻找线索。正是凭着这份热心、执着和坚毅，使所有的查找对象，都无一"漏网"。他是这次聚会的总联络员。他编印了新的同学通信录，并寄发到每一个同学手里，使大家的怀旧情结，被进一步激活，引发了良性互动的连锁效应：本来决定参加的，更加主动和迫切了；起初尚犹豫不决的，不再迟疑观望了；原先因某些客观困难，不打算参加的，也想方设法克服困难，尽可能地赶来了……

如果不是被钱吉虎的真情所感动，肯定会有部分同学下不了参会的决心，那么这次聚会就不会有那样的规模，也不会有那许多激动人心、感人至深的场面了。

十

余音：高教中坚 砥砺前行

舒同校长为上海各高校题写校名

我党我军历来重视教育，在戎马倥偬的战争年代，边打仗、边学习，兴办学校，卓有成效地培养了一大批军事、政治、文化和艺术的人才，对于革命和建设的胜利和发展起了关键的作用。

继承我党我军重视教育的光荣传统

回顾历史，中国人民革命进程中的干部队伍培养，有着光荣的传统，笔者用表将各个历史时期的办校情况列举如下：

各历史时期的学校情况统计表

时间起止	历史时期	性质	学校	军队
1924—1927	第一次国内革命战争（北伐战争）	国共合作	黄埔陆军军官学校 广州农民运动讲习所	国民革命军
1927—1937	第二次国内革命战争（土地革命战争）	反"围剿" 长征	中国工农红军学校 红军大学	中国工农红军
1937—1945	世界反法西斯暨中国抗日战争	国共合作	陕北公学、鲁迅艺术学院 中国抗日军政大学	东北民主抗日联军、八路军、新四军
1946—1949	第三次国内革命战争（解放战争）	推翻国民党反动统治	各地军政大学、政治学院 各地人民革命大学、党校	中国人民解放军

还有在境外的莫斯科中山大学（1925—1930年），原来叫中国劳动者孙逸仙大学，招收国共两党的青年干部和知识分子，其中设有特别班，轮训高级干部。

中国共产党从胜利走向胜利，深知两条铁的定律：

"没有文化的军队是愚蠢的军队，而愚蠢的军队是不能战胜敌人的。"

这是在 1944 年 10 月 31 日毛泽东在陕甘宁边区文教工作者会议上作讲演时提出来的，强调的是军队必须做好文化教育工作，总结提炼了我军不断调整完善的文化教育方针，笔杆子必须要跟枪杆子结合起来，使我军真正成为一支高素质的人民军队。

"政治路线确定之后，干部就是决定的因素。"

1938 年，在党的六届六中全会上，毛泽东同志明确指出的工作方向，并提出"才德兼备"的干部标准和"任人唯贤"的干部路线。干部队伍的建设，同样离不开教育学习，使正确的组织路线，成为党和国家事业胜利前进的坚强保证。

上海文教战线的形势和任务

新中国成立以后，百废待兴，要做的事情很多，接管、维稳为要，教育工作也逐步走上正轨，原来的学校依然招生开学，在课程设置的内容里加设政治课等。

国统区和解放区、军队和地方的两支队伍在上海的高教系统会师，形成了解放区教育、中国传统的教育（陶行知，包括已有的与国际接轨的现代教育体制）和当时苏联教育的经验三结合的教育模式，需要磨合。

确立的教育目标非常明确，注重新中国教育的两个服务：为生产实践服务，为工农兵服务。

要着重解决迫在眉睫的普及和提高两个方面问题：一个是为工农干部和广大群众扫盲；同时不断提高大学的科学技术的教育水平，迅速培养新中国亟须的建设人才。

快马加鞭未下鞍。舒同领导的华东人民革命大学的全班人马，在结束了使命以后，除小部分以外，全部移师上海，加入上海的文教卫生系统，这股力量，对推动高校的改革起到奠基性的作用。

钱吉虎先生专门到上海档案馆收集材料，以下数据说明了华东革大的领导班子和教职人员在上海各高校的任职情况。

革大领导在上海教育战线担任领导职务一览表

根据潘鈜提供的《中共上海市高等教育系统党史大事记》可以看到革大的领导和学员在各条教育战线发挥了积极的作用。

1. 市高教处 / 高教党委 / 高教局：李正文、舒同、匡亚明、王亦山、陈准提、李俊经
2. 华东高教局：王亦山
3. 市教育局：陈琳瑚（陈放）
4. 复旦大学：李正文、王零、徐常太、刘洁、刘博泉、郑子文
5. 交通大学（上海造船学院）：万钧、余仁

6. 同济大学：蒋梯云、石涛、王零、朱晓初
7. 华东师范大学：周抗、崔毅、刘维寅、亓子元
8. 上海师范大学：陈准提、刘维寅、王乐三
9. 华东化工学院：余仁、郭正
10. 华东纺织工学院：温仰春
11. 上海外国语学院：涂峰、金昔明、陈准提、谭守贵
12. 上海第一医学院：陈同生、李文、王乐三、涂峰
13. 上海第二医学院：王乐三
14. 上海中医学院：冷作述
15. 上海水产学院：王薰香、刘怀庆
16. 上海财经学院：王薰香
17. 上海戏剧学院：刘怀庆、陈恭敏
18. 上海音乐学院：刘怀庆
19. 上海（华东）体育学院：张超、刘博泉、王薰香
20. 中共上海中等专业学校委员会：张超
21. 上海教育学院：郭正

接管教会学校

上海自 1843 年开埠到二十世纪初，上海共创立教会学校 63 所，其中小学 33 所，中学 25 所，大学 5 所。

有代表性的中学如：

裨文女中：由美国女公会创办于 1850 年，现为市九中学，位于老西门方斜路，这是上海第一所教会学校；徐汇公学：由天主教耶稣会创办于 1850 年，现为徐汇中学；中西女中：由美国卫理公会创办于 1892 年，现为市三女中，位于江苏路；圣玛利亚女中：由美国圣公会创办于 1881 年，后为东华大学长宁路校区；中法学堂：由法租界公董局创办于 1886 年，现为光明中学，位于西藏南路、金陵路口，等等；

上海的教会大学名气大的分别有：1874 年筹建的格致书院、1879 年的圣约翰书院、1881 年的中西书院、1903 年的震旦大学、1906 年的沪江大学。

格致书院，大学的历史不长，现为格致中学。格致书院是一所完全新型的近代学堂，引进西方学制和教材内容，延聘西人授学。1884 年，格致书院由公

共租界工部局接管，抗战期间改名为格致中学。

圣约翰书院，就是现在的华东政法大学，它是中国资格最老的教会大学。1879年，美籍犹太人施约瑟在梵皇渡路（今万航渡路）创办，1896年改组成为沪上唯一的高等学府。培养了顾维钧、宋子文、林语堂、荣毅仁、刘鸿生、贝聿铭、潘序伦、施肇基、王正廷、经叔平、邹韬奋等一大批优秀人才。1949年秋，其新闻系并入复旦大学。1952年，院系调整，圣约翰大学被撤销，其理学院（数学系、物理系、化学系、生物系）、教育系、中文系（部分）并入华东师范大学；外文系、中文系（部分）、历史系并入复旦大学；土木工程系、建筑工程系并入同济大学；机械工程系并入交通大学；医学院参与组建上海第二医学院；经济系并入上海财政经济学院；政治系和校址划归华东政法学院；附中并入上海市五四中学。

中西书院，由著名的来华传教士、美国监理会的林乐知创办，初名林华书院。随后，林乐知向美国募捐，几年后在上海购买了35亩土地扩大校园，而后改名为中西书院，位于今建设路。20世纪初，中国的海关、邮政、铁路以及实业界人才，大多数都出自该校。林乐知的办学方针比较开明，学生甚至可以自由发表爱国演讲。1911年该校正式并入苏州的东吴大学。

1903年，震旦大学由天主教神甫马相伯在卢家湾创建。所定学科为语文、象数、格物、致知四门。1905年，马相伯与耶稣会士的办学思想发生冲突，马相伯转而创办复旦公学，震旦则由耶稣会全面接管。校址位于现上海交通大学医学院。1951年2月1日开始，所有传教士退出学校。1952年10月，震旦大学医学院和圣约翰大学医学院、同德医学院合并组成上海第二医学院（今上海交通大学医学院）。经济系、中文系、化学系和营养组并入复旦大学，法律系并入华东政法学院，电机系并入上海交通大学，土木系并入同济大学，化工系并入华东化工学院（今华东理工大学），托儿专修科并入南京师范学院（今南京师范大学），教育系并入华东师范大学。银行、会计、企业管理等夜校专修科并入上海财经学院（今上海财经大学），从此震旦大学在历史上消失。

沪江大学，在历史上，她的名气很大，也培养了大批优秀人才，如徐志摩、李公朴、李道豫等。初名上海浸会大学，是地道的教会学校，1915年改名为沪江大学，并于1917年在美国弗吉尼亚注册立案。1929年正式成立文、理、商、教育四所学院。沪江化学系闻名全国，还率先创办了社会学系。1951年2月14日，沪江大学由人民政府接管。1952年，在全国高校院系调整时，教育、音乐两系并入华东师范大学，中文、外文、社会、物理、化学、生物等并入复旦大学（谢希德原为沪江大学物理系助教，即由此进入复旦大学），政治系并入华东政法学院（今华东政法大学），物理系电讯专业并入交通大学，商学院并入上海财经学院（今上海财经大学）。至此，沪江大学走完了她的历史，改名为上海机械学院，现为上海理工大学。

中华人民共和国第一次全国教育工作会议的决定

随着上海的局面逐步稳定，教育也被提到了重要的议事日程上。

1949年底，全国召开了第一次高等教育工作会议，对全国教育起到指导性的作用。上海本来就有很好的教育基础，等到人民的生活、生产、市场和经济社会稳定后，在1954年开始了全面的教育改革。

1949年12月23日—1949年12月31日，中华人民共和国中央人民政府教育部在北京召开了第一次全国教育工作会议。

出席会议的有东北、华东、中南、西北大行政区和华北各省、市、自治区的代表以及中央有关部门的负责干部200多人，各地革大的领导出席会议。

会议确定了当时中国的教育工作方针。这次会议所作的决定要点如下：

① 根据《中国人民政治协商会议共同纲领》的规定，以老解放区的教育经验为基础，吸收旧中国教育有用的经验，借助苏联教育的先进经验，建设新民主主义教育。

② 教育必须为国家建设服务，学校必须为工农开门。

③ 发展教育要普及与提高相结合，即在提高的指导下普及，在普及的基础上提高。在相当长时期内应以普及为主。教育应着重为工农服务，培养工农知识分子干部。大量举办业余补习教育，开展全国规模的识字运动。在普及的基础上，逐步提高科学技术和政治教育水平。

④ 对原有老解放区的教育，首先是中、小学教育，以巩固与提高为主，条件许可时，可以适当发展。巩固与提高的关键是解决师资和教材问题，改进师范教育，加强教师轮训和在职学习，培养称职的教师。中等学校着重向中等技术学校发展，培养大批中级建设干部。

⑤ 对新解放区的教育，坚持团结、教育、改造知识分子的政策。谨慎地推行"维持原校，逐步改善"的方针。学校安顿后的主要工作是在师生中有效地进行政治思想教育，使他们逐步建立革命的人生

观。妥善安置失业知识分子和失学青年。对于私立学校，一般采取保护维持、加强领导、逐步改造的方针。

⑥逐步改革旧的教育制度、更新教育内容和改进教学方法。对旧学制的全面改革，要在各级教育经过不断改革取得较为成熟的经验后，逐步进行。课程改革的重点是加强革命的政治学习，合理地精简现有课程。对教学方法的改革，重点在于反对书本与实际分离的教条主义，同时防止轻视基本理论学习的狭隘实用主义，坚持理论与实际一致。必须改进考试制度。

⑦学校的管理，必须贯彻与实行民主集中制。

⑧应设法改善教育工作者的物质和政治待遇。教育工作者要发扬艰苦奋斗的作风，完成光荣的历史使命。会议还拟订了创办中国人民大学的实施计划和举办工农速成中学的实施方案，讨论了改进北京师范大学和各地师范学校的意见，并决定编辑中、小学教科书和参考资料。

学习这一奠基性的决定，对新中国成立之初全国的教育产生巨大影响。

华东革大的办学特点和学习体会

华东革大是干部的孵化器，也是新型大学的教育教学实验田。

华东人民革命大学和复旦大学副校长、中央教育部政治教育司司长李正文撰文指出——

实践证明：华东革大的师生也都成了我们伟大社会主义祖国各条战线上的骨干力量。今天，回过头来看，党中央关于各大行政区必须设立革命大学的这一决定，是正确的、英明的。我们华东人民革命大学，没有辜负党中央的期望，胜利地完成了光荣的历史使命。今天，收集、整理和出版华东革大的校史以志纪念，并以此鼓励分散在祖国各地的万余华东革大校友在社会主义两个文明的建设中再接再厉，是很有意义的。

李正文总结道：

华东革大同今天的高等学校虽有很大的区别，但也有共同之处。我认为，可供借鉴的经验至少有以下几点：

（1）教学密切结合中国革命和建设的实际，为国家的中心任务培养急需的人才。

（2）勤俭办校，因陋就简，重视节约。学员在草棚子里，坐着小板凳听课。没有桌椅，照样学习得很好；住的是旧兵营，十几个人挤在一个土炕上；吃的主要是素菜，很少吃鱼肉。当时的生活虽然艰苦，但大家的精神都很饱满。

（3）干部以身作则，和学员打成一片，同吃、同住、同学习，深入开展思想政治教育。

（4）依靠学代会，实行民主管理。学员自己的唯一组织是学生代表会，由学员民主选举产生。先对候选人作出优缺点的思想鉴定，再进行比较，择优确定，然后投票选举。

（5）同学和干部、同学和同学，相互都认为是同呼吸、共命运的革命战友，亲如兄弟，生活上相互照顾，政治上相互帮助。以上这些，也可以说是华东革大的特点。在这五个方面，贯穿着一条红线，那就是马克思主义的思想教育，思想教育渗透在生活的各个领域。

唯其如此，学员中没有不服从分配的，更确切地说，为了革命的利益，都是自觉自愿地响应党的号召，主动申请到最艰苦的地方去。革命大学这个战斗集体，确实不愧为我们新中国革命的大学。

华北人民革命大学的延伸和发展——中国人民大学

华北人民革命大学早已华丽转身，成为中国人民大学。

在新中国成立之后，根据革命形势的发展和国家建设的需要，在北京，华北人民革命大学各部院或发展成为新型的独立院校，或和别的单位合并组建成新的院校。根据华北大学工学院（今北京理工大学）校友会徐鑫武提供的资料，现将和华北革大与其他各部院校合并的有关发展情况简述如下：

1949年12月中央人民政府政务院决定成立中国人民大学，决定将华北大学（主要是华大一部），革命大学和政治大学三校合并，成立中国人民大学，于1950年2月招生开学。

其他各部与当地已有的学校和专业团体合并，成立新的专业大学：

北京外国语学院，由华大二部外语系和外事学校、北京俄文专修学校合并。

中央戏剧学院，由华大三部作为主体和南京国立戏剧专科学校合并。

中央音乐学院，由华大三部和鲁艺学院音乐系、南京国立音乐学院合并。

中央美术学院，由华大三部美术系和国立北平艺专合并而成。

为上海高教发挥奠基性的作用

与华北革大不同的是,华东革大没有延续下去,其学校的大部分的领导干部被分到上海的各个高校,一部分学员也在教育战线发挥着积极的作用。

中共上海市教委秘书长董金平在革大三期50周年纪念会上,他讲到,1952年底,华东革大完成历史使命之后,华东局为了加强上海的教育工作,把大批干部派到上海教育战线,特别是高等教育战线,其中一批领导干部被分配到上海市教育领导机关和高等学校担任领导工作,为上海高等教育事业的繁荣发展起到了奠基性的作用。

第三期的同学五十年来在部队、公安、气象、教育、科技等系统工作,大多数人成为党政各级领导,也有不少同志成为某一方面专家学者,其中就有将军、教授、研究员、总工程师、总经理等,为国家做了大量工作,为人民作出了许多贡献,受到党和政府的充分肯定。革大人是共和国成长的见证人,是共和国发展的功臣。

华东革大有一个实事求是、理论联系实际的优良学风,华东革大同志有一种对党、对社会主义无私奉献的高尚品德,有一种艰苦奋斗、努力进取的开拓精神。这些好学风、好品德、好精神是我党的光荣传统,也是上海市全体教育工作者学习的榜样。

华东革大人在上海教育界工作大事记

上海党史专家、华东革大二期同学潘鈜赠送钱吉虎上海市高等教育系统《党史大事记》,被编入《梦缘》电子版2013年6月22日,全文如下:

1949年5月31日,上海市军管会发布命令:在军管会领导下,成立上海市文化教育管理委员会。

文管会下设:高等教育处,任命钱俊瑞为处长,唐守愚、李亚农、李正文为副处长。

1949年8月2日,上海市军管会公布:任命李正文为暨南大学校务委员会主任委员。

1949年8月22日,华东人民革命大学第一届开学典礼在上海隆重举行。会场设在光华大学附中操场。华东局领导人饶漱石和宣传部部长兼校长舒同、副部长冯定以及文化界知名人士陈望道、熊佛西等出席会议。会上，饶漱石、冯定、范长江等相继讲了话。

1949年8月24日，李正文任市人民政府高教处副处长。

革大第一期共招生4 082人，教职工1 200多人。一期校舍分设复旦大学、暨南大学、光华大学、复兴中学等处，全校设一部、二部、三部，分别由王亦山、冯仁恩和万钧担任主任。

当时，上海市的高等教育系统正处于接管、接办、整顿、调整之中，华东人民革命大学的许多中层干部原来就是从山东南下，并在苏南集中进入上海的，其中有很大一部分奉调至本市大专院校工作，成为各校的领导骨干。如李正文、李文、陈琳瑚（陈放）、刘雪苇、刘冠英、谭守贵、王零、王亦山、周抗、万钧、王宗东、王乐三、魏伯雨、程雨村、刘博泉、余仁、蒋梯云等。

1950年3月11日，华东军政委员会教育部在上海成立，以原上海市人民政府高等教育处的机构人员为基础，并调集各有关方面的干部组成。管辖范围为：山东、福建、浙江三省，苏南、苏北、皖南、皖北四个行署的教育厅以及上海、南京两个市的教育局。当时华东高等学校共计71所。其中上海36所，在校学生22 918人，招生5 858人，毕业4 410人，教职工4 860人。

1950年8月，上海高校部分应届毕业生到设在苏州的华东人民革命大学学习，经过短期培训，于11月下旬分赴皖北参加土地改革运动。

华东人民革命大学政治研究院成立，上海各高等学校选送部分教师前往学习。

1951年，上海高等学校的调整情况为：华东革大上海俄文学校改名上海俄文专科学校。

1951年7月13日，经教育部批准，成立华东师范大学，校址设在原大夏大学校园内。周抗率革大教工62人参加新组建的华东师范大学，为首任党委书记。

1952年2月，为了加强党对高校的领导，经华东局批准，成立中共上海市高等学校委员会，属华东局宣传部领导，由华东局宣传部部长舒同兼任党委书记，陈其五、冯定、陈修良任副书记。

1952年8月20日，华东局宣传部经与上海高校党委、华东教育部共同研究，制订了华东区和上海市高校党员干部的配备计划。按计划从已经完成历史任务的华东人民革命大学中选调了大批干部，分配到上海各高等学校工作，充实了党政领导班子。

1952年8月，华东区高等学校院系调整委员会宣告成立，作为领导华东地区高等学校院系调整的权力机构，以舒同为主任委员。

1952年10月3日，政务院任命李正文为复旦大学副校长。11月14日，华东军政委员会教育部通知复旦大学，决定将华东革大工农速成中学划归该校领导，至迟在1953年暑假前全部从苏州迁来上海。

1953年1月23日，华东局就下列高校的干部任命批复中共上海市高校党委。

万钧为交通大学党委副书记。

李正文为复旦大学党委书记，王零为副书记。

蒋梯云为同济大学党委副书记。

余仁为华东化工学院党委书记。

崔毅为华东师范大学党委书记。

涂峰为上海俄文专科学校党委书记。

张超为华东体育学院支部书记。

1953年2月8日，华东行政委员会任命王亦山为华东行政委员会高等教育局副局长。

1953年5月，经华东局批准，中共上海市高等学校工作委员会正式成立，任命舒同为书记，陈其五、匡亚明为副书记。

1953年5月7日，华东局组织部批复。任命金昔明为上海俄文专科学校党委副书记。

1953年10月21日，华东局组织部批复上海高校党委，同意由陈修良、陈准提、王零、万钧等八位同志组成上海高校党委监委，陈准提兼任副书记。

1953年11月26日，政务院任命李文为上海第一医学院副院长；王乐三为上海第二医学院副院长；

1954年10月16日，复旦大学副校长兼党委书记李正文调中央高教部工作。

1955年1月25日，市委组织部批复；市委同意王亦山任上海市高等教育局党组副书记。

1955年1月28日，万钧任交通大学党委第二书记。2月5日，王乐三任上海第二医学院党委第二书记。3月16日，陈琳瑚（陈放）兼任上海师范专科学校校长。

1955年5月20日，市高教局副局长王亦山传达国务院二办召开的文教会议精神。

1955年10月12日，陈同生任上海第一医学院党委第一书记，李文任第二书记。

1956年4月22日，余仁任华东化工学院党委书记，冷作述任副书记。

1956年5月9日，中央政治局批准，陈琳瑚（陈放）任上海市委教育卫生工作部副部长兼任市教育局局长。

1956年5月26日，上海第一医学院召开第一次党员大会，选举陈同生任党委第一书记，李文任第二书记，王乐三任第三书记。

上海俄文专科学校涂峰任党委书记，金昔明任副书记。

1956年6月30日，金昔明任上海外国语学院党委书记。

1956年7月7日，刘维寅，亓子元任华东师范大学党委副书记。

1956年10月8日，市委组织部转发中央政治局决定：万钧任上海造船学院副院长，免去其交通大学党委第二书记职务。

1956年12月18日，刘博泉任上海体育学院副院长。余仁任华东化工学院副院长（兼党委书记）

1956年12月24日，张超任中共上海市中等专业学校委员会书记。

1956年12月25日，经中央批准，陈准提任华东师范大学党委书记。

1957年4月14日，经国务院批准，涂峰任上海外国语学院院长。

1957年4月30日，市委同意徐常太任复旦大学党委副书记。

1957年5月24日，经国务院任命：温仰春为华东纺织工学院副院长。

1957年6月4日，万钧任上海造船学院党委第二书记。

1960年2月25日，王薰香调任上海体育学院党委副书记，免去其上海水产学院党委副书记职务。

1960年4月6日，余仁调任交通大学党委副书记兼副校长，免去其华东化工学院副院长职务。陈准提调任上海外国语学校党委书记。

1961年2月4日，王零任复旦大学副校长。

1961年8月19日，温仰春任华东纺织工学院院长。

1964年5月28日，王薰香任上海财经学院党委副书记。

1965年6月9日，刘洁任复旦大学党委副书记。

1965年10月23日，王零任复旦大学党委代理书记。

1965年7月14日，刘怀庆任上海戏剧学院党委副书记、副院长，免去其上海水产学院党委副书记职务。

1965年9月12日，朱晓初任同济大学党委副书记。

1977年6月12日，陈准提任上海师范大学党委书记，校革命委员会主任（主持工作）。

1977年10月8日，王零任复旦大学党委副书记，校革命委员会副主任。

1978年7月12日，王零任复旦大学党委第二书记、副校长；刘博泉、徐常太任副校长。

1978年12月6日，陈准提任上海师范大学党委第二书记，刘维寅任党委副书记、副校长。冷作述任上海中医学院党委副书记。谭守贵任上海市外国语学院党委副书记。王乐三任上海师范学院院长，党委书记。

1979年1月4日，刘怀庆任上海戏剧学院副书记兼副院长。

1979年1月18日，陈准提任上海市高等教育局副局长兼党组副书记；李俊经任副局长兼党组成员。

1979年7月25日，教育部在上海举办高等学校政治理论课教师暑期讲习会。领导小组由舒文、李正文等组成。有13个省、自治区、直辖市高等院校的代表参加。

1979年8月2日，刘维寅任上海师范大学党委副书记。

1979年10月18日，涂峰任上海第一医学院党委副书记。

1979年11月27日，冷作述任上海中医学院党委副书记。

1979年12月24日，徐常太任复旦大学副书记，副校长，刘博泉任副校长。

1980年1月3日，王零任同济大学党委书记；石涛任副书记。涂峰任上海第一医学院党委副书记。

1980年1月27日，郭正任上海教育学院副院长。

1980年3月20日，亓子元任华东师范大学党委副书记、副校长。

1981年6月30日，傅赤先任上海工业大学党委副书记、副校长。

1981年12月2日，郭正任华东化工学院副院长，免去其上海教育学院副院长职务。

以上摘自《中共上海市高等教育系统党史大事记（1949.5—1989.12）》（中共上海市高等教育局党史资料征集领导小组办公室编）1994.10

由此可见，"上海在中共党史和中国高等教育发展史中所居重要地位是毋庸置疑的。"（伍贻康在书中序言）

华东革大附设上海俄文学校和工农速成中学

华东革大附设上海外国语学校

上海外国语大学前身是上海俄文学校，全称为华东人民革命大学附设上海俄文学校。1949年8月，根据华东局的指示，上海市人民政府决定筹建一所高等外语学校，迅速培养一批国家急需的俄语人才。在陈毅市长的亲自关怀和指导下，以华东革大第四部为基础，创办华东革大附设上海俄文学校（以下简称"上俄"。华东革大一部、二部、三部已开设，第四部正在筹建，但尚未开始招生）。任命著名翻译家、时代出版社社长兼总编辑、上海市军事管制委员会文管会剧艺室主任姜椿芳为上海俄文学校校长。原来参与筹建华东革大四部的李钟英、王其祥、杜方炯于11月赴上海俄文学校报到，参加上俄的筹建。同时，华东革大调配了原为筹建四部而准备的涂峰（上俄副校长）、金昔明（上俄教务处主任）、张茜（陈毅市长夫人、上俄教育股股长）等数十名南下干部，组成上俄各级领导班子。11月学校正式成立，并于11月23日在上海《解放日报》刊登招生广告，一边进行招生考试，一边招聘俄文教师，并于12月29日录取学生389名。

梦缘情怀——光荣属于华东人民革命大学

1950年1月5日至10日，第一批学生在宝山路上海俄文学校（原暨南大学二院旧址）注册报到。1950年2月学校本部迁至东体育会路（原暨南大学一院旧址，现为上外虹口校区的一部分）。这两个校区均为上海沦陷时期的日本人中学校舍，年久失修，多处毁坏。其中虹口校区的玻璃走廊教学楼经修复后成为上俄乃至上外的主要教学楼（90年代初被拆除）。学生入学后住在盖着茅草屋顶、糊着泥巴的竹棚里，透风漏雨。其中两排竹棚在1950年夏天被强台风刮倒，许多学生被安排暂住在两里路之外的原光华大学校舍（今欧阳路法兰桥创意园区），天天风雨无阻，步行来校上课。虹口校区教室总共20间，课桌椅破烂不堪，规格不一，几百名学生就挤在这样的教室里上课和自修。没有饭厅，大家打了饭带回教室吃。大礼堂（实为健身房）里没座椅，大家便席地而坐听报告、开大会。干部的寝室，既作办公室，又作会议室，课桌就是办公桌，椅子不够，大家就坐在床沿开会讨论工作。

1950年2月19日，上海俄文学校开学典礼隆重举行。东体育会路校园内红旗招展，华东革大校长舒同、副校长温仰春等领导一早就来到了上俄，检查开学典礼的准备工作。下午5时许陈毅市长来到校区，在东楼接待室简单吃了碗面条后便阔步走向礼堂。

开学典礼开始了，大礼堂里灯火通明，台上台下摆满桌椅，主席台上陈毅市长、华东革大校长舒同、温仰春，上俄校长姜椿芳、涂峰一一就座，开学典礼还邀请了苏侨协会会长齐布诺夫斯基、秘书奥柯夫、塔斯社上海分社社长叶夏明，以及时代出版社苏联投资人匝开莫等出席。台下前两排就座的有俄文教授吴克元、箕鸿墀、夏仲毅、朱韵清、朱素清及柯索夫斯基等20多位苏侨教师，阵容庞大，这无疑给首批学生增加了不少信心。

1950年初，陈毅市长（左四）亲自主持上海俄文学校校务会（左三为华东人民革命大学校长舒同，左二为副校长温仰春，左一为上海俄文学校校长姜椿芳）

陈毅市长作报告时不用讲稿，声音洪亮，而且也不用话筒，从国际形势、国内形势，从南方到北方足足讲了一个多小时。最后，他又特别强调学生的素质教育，他说，"新中国俄语工作者，要树立为人民服务的观点，应去掉单纯的技术观点和雇佣的职业观点。有了正确的观点，学习俄文才有用。用这种语言工具去吸收国外的成功经验和先进的科学技术，服务我们中国的革命建设……"

1950年11月，上俄更名为"华东人民革命大学附设外文专修学校"，增设英文班，招收英文学员90人（均有英文基础）。1951年2月英文班44名学员组成一支赴朝语文工作队，参加中国人民志愿军开赴前线，支援朝鲜战场上战俘的教育和管理工作。

1951年8月11日华东革大附设外文专修学校更名为上海俄文专修学校，次年11月又更名为上海俄文专科学校，1956年6月更名为上海外国语学院。

1984年12月20日，上外迎来35周年校庆，应华东革大附设上海俄文学校一期学员、上外校长胡孟浩教授之邀，舒同专程从北京来沪参加上外庆典活动，并被邀请坐在校庆大会主席台中央，主席台就座的还有上外老校长姜椿芳（长期担任中共中央编译局主持工作的副局长、中国大百科全书之父），中共中央委员、复旦大学校长谢希德院士。舒同一行参观了建校35周年发展概况大型展览会和上外校园，为上外取得的新发展而由衷地高兴。

华东人民革命大学附属工农速成中学

曾经贫穷落后的旧中国，哀鸿遍地，通货膨胀，民不聊生，城市贫民小学入学率是20%。据统计，1949年中国广大农村的文盲率高达98%。面对这一基本情况，华东人民革命大学在招收初中以上学历学生的同时，开设附属的工农速成中学。招收参加革命或产业劳动一定时期之后优秀的工农干部及产业工人，对其进行中等程度的文化科学基本知识的教育，一方面能使其胜任新形势的工作，另一方面能让一部分升入高

华东革大附属工农速成中学开学

等学校继续深造,培养成为新中国的各种中高级建设人才。

工农速成中学是新中国成立初期,国家大力提倡的提高工农干部文化的一种正规教育学校。

1950年起,中央和各大区开始创办工农速成中学,据《人民教育》统计,截止到1950年6月,全国已创办18所工农速成中学,到1950年底,全国共有工农速成中学24所,123个班,招收学生4 447人。

1950年12月,政务院正式发布《关于举办工农速成中学的指示》。

1951年2月10日,教育部印发了《工农速成中学暂行实施办法》,对工农速成中学从招生到课程设置等作了一系列具体规定。

自此,各地纷纷举办工农速成中学,到1954年底全国已有87所工农速成中学,1 168个班,在校学生达51 079人。1955年7月,教育部和高等教育部联合颁布了《关于工农速成中学停止招生的通知》,规定从1955年秋季开始停止招生。此后,工农速成中学虽仍存在了一段时期,但作为把工农干部培养成国家建设人才的作用已日趋降低,并最终退出了历史舞台。

华东革大的教育思想和办学理念

1952年12月,华东人民革命大学奉命撤销。

华东革大历史不长,但对新中国的革命和建设事业的贡献不小,培养的各类学科人才也不少。她的教育思想和办学理念对教育战线的工作和发展起了积极作用。

让我们再次重温华东革大的领导在教育站线的工作和发展。

【舒同为各大学题写校名】

华东革大校长舒同是我国老一辈无产阶级革命家,又是著名书法家,中国书法家协会创始人。

其书法采纳百家、端庄凝重,疏散飘逸,自成一体,被誉为"舒体"。延安时期的"中国抗日军政大学"校牌,及校门两边的"团结、紧张、严肃、活泼"八字校训,就是毛泽东推荐舒同书写的。

何香凝说过:"国共有两支笔,国民党有于右任,共产党有舒同。我更喜欢舒同。"上海俄文学校创立后,舒同应邀题写"上海俄专"与"上海俄文专修学校"校名,他也为同济大学、华东师范大学、上海第二医学院等沪上多所高

校题写过校名。

【温仰春的办学理念】

在高等学校工作究竟依靠谁？

这是中华人民共和国成立初期高校工作面临的一个十分重要而又严峻的课题。

温仰春认为，在高等学校工作就是要依靠教师，尤其是老教师。

温仰春一到华东纺织工学院，就团结教师，有组织、有规划地部署师资培养工作，培养了一批学科和科研等方面的骨干力量。他亲自来到棉纺教研室蹲点，取得经验后，以点带面，在全校推广。他带领老一辈东华人，调整办学规模，深化教学改革，服务国家产业发展……华东纺织工学院在1960年被教育部确定为全国重点大学，并形成了比较完整的纺织高等教育学科专业体系。

温仰春同志非常关心师生，平日住学校单间宿舍，差不多每天晚饭后都会与老教师、干部们和学生交谈，了解他们在工作、学习、生活中的思想脉搏。在三年困难期间，副食品供应紧张，温老每有所得，都要分赠给周围同事。

华纺老院长钱宝钧曾撰文怀念温仰春同志，"有时我们也有不经预约到对方家中访问的机会，无拘无束地聊聊天，喝喝茶，这种友情是淡淡的，韵味深长的。"

曾与温仰春共事的退休教师苏慧娥回忆说，"他当时住在华纺、吃在食堂，一到晚上就走门串户，主动接近教师，与之促膝谈心，了解他们在想什么、关心什么"。

温仰春有记日记的习惯，点点滴滴记载心头。

一代人有一代人的使命，一代人有一代人的担当。虽然在华东纺织工学院工作只有短短的十年，但温仰春同志时刻忠诚于党的事业的，满腔热血为国家建设培养人才的精神代代相传。

【匡亚明的教育思想】

2006年3月28日，南京大学纪念匡亚明100周年诞辰座谈会暨匡亚明学院揭牌仪式在知行楼一楼报告厅举行。匡亚明教育思想有五个方面，一是立足中国高等教育发展的全局，率先向党和国家领导建言，提出创设一批重点大学的构想；二是尊重知识、尊重人才，坚持依靠教师和教授办学的思路；三是建设优良的学风和校风，为一流大学的建设和高等教育的现代化提供重要的精神保证；四是积极改善办学条件，始终坚持勤俭办学；五是大力促进国际学术交流与合作。

匡亚明主张对大学生既要用主要时间加强基础课教学，使学生切实掌握专业的基本理论、基本知识和基本技能，又要着力培养学生的独立钻研和创新能力。他提倡安排教授和有教学经验的讲师为大学生开设基础课，提倡讲究教学法，开展公开观摩教学，提高教学效果。

匡亚明率先在南京大学开设"大学语文"必修课，成为提高学生文化素质，陶冶高尚情操，增强阅读能力的重要环节，并在全国许多高校得到推广。

匡亚明鼓励大学生创造性地学习，实行学分制，建立优秀生、优秀班级和学生的优秀科研成果奖励制度，提倡培养重点尖子生。这些举措在校内收到良好的效果。

在吉林大学和南京大学工作期间，匡亚明冲破旧束缚，注重传统文化教育，努力探索社会主义大学的办学规律，形成了具有鲜明特色的办学主张。他认为中国的高等学校应该根据不同的基础和条件发展自己的特色。至于重点的综合性大学，要像抓重点经济建设项目那样抓重点大学建设。他强调要把我国的重点大学办成教学中心、科研中心和文化学术活动中心，从而更好地为国家培养高水平的专业人才提供研究成果和教育经验。

【刘季平谈革大的教育】

在革大讲学的刘季平，主张教育要为进步的社会斗争和生产斗争服务；提倡结合中国实际，多想收效大、进展快、能节省人力物力的好办法、穷办法，灵活办教育；提倡学用一致和启发式教学，反对注入式教学和死读书。积极主张研究陶行知教育思想，发扬陶行知忠于教育事业的献身精神，改革和发展人民教育事业。

刘季平，曾任中共晓庄师范学校支部书记、中共上海市委教育卫生工作部部长，教育部副部长、代理部长，北京图书馆馆长。

1963年8月，调任教育部副部长、党组副书记，分管普通教育，重点进行中小学教学改革工作。

在有生之年，刘季平牢记陶行知校长"捧着一颗心来，不带半根草去"的教诲，无论在革命岁月还是在建设年代，无论在上海任副市长，在山东省委、安徽省委任书记处书记，还是在教育部、文化部担任要职，都自始至终卓有成效地完成了组织交给的各项任务，取得了辉煌的业绩，正如李葆华对他的评价那样：作为第三届全国人大代表、第六届全国政协委员、党的第八次全国代表大会代表的刘季平同志，他的一生是"革命的一生，忠诚党的教育事业的一生"。

华东革大对革命的贡献尤其是接管高等教育机构，进行教学改革和政治思想工作，培养各类学科人才起了重要的作用。

十一

畅想：星空灿烂 光耀华夏

2014年10月24日　华东革大上海校友270人在华东师范大学纪念华东革大建校55周年

实践证明：华东人民革命大学培养人才，是地方上需要的，是军队里受欢迎的。同学们群星璀璨，后来在各条战线上作出了杰出的贡献。

华东革大人的风采录：四大楷模：吴树青、柳伦、顾岁荣、陆勇翔；四大画家：邱国隆、方明、徐詠韶、黄玄之；四位书法家：钱大礼、孙祖球、朱凯中、孟信托；四大文胆：陈家骅、张家驹、王新铭、金玉言；四位建设专家：斯杭生、叶承宗、冯有禄、包文杰；四位史学家、摄影家：钱海岳、胡道静、戈兆鸿、郑昌巇；四位联谊活动功臣：周珩、张辛、张目、汤成；四位同学领军人：姚学伟、丁月娥、钱吉虎、王志强。

一滴水融入大海永远不会枯竭，华东革大人在革命建设的大洪流里乘风破浪。

华东革大人的红色基因

在过去的日子里，华东革大人一方面收集整理研究校史，另一方面对自身的家庭父辈收藏的文献资料也进行了发掘整理，形成我党历史上多个闪光点，这是华东革大学子又一个贡献。这里以华东革大一期学员张时才、柳伦为例，可以看到他们两家的先辈也都有一个共同的特点，将珍贵的文物资料，看得比生命更重要，才能使红色经典原始资料得以保存、红色基因一脉相承，革命精神历久弥新代代相传。

习近平总书记在2017年专程到上海瞻仰中共一大会址，他仔细观看了重要展品——中国目前现存最早的《共产党宣言》中文译本。得知共产党员张人亚的保存过程，他连声称：很珍贵，很珍贵。并且指示说，这些文物是历史的见证，要保存好、利用好。

一期学员张时才:【张人亚的密藏】

中国共产党早期领导者张人亚的事迹，渐渐为人们所熟知，特别是他和父亲冒着生命危险保存下来的第一版、第二版《共产党宣言》的曲折过程，反映了共产党人不变的信仰和坚持不懈的斗争精神。

说来也巧，烈士张人亚曾经抱过的大侄子张时才，也是我们华东人民革命大学第一期二部4班驻复旦大学学员，在2008年1月8日上海同学的集会上，他向吉虎同学激动地介绍了2002年开始调查二伯父张人亚的历史，发现秘藏的珍贵文献资料。

张人亚早期从事革命活动，他手里珍藏着国家一级文物，其中有：《中国共产党第二次代表大会决议案》——这是唯一存世的"二大"中文文献。《中国共产党第三次代表大会的决议案和宣言》《共产党》月刊第一号—第六号、《马克思纪念册》和《劳动运动史》等珍贵的藏书,最精彩的是《共产党宣言》的两个版本。还有《工钱、劳动与资本》《劳农会之建设》《共产党礼拜六》《列宁传》《劳农政府之成功与困难》《共产党的计划》《俄国共产党党纲》《国际劳动运动中之重要时事问题》《第三国际议案及宣言》《李卜克内西的纪念》《上海金银业工人俱乐部成立大会全体合影照片》,都属于国家的一级文物,是唯一存世的珍贵资料。

张人亚所珍藏的正是我们中国共产党向世人宣告诞生的"出生证"。这批重要文献的珍贵可想而知,而这批文物能够保存下来也经历了十分惊奇的历程。

当时,张人亚把这些文件送到了家乡就匆匆离开了,交由他的父亲张爵谦来保管。由于白色恐怖,张老先生思虑再三决定给自己的儿子张人亚做一个衣冠冢,说他流落在外面,已经失联、去世了,然后与张人亚已故的夫人合做了一个墓,把他带回来的革命的资料文物用油纸封好,全部藏到墓室里,才使这些资料得以保存下来。

张人亚的哥哥张静茂,就是我们革大一期学生张时才的父亲,他们从2002年开始,跟着这个轨迹,开始追踪调查研究。2005年,从尘封的江西瑞金中央苏区出版的《红色中华》报上的悼词,才知道早在1932年,张人亚积劳成疾,已因病逝世了。

他们三代人为我们红色经典红色基因的史料发掘作出了很好的典范。

为此,钱吉虎在2013年还专门为张时才——张人亚的事迹出了一期《梦缘》的专刊电子版,根据《张人亚传》和画册,做了广泛的宣传,这是革大一期同学继承先辈的荣耀。

无独有偶,还有一位革命前辈柳溥庆,与张人亚前期的经历相仿。

他们两人都与印刷印钞有关,张人亚在苏区担任中央出版局局长兼代中央印制局局长,柳溥庆是新中国60年杰出出版家、中国人民银行印制局研究所所长,他的女儿与张时才一起在华东人民革命大学学习,是一期二部5班学员柳伦。

一期学员柳伦:【柳溥庆传奇人生】

无巧不成书,柳伦也一直积极地在为父亲的事情进行整理上报落实政策。1989年,中共中央组织部决定确认柳溥庆的党龄从1926年入党时算起,由于保密等原因，近年才得以公开，她委托笔者撰写《柳溥庆传奇人生》，进行广泛的宣传。

柳溥庆从青年时代起既是我国早年学习西方先进印刷技术的工人技师，又是活跃在政治舞台上的中国共产党和中国国民党的政治活动家，曾任中国国民党驻法国总支部第四次代表大会秘书长、驻法总支部的执行委员、常务执行委员和主任秘书、代总支主席和中国共产党第六次代表大会指定代表。他在上海商务印书馆和旅欧旅苏期间拍摄的照片，成为绝无仅有的国民党和共产党旅欧历史的大部分资料，留下了周恩来、邓小平、李富春、聂荣臻和邵力子等的身影，特别保留下来邓小平十七岁时的照片，记录了柳溥庆与邓小平的交往的一段历史。

柳溥庆海归后在上海主要以印刷技术研究为生，同时从事党的地下活动，他的家成为地下党的联络点。新中国成立后，他在北京主要从事印钞科技领域的工作。柳溥庆在第一个五年计划期间，带领团队实现了第三套人民币印制的全部国有化。他保存了大量的资料，其中笔记本、工作日记有18本之多，是中国人民银行印制科学技术研究所的半部历史。

从上海到法国、苏联，再从苏联秘密回国，在上海、香港经历了白色恐怖，柳溥庆把这些资料保存了下来。新中国成立以后，他把这些照片贡献出来，大部分资料保存至今。2019年7月1日，在复旦大学举行的华东人民革命大学建校70周年庆祝活动时，钱吉虎做了五块宣传图板，这些资料全面充实了华东人民革命大学的史料。

三期学员顾岁荣：【抗日航空烈士之后】

顾岁荣系抗日航空烈士孤遗，他的父亲顾梦飞是抗日战争航空队人员。也是经过顾岁荣生前数年的努力，并经过有关方面支持，才得以确认顾梦飞抗日英烈的身份。顾梦飞的名字被补刻于南京航空烈士纪念碑上。顾岁荣拿着父亲的照片久久伫立在补刻有他父亲名字的"南京抗日航空烈士纪念"碑前，当记者采访他时，他感慨地说："为了这一天，我足足等了76年"，虽历经坎坷终于如愿。

子承父业，顾岁荣参加抗美援朝战争，回国后，也在空军服役，从事地勤军械的技术工作，由于勤奋好学，颇多建树。

退休以后首倡华东革大同学联谊，始终不渝，由班到期及至全校，深受广大校友爱戴。

近年来，顾岁荣搜集材料，系统总结华东革大校史、校庆活动。早在1996年，顾岁荣与杭州戴毅、翁镇国、舒永孚等同班同学酝酿华东革大同学联谊，次年五一节来沪动员叶上莺、葛弘敏、钱吉虎三位同班同学，获得积极响应，吹响了华东革大同学联谊的进军号。散布全国各地的数千华东革大人纷纷响应，先后举办了成百上千人的联谊活动，反响热烈，获各方认同。20年来经历"50""55""60"周年盛会，作为华东革大同学联谊首倡人，树碑建档，存史育人，成绩显著。

顾岁荣同学睿智聪慧，刻苦勤劳，热心奔波于长三角诸多城市以及北京、广州，广泛联系同学、战友，通过宣传动员，一批批华东革大同学被他的热情所感动，联谊活动似滚雪球般不断壮大。特别是对浙江分校同学的联系动员，细致入微，功不可没。2019年5月，他专程赴嘉善养老院陪送九旬高龄的李照明同学到上海参加纪念会，获全场热烈掌声。顾岁荣同学豁达乐观，勇挑重担。正是：刚直不阿，一身正气。

三期学员王新铭：【在父亲（烈士）影响下走上革命道路】

王新铭出身书香门第，自幼随祖父王成绪（清秀才，曾任师范校董）读书，1942年夏经鲁西军区批准随父王仲兴（鲁西军区一分区敌工科长）参加八路军。1951年3月由渤海一中保送入华东革大学习，1951年6月保送入三野青年干校学习，1952年6月被分配至中共中央华东局机要处。1955年1月到船舶工业局产品设计分处（后为708研究所）工作，历任机要员、组长、秘书、副科长、调研员、副主任、支部书记等职。1985年春，应聘筹建人才开发杂志，任副主编，其间，曾两次长期借调上海市科研党委、上海市科委工作，曾参加筹备上海市科学大会，任会务组负责人。

改革开放后，王新铭致力于人才学应用理论研究，公开发表的有影响的论文有《领导艺术与领导科学问题》《好猫论与德才层次观》《专才通用的流弊》等。在全国性研讨会上发表的论文，有多篇被评为优秀论文，并在全国各地报刊发表新闻、评论、随笔等数百篇，还参与编辑内部刊物《抗大历史研究》，编辑书籍有《论新时期的人才问题》《改革与人才》《烈火雄风》等。

新铭校友长年患病，一直是带病参加华东革大校友联谊活动，并长期从事重要的文字通讯、宣传、采访、摄影：校史、纪念册、文集编辑、出版工作。新铭校友旗帜鲜明，立场坚定。他表示，一定要排除万难，奋力开展全校性的校友活动，弘扬华东革大精神，以报答母校的哺育之恩，无愧面对各期同学和南京、浙江分校的校友……十几年来大家有目共睹，他不但是这样说的，而且也是这样做的。言行一致，全身心投入《圆梦》《梦缘》的编辑出版工作。十几年来参与的文集有《圆梦录》《华东革大人》等并担任副主编、顾问工作。

华东革大历史亲历者的研究

【纪念活动曲折砥柱中流】

丁月娥，1990年9月，被推选为二期33班联谊会会长；2002年10月，被选为华东革大建校55周年筹委会副主任兼办公室主任。2004年，在56人出席的第二次筹委会上，担当留守工作组组长，担任建校60周年纪念会主持人。圆满完成原定建校周年纪念的庆祝活动，包括通信录和纪念品的管理发放等各项任务，先后参加杭州（150人）、合肥（210）人、无锡（180人）、上海（270人）四城纪念大会。

丁月娥同学与王荫泰一道，首先筹备在华东师大白玉兰厅召开二期同学纪念会。这次会议，安徽、山东、上海，及哈尔滨远道而来的校友有80人。接着，丁月娥所在的二期33班同学，在沪安排3天纪念活动；而后，二期四部27班42位同学集会，纪念建校55周年，时任全国人大常委会委员、内司委副主任刘珩同学也特地从北京赶来参加。2005年12月25日，丁月娥在联谊会第二次理事会上被大家推选为理事组长，勇于挑起重担，直至圆满完成使命。

丁月娥是《华东革大人》编委会的顾问，一期学长《回忆录》的编委顾问。她工作认真负责，深入细致。尤其是举行《华东革大人》首发式时，有100多位外地校友到沪，丁月娥同学做了许多登记、接待、查询、联系方面的工作，尽量满足各方面的需求。她的工作细致入微，受到同学们的欢迎和好评。

【建立广泛联系的通信录】

王荫泰，华东革大联谊活动二期重要带头人之一。早在1991年，在严连根、方荣林、楼纪和的支持下，接受张目资助，编写134人的《华东人民革命大学安徽省滁县地区通信录》，是最早印刷的一本铅印通信录。2002年，参与发起建校55周年纪念，钱吉虎、王新铭、于鸿志等同学对联系表进行登记核对。于2004年5月，接受钱吉虎一手完成《通信录》三稿的基础上，挑起了付印的重担，圆满编印全校性的《华东人民革命大学校友通信录》。通信录上总人数达3100人，这是华东革大同学得以开展联谊活动的重要基础工程，得到校友普遍赞扬。筹划倡议出版华东革大二期回忆录，多次往返于滁、合、凤阳、沪等地。《梦缘》报道了近60人出席的二期的《回忆录》编委会成功召开的消息，极大地推动了一期同学的编撰回忆录的积极性。

强烈的责任感，使他在即将离开人世前，还坚持一直等待编委主要人员到场。在病床前将回忆录未完后续之事和编委会的印章——交给常务副主编等编委们手中。

为革大集会研究继续努力

2011年建华东革大纪念碑，在苏州革大校址聚会，使联谊活动达到高潮。张目、钱吉虎、张锡良等数十位领军人物各就各位，用智慧、毅力、韧性攻坚克难，带头捐款，校友筹集资金共24万元。自2010年8月31日正式筹建，历时7个月，志愿者们历尽艰辛，胜利举行落成典礼！并编写了《历史丰碑》。有赋诗："当年热血洒神州，而今翰墨写春秋。" 2014年纪念华东革大建校65周年，由钱吉虎领衔，继苏州建碑后，在华东革大发源地，复旦大学校园内又建立了一座纪念碑，并与华东革大建校65周年纪念会同天举行揭碑仪式。

十多年来，钱吉虎、陆勇翔、黄鸿度、胡祖兰、姜梦飞、王瑛、张靖中、叶之华、郭发婉、蒋祥贞、张目、何瑞芳、陈明君、李照明等同学，不断拿出自己离退休后的生活费，用于华东革大联谊活动。苏州校友会贺焕荣主编的《情系革大》与上海钱吉虎主编的《梦缘》电子版遥相呼应。

上海同学自2000年5月—2009年12月《筹备通讯》24期，《圆梦通讯》36期、《梦缘通讯》72期（含增刊），2013—2021年11月编《梦缘》（电子版）258期。2002—2011年《联谊简讯》118期，2012—2016年《情况通报》16期，以及苏州的《情系革大》130期，杭州的《简讯》，成都的《乐天园地》，北京的《京华寻梦》（69期）和《革大人》《华东革大人》等书刊的编辑人员们，都是志愿者，耗费了大量的时间、精力、费用，这些都是华东革大人的奉献精神的体现。

我们华东革大的同学，不是一个人，不是几个人，而是一个伟大的群体。华东革大人几十年形成的学习精神、牺牲精神、开拓精神、艰苦奋斗精神是历史遗产，将永放光芒！

文中的许多事例我们无法逐个采访，只能相信文字记载，相信华东革大人的自述。三万华东革大人的事迹，似浩瀚大海，挂万漏一，只能列举个别典型，以此推及总体，借用数理统计的类似方法，以此分析描绘华东革大人这个群体的面貌。又鉴于文字较长，加入少些文学元素，增加可读性。不少故事未能收入,特别是党政军机关的高级干部,大师级的学者,等等,只列入个别,好在许多先进事迹已收入《风采录》了。本文列举的也仅是冰山一角。需要说明的是,即便是有代表性的事例,也同样体现了革大精神。

李道荣对华东革大这个群体作了一句话的概括:"蓝色星空,华东革大每个人都能找到自己的星星,闪闪发光,光虽不大,却都很美丽。"是的,它印证了万千革大学子的可贵。耄耋之年,仍在发挥光和热,虽是微弱,但并不改变光的质量。"先天下之忧而忧,后天下之乐而乐"!革大人也!

【在南京的 60 周年校庆活动的主笔】

王志强,华东人民革命大学南京分校联谊会负责人,他策划筹建(包括接着继办的南京干部学校)华东人民革命大学南京分校建校 60 周年纪念大会于江苏省委党校隆重举行。

江苏省委党校,校址仍在南京市建邺路原地。从历史溯源来看,华东革大南京分校、南京市干部学校为省委党校的前身。2009 年是华东革大建校 60 周年,又是南京解放 60 周年,王志强起草,拟于 2009 年 6 月在南京举办一次华东革大校庆 60 周年的纪念活动,原华大南京分校的干部、学员均表示愿意组织活动。

> 尊敬的梁保华书记:您好。
>
> 我们是华东人民革命大学南京分校 60 周年校庆筹备组成员(名单附后)。为纪念母校诞生 60 周年,在老领导王昭铨(原南京市市长、江苏省政协副主席)、方明(原南京市政协主席)、杨志(南京市副市长)以及中共江苏省委党校副校长丁如锦等同志的指导下,各项筹备工作进展顺利、现将有关情况向您汇报:
>
> 南京解放之初,急需

左起:钱吉虎、姚学伟、谢进、徐咏韶,2006 年 3 月于无锡姚家

培养大批革命干部，并团结、教育、改造国民党留下的旧人员，中央决定在上海、苏州、南京建立华东人民革命大学，王昭铨等同志奉命在宁创办华东革大南京分校，于1949年6月正式成立，校址在建邺路174号国民党中央政治大学旧址，现中共江苏省委党校所在地。

华东革大南京分校开学不久，政务院副总理董必武同志亲临视察，对全校师生作报告，并指示政府有关部门安排学员结业后分配祖国各地工作。自1949年6月至1951年底，革大南京分校先后共办三期，培训学员七千多人，其中绝大多数通过学习，纷纷走上革命工作岗位，成为各个领域的骨干、专家，对社会主义革命与建设事业作出了应有贡献。

1951年后，华东革大南京分校根据市委决定更名为南京市干部学校，由市委书记兼任校长，下设三个部：一部为市委党校，二部、三部对外招生，共计培调党内外干部千余人。

1952年江苏建省，南京市干部学校一部与苏南、苏北党校合并入江苏省委党校。

为办好此次活动，殷切希望得到梁保华书记的指导与鼎力支持，建议由省委党校作为主办单位，以加强这次活动的领导，我们筹备组负责承办各项具体工作。敦请梁保华书记出席纪念会并讲话。

举办"华东革大南京分校校史资料、书法展览"，并编印一本"纪念册"，拟请梁书记题词。报告是否妥当，现申请批示。谢谢！顺致

筹备组成员及顾问名单（略）

在梁保华书记等的支持下，活动圆满进行。

革大人志在四方

【投入革大的联谊事业】

华东人民革命大学一期学员姚学伟，中国人民解放军西南服务团苏南团史研究会会长，华东人民革命大学同学联谊会首任会长，作为西南服务团苏南团史研究会负责人，华东革大建校55周年纪念会筹委会第一次会议主持人，发起并总完成的《华东革大人》一书于2009年4月正式出版。他投入革大的联谊事业，为抢救记录一段历史作出了贡献。

十一 畅想：星空灿烂 光耀华夏

【开展侨务招商引资】

王瑛。1949年8月进入华东人民革命大学学习，1953年3月光荣地加入中国共产党。王瑛同志于1949年10月至1976年10月，先后在中共中央华东局暨上海市委政策研究室，华东局农村工作委员会、农村工作部办公室，市高等教育管理局办公室、生产设备处、对外处工作，1988年12月任上海市市政府侨办副主任、党组成员、党委副书记。1994年7月在市侨办光荣离休。

青年时代的王瑛同志和许许多多同龄人一样饱经苦难。她一心向往革命，15岁就进入华东人民革命大学学习，在漫长的工作生活中，始终对自己高标准严要求。王瑛在市政府侨办工作期间，主要负责侨务经济工作，围绕改革开放大局和市委、市政府的要求，积极开展侨务招商引资工作，并充分发挥她多年的外事工作经验，引导众多海外华侨华人到上海投资发展，尤其是有效开展了延安西路上海华侨大厦的筹资筹建工作。她还利用国企改革的经验抓好侨办下属企业的改革和管理工作，确保企业健康平稳发展。离休后，她依然心系单位，曾担任离休党支部书记，热心为侨办离退休党支部的建设建言献策，积极参加老干部的各项活动，为侨办老干部工作的健康发展发挥了重要作用，2004年还被上海市委组织部、上海市委老干部局评为"上海市老干部先进个人"。

在研究华东革大资料工作中，她勇挑《华东革大人》副总主编的重任，并为此书出版赞助一万元。

【耿直热心的人民代表】

吕基业，1933年生，华东军大一期和华东革大四期学员，离休干部。

2006年，老吕来沪，当他得知二期同学回忆录启动的消息后，积极参加，并组织四期同学写了多篇材料，编入《革大人》一书。他是四期同学的领军人。

吕基业是乌鲁木齐天山区第十四届人大代表，做任何事，他认真到从不掩饰内心的想法，认真到非得把这件事弄出个究竟。

乌鲁木齐天山区人大常委会副主任韩燕告诉记者，吕基业是一个耿直热心的人大代表，一直热衷于公益事业。他说话做事有时非常直接，对某个人或某个领导的办事作风不满，就会直言不讳。

事实证明，吕基业是一个称职的人大代表。吕基业充满了激情，他的关心不仅局限在为几百户居民解决停水停电供暖纠纷、为贫困大学生圆大学梦、为打官司的市民追讨执行款……他的关心遍及身边每个人。

梦缘情怀——光荣属于华东人民革命大学

为共和国大厦添砖加瓦

在三万华东革大学子中，出现了许多精英，有学者，教授，书法家，摄影家，企业家，有连任八年的北京大学校长，解放军的将军，国学大师，国际科学史研究院通讯院士，党政各级机关的领导等。

本文列举的人和事，力求具有群体的代表性。华东革大人在平凡的岗位上，默默耕耘，任劳任怨，无怨无悔。这个最大的平凡的人群，才是构筑一个社会持久安定和维持文化的尊严。

陈家骅，1930年生，1949年6月参加工作。1956年加入中国共产党。1961年被评为林区先进工作者。1965年被选为林区人民代表。1979年调回苏州，做党史征集工作。主编苏州吴县县志，热心华东革大同学联系。早在1989年就与百余名苏州同学取得联系，是苏州校友会首任会长。2000年3月被选为华东革大三期建校50周年纪念筹备组第一副组长。

文教战线吴俊彦，先军后警到离休，是一位执著勤奋、知识渊博、思维敏捷、笔耕不止的长者。2009年，出版《西彦文选》一至五卷，涉及国际、政治、军事、经济、科技、司法、生活等九大门类。之后，办起华东革大联谊《简讯》彩色版，从组稿到发行一条龙，与夫人共同操作。已出版44期，每期发120余份。

有位叱咤风云的人物，在上海市政府经济委员会工作30余年的党员干部赵绩勋，他还担任过上海市外商投资企业协会秘书长，是一位引进外资的功勋人物。上海第一家、第二家合资企业是他亲手审批、报批具体操作的。以此操作流程为样板，既快且稳地陆续引进外资来沪投资。以他敏锐的思维和熟练的操作，赢得了外商的信任。有些外商投资企业愿出高薪聘任，他婉言谢绝。他对协会心血和汗水的付出，倾注于全身心，为引进外资作出了重大贡献。更可贵的是，在这十里洋场、灯红酒绿的大都市，以身作则、廉洁自律，至今仍住在两居室的老公房，实属不易，在协会内部形成良好的会风，入选全国优秀外商投资企业协会秘书长。

华东革大一期一部学员，大部分是大学毕业生，是新中国建设的重要人才。从华东革大毕业后，不少同学被分配到国防、军工和其他重要企业。造船、铁路机车、机械三大制造业都有我们华东革大人的身影。

叶承宗同学被合肥市授予2013年大建设中有特殊贡献的铁路老专家。老叶以锐利的目光观察到合肥市日益增长的区位优势和市场前景，向市长建言，争取和央企南车集团"联姻"，在合肥建设一个轨道车辆制造维修基地，被市政府决策层采纳，批示由发改委主任亲自抓这一项目的立项准备。经历了近4年，两个央企集团共投资80个亿。两个基地（用地2 000亩）建成投产，工业产能和就业岗位大增，合肥将有十条高速铁路和客运专线通过。

中央机械部局长冯有禄同学，数十年为祖国机械事业贡献，并与老伴在十几年前就办理了遗体捐赠手续，身后把眼角膜和遗体捐献给医疗事业。造福他人，弥足珍贵。

杨忻生，参与酒泉航天基地和西昌卫星基地建设，为神舟飞船升空，嫦娥奔月工程洒下20年的汗水。孟凡曙，积毕生努力，获得两项科技专利。斯杭生，江南造船厂副总工程师，中国成为世界第三大造船国，有斯杭生毕生作出的重大贡献。晚年笔耕不止，著有《瀚墨平生》《暮年抒怀》自传和诗文集。

更多的华东革大人融入了知识界。高级记者、中国摄影家学会会员、政府特殊津贴享受者郑昌巍，一生中，以顽强的精神，充分发挥智力潜能，不惜体力地付出，创作出许多超常人的摄影作品。"黄山迎客松""天上玉屏""飞来石""清凉世界""万壑松元"，在国际国内展览中多次获奖。有6幅作品印制《黄山风光》邮资明信片。摄于1978年的黄山始信峰，于1995年被编入小学教科书第四册。他提供的图片为黄山成功申报世界自然文化遗产名录作出贡献。

艰苦的地方都有华东革大人

那是激情燃烧的岁月。在华东革大群体中，最大的一支共3 600学子，被分配到最贫困的皖北区。在这个群体中，他们都在平凡而艰辛的岗位上，默默劳作一生。他们多数在农业岗位，生产、救灾、防旱、抗洪，头顶烈日，行走田间。

安徽的土地改革搞得比较好，土改后期的纠错率很小，这与土改工作队员的素质有密切关系。土改结束后，土改工作队的革大同学就地分配到各行各业，主要是农业部门，成为艰苦创业的一代，是最具敬业精神奉献无悔的一代。

华东革大二期三部同学的联络员姜梦飞，他一生坎坷，一生传奇，从黄埔军校到参加抗日战争，再到革大，落脚于艺术学院的后勤工作，一路走来，坎坎坷坷，但他气定神闲。

在许多写诗作的同学中，有一位名叫楼纪和，他的著作《楼纪和诗词选》中的诗词，文字精练、意境深邃、格律规范。他对近体诗的写作，匠心独具，特别讲究平仄、对仗、韵律。正如他自己说的"只有浇定心血，才能芙蓉出水"。他是一位埋在深处的学者，作家。总算有迟来的伯乐，他的书法，曾荣获全国老年组金奖。

还有一个不一样的人物：他耿直、阳光、充满活力、心怀本然，他的名字叫严连根。他以澎湃的激情，对工作、事业积极进取，身居政府机关的高位，说真，写真，做真，从不作秀。在安徽65年风雨路上，用意志和毅力，为共和国添砖加瓦，一丝不苟。"真实"两字，概括了老严的本质特性。更难能可贵的是，他对身患重病的妻子、革大同学赵惠兰近半个世纪的照顾和护理，哪怕自己也身患绝症，照顾妻子一如既往，用爱精心护理。2011年老严家被省政府授予"五好家庭"称号，这是革大人的唯一。

还有，当年华东革大四期有1 300多学员，如吕基业、高流、易富生、王震华、邢广瑞、赵美达、高冰心等在1952年集体进疆，当时火车只能到达甘肃张掖，然后换乘敞篷卡车，背包当坐凳，顶着一路风尘，沿河西走廊进入新疆，分配在兵团和地方。扎根于最艰苦的祖国西北部的新疆，更加不易啊！

在支疆的华东革大学子中，苏州人包文杰，是值得我们敬仰的同学中的又一位佼佼者。华东革大结业后，他被调到中央机要部门。1955年10月，新疆维吾尔自治区成立，2 000多位中央机关干部离京赴疆。包文杰沿河西走廊进入新疆若羌，正是11月下旬，茫茫戈壁，白雪皑皑，全程历时20多天。去且末、若羌的同志，必须穿越大沙漠，沿途没有旅社。夜来临，打开背包，在胡杨树下露宿，冷得睡不着，寻些干柴枯枝点火取暖。在风沙肆虐的沙漠中傲然生存的唯有胡杨，称之为胡杨精神，胡杨精神武装了革大人。

包文杰扎根新疆近60年中，献出了毕生精力，特别是在库尔勒巴州广电局期间作出了很大贡献。主持了十余座电视台及转播台的建设，使电视很快覆盖全州。1983年，负责组建巴州电子学会，任第一、第二届副理事长兼秘书长。在巴州电视报上创办电子园地45期，受群众好评。1985年，荣获自治区"建设新疆30年"奖章和奖状。1986年，编写了《广播电视维修和管理办法》一书，促进全疆技术管理规范化，获自治区科技进步三等奖。1987年，撰写《巴州国土资源》一文，获州二等奖。退休后，他又服务社区8年，2006年获州"老干部先进个人"奖。被中国科协、国家民委、劳动人事部授予少数民族地区长期科技工作荣誉证书。包文杰的《回忆与展望》一文，综述了巴州广播电视在新中国成立以来的50年的历史与未来，被选入中共中央党校《求是先锋——新中国六十年的理论和实践》一书。

人生是一条路，路上有鲜花美酒，更有坎坷，荆棘，还曾流下痛苦的泪水。但他们挺起胸膛，守住尊严，更有自己的付出，迈步走去，到达终点，回头望去，已是大树成荫，鲜花盛开，满目美丽的一片清凉世界，为之欣慰！革大人做到了，挺过来了，"知世故而不世故，才是最善良的成熟"，因为他们是在上海、苏州革大母校熔炉里高温炼出的好材料。

文艺美术教育的杰出人物

【主编华东革大人的诗词功夫】

刘知群，江西宜春人。大学毕业，一期学员，在上海外贸学院和上海外国语大学图书馆工作34年，副研馆员。刘知群主编的《华东革大人》——华东人民革命大学一期同学的真情实录，成绩显著，获各方好评。

自2004年来，刘知群有100多部大型诗集被收录并出版，他在诗词方面曾65次获得特等奖、精英奖、一等奖等，2次获得金奖。

他先后被评为"诗学状元""诗学大师""中百佳杰出诗人""国际知名诗词专家"。他的经历和成就入编《世界优秀专家人才名典》《中国专家人名辞典》《全球华文诗艺术家大辞典》和《中华名人志》等。

【创办海粟美术设计学院】

岳韬，1934年8月生，山东省单县人。上海海粟美术设计学院常务副院长、学院创始人。2000年元旦前夕，笔者曾与岳韬等一起出席在香港举办的亚太地区美术教育论坛，在会上他听了台湾地区的郭祯祥教授的演讲后，有过一个学术上的交流，谈的是儿童画的评价问题。

没想到我们这位前辈也是在1951年华东人民革命大学学习过的，后在部队学校教近代史。1957年调到上海后，又做了20年的中学美术教师。"文革"后参与筹建美术设计教育专业项目。十一届三中全会后，他提出传统美术教育的落后，严重阻碍着全民族整体文化素质的提高。于是，他坚持将治标与治本作为一个有机整体的观点，强调以设计教育为主导，以造型规律性科学知识为纲，并一定要从小抓起。其重要目标之一：尽快使所有受完普通教育的学生，在文化知识方面达到或超过现有重点中学水平，美术方面的关键知识和能力达到或超过传统高等美术专科水平。自1986年起他应邀担任《中外美术辞典》撰稿人和执行编委；出席全国性的城市美学、生态环境、专业教育及上海关于浦东开发，面向21世纪学校艺术教育国际高端论坛等会议，均发表有创见的论文。同时对华东师范大学、上海师范大学、上海戏剧学院、上海交通大学等专、本科及绘画硕士班教授新概念绘画透视学，成绩斐然。

由我国当代美术教育事业奠基人刘海粟大师生前关心支持，亲题校名并担任名誉院长的上海海粟美术设计学院，1994年经上海市高教局批准成立，是一所新型的应用美术设计高等学府。岳韬担任常务副校长。校址在上海市黄浦区北京东路159号。办学地点先在黄浦区的浦江中学内，后来搬迁到虹口一所中学。

全院共有八十余名教职员工，其中具有大专以上学历的占90%；具有高级职称的占80%以上。学院设有教学办公用房1 500平方米，并具有专业画室，文化课教室，阅览室，资料室等基础设施，为教学研究和管理提供了较好的条件。学院设有大专学历班、大专自学考试班、预科班等，共有6个专业，曾有在册学生1 000余人。

学院确立以培养国家急需的优秀复合型创新的人才为目标，以有助于推动整体教育进步的美术教改探索为办学宗旨。遵照"严格管理，讲求质量，学以致用，开拓创新"的办学原则。

岳韬将多年的研究成果总结成《世纪的思考》一书，由亚太国际出版社于2003年出版。

夕阳红满天　温馨又从容

华东革大人是成熟的一代，追求不变，信念永存。谨言慎行，走完了65年风雨路程，留下了正能量的足迹。夕阳之年，抢救记忆，是华东革大人的使命。通过联谊活动，用文字留下时代印记，存入历史档案馆，是最后的贡献，成为昭示后人的足迹。

王昌畴，是位学者，他是安徽省华东革大联谊的领军人物之一。他接过王荫泰的接力棒，继续编书。他不大的住房里，堆满各类书籍，各种资料，筹措编辑出版了《革大人》巨书。该书511页，1 500克重。他患有老年疾病，大量的文字工作又使他十分辛苦，巨大的工作量，使其病情加重，他依然顽强地完成了这本书。

他一生对照陶行知的格言，"千教万教教人求真，千学万学学做真人"规范自己，育人无数，桃李满天下。

张辛，是华东革大学子中的优秀者，后留校助教直至华东革大撤销，继而进入上海财经学院深造。毕业后被分配在财贸战线，为祖国的建设每时每刻增添砖瓦，一生兢兢业业，淡泊名利。让人感动的是，她退而不休的20年为华东革大人的友谊而奔波。尤其是联谊活动的高潮，收款和支出同学数十万元的捐赠。更承担了资料分发等工作，这对已是耄耋之年的老人来说是非常困难的。几百几千次地记账、取款、存款、排队、等候、发通知——为了节约开支，她四处问询，远地采购更便宜的信封，从批发市场挤公交车背回。七八年来她一直担任财务总管，账目笔笔清楚，审计丝毫不差。她还完成了数以万计的邮件收发。

安徽滁县地区是华东革大同学的联谊活动启动地之一。从2000年开始，革大同学联谊活动都由方荣林、严连根、楼纪和、陆志全等操劳。

方荣林，地方和部队不停转换，在剿匪战斗中立下功勋。在外事办和地区行政秘书长岗位上兢兢业业，在外事工作中作出了贡献。在他的联络下，各地的革大联谊校庆活动风起云涌。

徐绍良，一生兢兢业业，为人低调，谨言慎行，追求不变，信念永存。其间，任全国职工思想政治工作研究会特约研究员，三篇论文分获全国职工思想政治工作研究会奖状。他肩挑华东革大联谊活动的重担，担任《革大人》副主编，撰写两部"回忆录"的编写大纲。

2014年5月20日安徽同学纪念华东革大65周年会议前，出现了感人的一幕：冯春余同学多年前就决定并办理了遗体捐赠手续，百年后把遗体捐献给医疗事业。安徽华东革大联谊会会长徐善庆和爱人王自珍紧随其后，决定并也办理了遗体捐赠手续，造福他人。老冯制作了一面锦旗赠送给老徐夫妇，照相机定格了这一历史瞬间。老徐从华东革大结业后被分配到空军部队，参加过济南航空学校学习训练，成为一名飞行员。心系国家和人民几乎是他一生的主旋律。老夫妻百年后双双捐献遗体，更是华东革大人革大精神的具体体现。

【华东革大北京师生联谊组捐助大别山希望小学】

2014年，以陆勇翔、朱玉成、沈翔、戴文芳为首的华东革大北京师生联络组，通过安徽省三期同学徐善庆，由省政协有关部门联系安徽省教育厅落实捐助安徽大别山区潜山县割肚希望学校教学综合楼建造项目。

截至2014年12月，革大校友共121人，捐助金额51.96万元。其中北京校友42人捐助46.34万元，其他校友79人捐助近6万元。大部分捐助者不愿意在有关碑上留刻名字，这种雷锋式的无私奉献的精神可嘉可颂。

安徽省潜山县教育局于2015年1月8日向捐助者——华东人民革命大学校友发出感谢信。

十二

展望：牢记使命 深受鼓舞

华东人民革命大学纪念碑落成五周年纪念
2016.4.18于苏州北兵营

左起	第一排	蔡保尔	石宗德	方伶燕	傅圭如	郭少琳	诸涵秀	汪瑛	王克林	邵细祥	卢修庆	林昌业	于鸿志	桂幼画	张目	尹春明
	第二排	杨秀元	王用时	李瑞琴	胡方明	赵金华	刘旗明	陈惠源	诸双全	沈辉	杨奇臣	郑万江	张锡良	赵康强	钱吉虎	史美昌
	第三排	徐宽仁	陈炎	张荣坤	张全	何传森	孟凡曙	姚品华	孙树人	张朝维	周志义	陈吉余	胡永德	郁志信	杭同德	汤盘铭

新四军百岁老战士施平为本书题词

上海市新四军历史研究会的施平、程亚西等40余位年逾百岁的新四军老战士给习近平总书记写信,结合自身经历讲述了"只有共产党,才能实现中华民族伟大复兴"的深切感悟。汇报了离休后积极参加党史宣传教育工作的情况,表达了传承红色基因,永葆政治本色,为党和人民不懈奋斗的决心。

新华社北京2月19日电 中共中央总书记、国家主席、中央军委主席习近平给上海市新四军历史研究会百岁老战士们回信——

上海市新四军历史研究会的百岁老战士们:

你们好!来信收悉。你们青年时代就投身革命,为党和人民事业英勇奋斗,期颐之年仍心系党史宣传教育,深厚的爱党之情令人感佩。

对中国共产党人来说,中国革命历史是最好的教科书,常读常新。你们亲历了中华民族迎来从站起来、富起来到强起来伟大飞跃的历史进程,更懂得我们党的初心和使命。全党即将开展党史学习教育,希望老同志们继续发光发热,结合自身革命经历多讲讲中国共产党的故事、党的光荣传统和优良作风,引导广大党员特别是青年一代不忘初心、牢记使命、坚定信仰、勇敢斗争,为新时代全面建设社会主义现代化国家而不懈奋斗。

祝大家生活幸福、健康长寿!

习近平
2021年2月18日

习总书记的回信极大地鼓舞了新四军研究会的全体同志,研究会文教分会华东革大大组遵循习近平的希望:老同志们继续发光发热,结合自身参加革命的经历,多讲讲中国共产党的故事,讲好作为新四军的余脉——华东人民革

梦缘情怀 ——光荣属于华东人民革命大学

命大学的故事，不断发扬党的光荣传统和优良作风，让我们广大的党员深受教育，激励青年一代不忘初心、牢记使命、坚定信仰、勇敢斗争，为新时代全面建设社会主义现代化国家而不懈奋斗。

一直为有华东人民革命大学的经历而自豪的钱吉虎退休以来，致力华东革大人的纪念集会、历史研究，并且收集资料著书立说。他对施老是熟悉的，也曾获得《施平文集》签名本，他对施老也是充满敬仰之意的。

谈起施老，是给习近平总书记写信的新四军老战士中的首位，是一位德高望重的革命老人。他1911年11月1日出生于云南省大姚县，1935年参加革命，做地下学联工作。1938年加入中国共产党。1926年大革命时期参加反帝反封建运动，1931年参加"一二·九"抗日救亡运动。施平老人两次作为浙江大学的学生代表直接面谏蒋介石，力陈抗日救国主张。施平历经抗日战争、解放战争。新中国成立后，曾任上海市人大常委会副主任，而后又担任了华东师范大学党委书记兼校务委员会主任，教书育人，桃李天下。2021年，110岁的施平老人身着红袄、精神矍铄，在六集文献纪录片《铁军——新四军的故事》中，为大家讲述着他所经历的革命岁月。家学渊源恩泽后世，施老的孙子施一公博士创办西湖大学并出任校长，为新时代高等教育做贡献。

这次请施平老先生为本书题词，是通过复旦大学出版社贺琦责编找到在华东医院的施老，从华东医院郑松柏副院长手中接到施老题词。

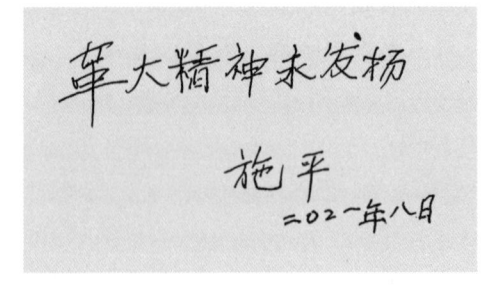

为此，钱吉虎赋诗一首：

廿年辛苦不寻常，风雨无阻奔走忙。历史丰碑巍然立，留给后人常瞻仰。

红色余脉军号响，校志再谱新篇章。九龄学子毋相忘，华东革大精神永发扬。

亲历者钱吉虎得到表彰

上海新四军研究会成立于1980年，长期致力于党史军史研究宣传教育工作。2020年5月，鉴于新四军历史中对华东人民革命大学研究的贡献，上海市新四军历史研究会评选钱吉虎同志为2018—2019年度先进个人。

当时任新四军历史研究会文教分会的副会长兼分会秘书长张觉先讲述钱吉虎同志被评为新四军历史研究会总会先进个人：

我接到总会通知，要评选在2018至2019年这两年的"争先创优"活动中表现突出的会员，在推荐入选的三人中，最为突出的、给人印象最深的是钱吉虎同志。

钱吉虎同志是华东人民革命大学历史研究大组的组长，新中国成立时的华东革大学员，近二十年来为收集华东革大历史资料做出了杰出的成绩。昔日的华东革大学员分散在全国各地,为集全一份三千人华东革大学员通信录,其难度有多大可想而知。多年来他废寝忘食、孜孜以求,终于把散落在各地的"老革大人"重新聚集起来;为增强联络和沟通印刷了《梦缘》不定期刊物,老学员争相传阅。后来,多年的《梦缘》被印刷装订成厚厚的三本书。以此为基础,推动了华东革大老同学联谊活动的展开,建档树碑,……这一切钱吉虎功不可没。

这一切的联络工作没有组织任命、没有办公地点、更没有资金。老钱"贴钱""贴精力""贴时间"。他的退休工资全部补贴在收集华东革大资料上了。做这一切,既无名也无利,甚至还引来家属的不理解。可钱吉虎同志仍乐此不疲,一如既往。特别是近年加入新四军历史研究会后,工作更为积极,作为华东革大历史资料收集组的领头羊,工作更为出色。

虽然他已是85岁高龄,但为了工作,即便在热浪酷暑中,还是不顾一切跑得满头大汗;寒冬腊月狂风大雪也挡不住他的脚步。钱吉虎同志最终做成了这些事……最终他的这股"傻劲"得到大家的赞许。

其实作为共产党员的钱吉虎并不"傻",只不过"人各有志",理想不同、信念不同,作风当然也不一样了。

在广泛征求群众意见的基础上,我在文教分会会长办公会上正式介绍了钱吉虎同志的事迹,一致通过整理钱吉虎的材料上报,经总会慎重审核、评估、综合考虑后决定:正式评定钱吉虎同志为我会2018—2019年度先进个人,并颁发奖状以资鼓励。

建议深入对华东革大的历史研究——阮万钧写给上海市委书记的信

半个世纪以来华东革大的人汇聚在一起,搞一些联欢活动,写一些回忆录,总结活动经验,这仅仅是在自娱自乐。想要进行深一层次的研究,还是在2013年的7月,由阮万钧同学提出来,并且率先付诸行动。

时间定格在五月的一天,吉虎同学来到芜湖,拜望当时85岁的安徽省芜湖新四军研究会副会长阮万钧。由阮万钧提出建议并且亲笔写信,交给钱吉虎寄出。当时的信是写给上海市委书记韩正同志的。信里面第一次谈到了对华东人民革命大学进行深入研究的事情,把深入研究作为一个常规性的工作。

十二 展望：牢记使命深受鼓舞

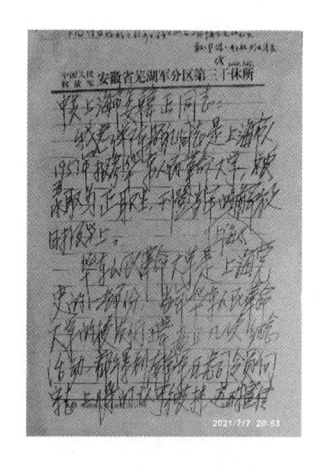

有这样的一群战士，他们行走在革命的道路上，始终有一种使命感，要把对这段历史的研究，进行下去。总有一种声音在前面召唤，尽管他们已步履蹒跚、卧床不起，依然猛志常在。他们唯一可用的办法就是写信，向有关方面反映。信发以后，有关方面很重视，并给予了复信。

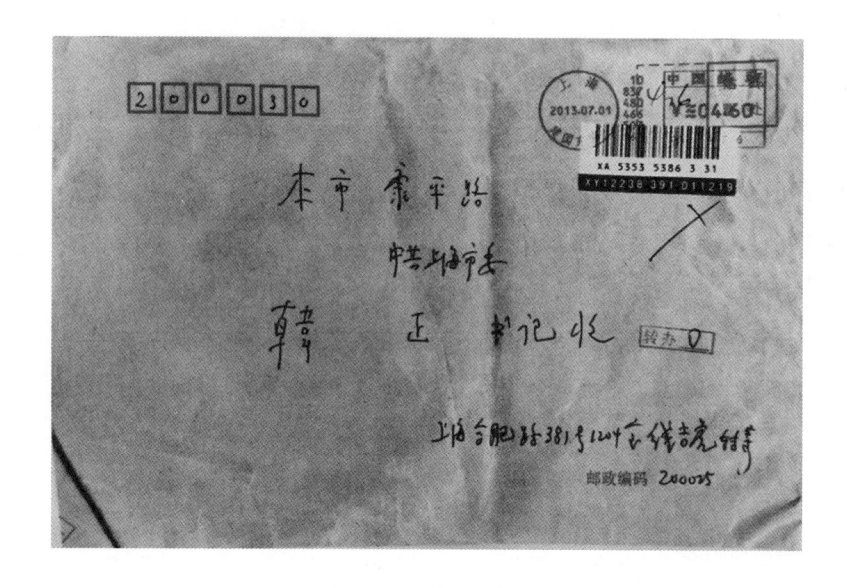

"华东人民革命大学与上海高等教育发展"座谈会在东华大学举行

2021年6月21日下午,由东华大学和华东师范大学主办的"华东人民革命大学与上海高等教育发展"座谈会在东华大学延安西路校区第三教学楼四楼会议厅举行。上海市教卫工作党委副书记、上海市教委副主任闵辉,东华大学党委书记刘承功、党委副书记崔运花,中国高等教育学会校史研究分会秘书长张凯及相关学校负责人、华东人民革命大学(以下简称"华东革大")校友代表等出席活动,座谈会由崔运花主持。

闵辉在开场致辞中指出,华东人民革命大学作为培养党的干部和新中国建设人才的学府,为上海高等教育发展积累了有益经验。他强调,身处新时代,上海高等教育肩负的育人职责更重大、使命更光荣。要赓续华东革大红色基因,坚持社会主义办学方向,坚持把立德树人作为教育的根本任务,让红色基因、革命薪火代代相传;为加快教育现代化、建设教育强国、办好人民满意的教育作出新的更大贡献。

张凯代表校史研究分会对本次座谈会的召开表示祝贺。他表示华东革大与上海高校渊源深厚,开展相关方面的梳理和研究十分必要。他期待有更多的专家学者关注高校的党史校史研究工作,共同推动中国革命史、高校党史、校史研究工作取得新成绩,为党史学习教育和中国共产党建党百年提供更多鲜活的历史素材。

复旦大学校史研究室主任钱益民、华东师范大学档案馆馆长汤涛、上海外国语大学档案馆(校史馆、博物馆)馆长王雪梅、复旦大学附属中学党委书记郭娟、东华大学档案馆馆长张千里等分别结合各自的学校与华东革大的历史渊源、华东革大师生来校工作后对学校的贡献以及学校传承华东革大精神的做法等方面进行了交流发言。

十二　展望：牢记使命深受鼓舞

会上，104岁的东华大学离休干部、原华东革大班主任刘洁录制视频分享了感悟；华东革大校友代表年近九旬的钱吉虎回顾了在华东革大学习生活的场景，提出：我作为亲历者，对华东革大的研究仅仅开了个头，任重道远，寄希望于专业院校青年学者，把研究工作深入继续下去；舒同书画研究院院长、舒同书法文化发展基金理事长舒安讲述父亲舒同领导华东革大的经历，并赠送"苍山如海"书法作品；

中国美术家协会专委会委员、上海市新四军历史研究会会员、文艺评论家陈发奎介绍他的新书《梦缘情怀——光荣属于华东人民革命大学》的精要内容及创作过程；

华东革大师生的后人代表周泉、成莫愁也进行了交流发言。他们都希望通过校史挖掘，将华东革大精神发扬光大，努力传承红色基因，深入研究革命文化，根植祖国大地，寄希望于青年，让革命火种代代相传。

刘承功在总结中结合习近平总书记给上海市新四军历史研究会的百岁老战士们回信精神，他指出，学习历史是为了更好地走向未来。回顾华东革大与上海高校的历史渊源，就是要发扬光大办学文脉中的红色基因，深刻领悟蕴含其中的对党忠诚的政治信念、为民服务的宗旨意识、"红专并举"的育人理念、敢于斗争的革命精神，更好地传承党的初心、使命和优良传统，更加自觉地坚持党的全面领导、坚定社会主义办学方向、落实立德树人根本任务，努力在新的历史起点上奋力取得更大成就。他希望上海兄弟院校要进一步加强交流合作，发挥整合红色校史党史资源，更好地讲好党领导教育事业发展的红色故事，办好人民满意的教育。

筹建"华东人民革命大学史料陈列馆（室）"

附：感谢信

尊敬的东华大学党委刘承功书记并各位校领导：

值此，"华东人民革命大学与上海高等教育发展座谈会"圆满成功召开之际，我们上海市新四军历史研究会文教分会华东革大大组和舒安先生全家向你们并通过你们向参与的市教委领导，上海有关高校等研究人员表示衷心的感谢！感谢东华大学精心策划践行了主题探索，为丰富华东革大的研究，传承红色基因打下良好的基础。

我们将以此为新的起点，以《梦缘情怀》一书为重点，继续做好研究工作，同时积极准备征集更多的史料，让后人观瞻，使华东革大精神永放光芒。下一步我们设想能为筹建"华东人民革命大学史料陈列馆（室）"，进一步整合与发掘有关史料，使之在上海高校间成为一块"以史育人"的红色基地而再努力。希望继续得到您及各位校领导和有关校史办（馆）专家们的支持与鼎助！并向市教委领导再次转达我们诚挚谢意！顺颂

夏祺！

上海市新四军历史研究会文教分会华东革大大组敬上
2021 年 6 月 28 日

上海市新四军历史研究会文教分会华东革大大组成员名单

组　长：钱吉虎

组　员：周　泉　成莫愁　施丽卫　陈发奎　赵保平　潘志成　张琳芳
　　　　周肖军　周南征　舒　晚　丁　菲　周辛隆　赵　勇

华东人民革命大学历史研究大事记

　　华东人民革命大学历时三年多，研究华东革大的历史，有专门的校史和许多同志的回忆录，还有《改造》报等资料。这里所做的大事记是近年来，对华东人民革命大学的历史研究所做过的事情，粗线条地记录了各地各期各部广大校友为发扬华东人民革命大学的精神所开展的活动。

1999 年
4月17—4月18日，苏锡杭沪22位校友启动华东革大三期结业50周年聚会倡议。

2000 年
元旦，"华东人民革命大学三期同学结业50周年聚会构想"初稿。
3月5日，在苏州北兵营宣布"华东人民革命大学三期同学结业50周年纪念会筹备组"成立。钱吉虎、陈家骅、顾岁荣、李云程同学为正副组长。
5月6日，《筹备通讯》第一期出版。8日筹备组第二次（通讯）会议。
6月10日，《新民晚报》5版刊出华东革大聚会新闻消息。
7月24日，在南京的同学首次聚会，胡绍基、李文钺等32人出席。
8月8日，给20位一期、二期来联系的同学发出欢迎"成组参加"的复信。据此精神，给姚学伟复信，欢迎参加。
9月4日，筹备组致苏州市人民政府"关于华东革大旧址列为市级建筑保护单位的建议"，华东革大师生陈准提、王零、王乐三、余仁、毛巧等100人签名。
9月15日，上海同学第三次聚会于上海气象局。
9月25日，一期学员、二期三期班教育助理徐振亚陪钱吉虎拜访李正文副校长，获"发扬华东革大精神，共叙同学友情"的题词。下午，与北京4位老师15位同学首次聚会。
10月12日午后，金华的黄毓华在西站接钱吉虎，由汽车南站赴兰溪，王德润同学接站，于周德荣家会兰溪同学。18时返金华，宿于（1990年获铁道部有突出贡献中青年专家称号、副教授）叶瑞汶同学家。
10月13日9时许，抵诸暨陈再英家会四同学，又拜访了钱吉虎的入团介绍人徐鸣皋同学。

10月26日，成立文物展览组，洪浚明（组长）张硕、张锦芳、解鉴堂为组员。

11月3日，寄王零邀请任顾问信。

11月5日，收李正文副校长同意任顾问函。

11月15日，筹备组主持日常工作，人员新增郭亦渔、司马达同学。

11月23日下午，钱吉虎、王新铭、潘钛赴华东医院拜访部主任王乐三（81岁）、周抗（87岁）、余仁（80岁）、王零（83岁）。

同日，收魏伯雨老师同意顾问函。

11月24日上午，扩大后的筹备组上海成员10人第一次在外滩市总工会聚首。

12月6日，钱吉虎、司马达及陈家骅、郭亦渔、杨永庭会商于苏州市地方志馆。

12月18日，筹备组在苏州召开第三次会议。23位成员出席，增补1名筹备组副组长和13人筹备组名单，通过致苏州市人民政府备案和邀请函。

2001年

2月7日，请温仰春夫人毛巧给江苏省委副书记李源潮寄去邀请信。

2月8日，在苏州召开纪念会准备工作第一次会议。3月8日在苏州市方志馆召开展览组会议，21人出席。

3月9日上午，在8日夜筹备组正副组长会议上基本一致的基础上，第四次筹备组会议在苏州召开。通过聘请李正文等八位老师为顾问。增补司马达同学为筹备组副组长，会议强调发扬华东革大精神。

4月5日，送邀请函给王乐三、毛巧同志。

4月12日，收李源潮副书记贺信。

4月13日，钱吉虎向余仁、王零顾问送邀请函。

4月14日，向苏州市委、上海市委党校、上海市教育委员会及校长亲属发邀请函。

4月16日，中共苏州市委陈（德铭）书记批示：请冯书记出席，请苏州新闻予以报道。

4月16日，来苏州的老师同学报到。报到处悬挂孟信托对联，上联："忆当年分别在风华正茂之际"，下联："看今朝相会在晚霞灿烂之时"。

当晚，筹备组在展览会现场召开预备会议。

4月17日上午，600人大会准时在苏州北兵营大礼堂隆重举行。钱吉虎、魏伯雨、冯瑞渡、林超、董金平、张兆田、郭坚化、舒关关、陈家骅等人致辞、讲话。

4月17日晚，在拥军楼大酒店多功能厅举行了联欢晚会，有来自广东、山东、安徽、湖北和杭州、温州、台州、镇江、苏州、上海等地的同学。

4月18日，白天游苏州园林。

晚上，筹备组在拥军楼四楼召开会议，总结经验，部署善后工作。

4月25日，《苏州老年》一版全文刊出李源潮贺信，对华东革大三期学员五十年再聚首苏州作了报道。

李炎、王新铭及葛弘敏、张家驹三篇文章，对五十周年联谊活动也作了精彩报道。

6月10日，钱吉虎、周珩、殷良铎和高祖培同学、登门向在无锡的姚学伟致歉意，姚学伟签署了迟到的祝贺信。下午，钱吉虎与来沪的二期同学顾芮芬亲切会面。

7月14日，原文工团著名歌唱家任佳珍在大清花酒家宴请华东革大教工陈志强、徐北鸿、王肇铨、颜华、陈蕴、曹锋、张瑞芳、李也甘、于希敏和同学周珩、钱吉虎11人。

11月25日，在北京的同学24人与李正文副校长欢聚，顾岁荣参加。

12月，上海三期同学联谊联络组成立，罗念祖、葛弘敏为正副组长。

2002年

2月，在上海的三期同学首次举办迎春团拜会，共190人。

2月，上海三期同学《联谊简讯》月刊创办。

2月10日，毛巧将温仰春的两本笔记本赠与钱吉虎。

3月12日，筹备组印发活动结束函。

3月，联谊联络组首次组织64人赴金华、兰溪旅游。

4月11日，陈志强老师和一期姚学伟学长在无锡召开来自祖国四面八方的27位发起人代表会议，书《圆梦之火在太湖畔燃起》纪要。

4月18日，丁西三等181人签署关于"举办华东人民革命大学建校55周年纪念大会的倡议书"。

5月8日，王新铭、钱吉虎赴安徽合肥市会见二、三期同学28人。9日赴京，连夜拜访了原部主任，华东师范大学第二任党委书记（中央宣传部工作的）崔毅老师。

5月12日，钱吉虎、王新铭，与华东革大在北京的师生20余人在劳动人民文化馆北馆会面。

5月12日—5月13日，钱吉虎持王新铭开具的介绍信，赴山东济南市拜访了华东革大秘书长冯乐进和南京市原班主任高友德。94岁冯乐进为纪念大会题字："发扬华东革大精神"。

5月23日，作为大会筹备委员会传递各种信息，反映校友心声以及有关会议情况的刊物《圆梦通讯》正式印刷。

5月29日，姚学伟、俞步云、段良铎、张百年、陈志强、周珩、于鸿志、王新铭、钱吉虎九人在"人才开发杂志社"开发起人代表碰头会，商议新编《圆梦通讯》第一期发罗念祖、张家驹同学。大家认为有必要成立校史编写组，终未落实。

9月11日，公布报名参与华东革大建校55周年纪念活动，人数为1257人，其中，教师115人，一期同学430人，二期同学654人，三期同学460人，四期同学6人，南京分校82人，浙江分校10人，其他还有家属等。

9月25日，在沪师生陈志强、王炼、薛子峰、吴世民、刘洁、曹萃亭等26人首次会面于东华大学。

10月30日，发起人姚学伟在上海华侨之家会议室主持28位校友商讨联谊会议，宣告华东革大建校55周年纪念筹委会第一次会议顺利召开，协商一致推选石坚、丁西三、陈志强老师和姚学伟、丁月娥、倪湘正、王新铭、钱吉虎为副主任。石坚为第一副主任。

12月11日，筹委会在沪六位副主委召开成立后第一次会议，推举钱吉虎为常务副主任。讨论了工作要点。并原则通过纪念活动纲要。（1）准备，2002.11起半年。（2）展开，2003.5起半年（3）完善，2003.11起4个月；（4）《圆梦》，2004.3印发正式开会通知。

2003年

1月6日，根据在沪常委会会议通过的《纪念册》编写大纲的要求，即日起向广大校友征集《纪念册》稿件。

1月24日，原上海市委领导、百岁革命老人夏征农同志为纪念大会题词："发扬华东革大光荣传统"。

3月16日，纪念光盘制作小组召开首次会议，就分工、计划、框架进行了讨论。

4月18日，联络组发布了工作计划，先要建立起一支联络员队伍，再确定大会联络接待员，为纪念大会正式召开作准备。

5月20日，北京崔毅老师题书："祝华东革大校友'圆梦'，梦景情谊深重，弘扬华东革大光荣传统，传统地久天长。"

7月8日，陈志强、王瑛偕钱吉虎拜访陈准提、王玉春老师。

8月25日，陈准提供：1950年8月，华东革大政治研究院暨二期一部、二部、三部开学典礼上有关领导：饶漱石、马寅初、陈望道等26人的签名。

9月10日，收到校友寄来"联系表"1 300余份，《校友通信录》初稿完成，即将付印。

9月14日，黄良鑫主持华东革大一期、二期、三期同学成都聚会（84人）。

11月7日下午，钱吉虎邀请顾岁荣同学同往浙大求是新村，拜访原华东人民革命大学浙江分校教务长，后任浙江大学党委书记、省教育厅副厅长的黄固老前辈，相谈甚欢。

11月15日，南京分校在沪同学第三次聚会（45人）。

12月7日，筹备委员会召开各工作组汇报会，与会同志建议，纪念大会的人数以600人为宜，最多不超过800人。纪念活动应按原定2004年4月尽早举行，不宜再拖。（秘书组孙承良记录刊《圆梦通讯》增刊6期）

年中举办过36位属鸡（实岁）和属狗（虚岁）70寿诞，百余人参加。

2004年

1月8日，副主任扩大会议通过王乐三为筹委会主任。

2月，副主任集体签名决定：石坚不再担任第一副主任，钱吉虎不再担任常务副主任，但仍为副主任。

2月18日，《圆梦通讯》2004年第一期《会务组对大会活动的建议》载明建校55周年纪念大会计划在5月中旬召开，参加人员：在沪老师，学员计划600~700人，外地校友计划200~300人，人数不加限制。

3月8日，王乐三书面呈报筹委会辞去"主任"一职。

4月20日，在南京的三期同学组织"钟山聚友情 猴年蟠桃会"，20个省市233人参加。

4月20日，《圆梦通讯》2004年第三期刊出：4月8日首次常委会扩大会议上，办公室主任丁月娥汇报，已收到表示出席的回执近 1 200 人。

4月28日，钱吉虎应毛巧邀请，与温建民一起出席东华大学纪念温仰春同志100周年诞辰座谈会。

4月30日，"非典"疫情严重，接市有关部门领导意见，筹委会发出中止5月中旬在上海召开全国性纪念大会的紧急通知。

5月9日，王瑛常委等受众多老师委托，在上海医科大学召开筹委会第二次会议，56人会议决定：老师全部退出，由丁月娥、王荫泰、俞步云、贾文秀、董景星、钱吉虎、殷良铎七同学组成留守工作组，丁月娥任组长。

5月12日，王荫泰主持上海同学80人参加的建校55周年纪念会。

6月12日，胡建华主持重庆同学建校55周年纪念会。（11人）

6月24日，陆勇翔主持在北京的师生建校55周年纪念会。（86人）

7月3日，顾岁荣主持杭州同学建校55周年纪念会。（150人）

7月8日，"留守工作组"主编的《工作通讯》发刊。

7月15日，黄良鑫主持在成都的同学建校55周年纪念会。（15人）

8月10日，高耀翁主持苏州同学建校55周年纪念会。（70人）

9月5日，朱玉成主持华东军区青年干校二期师生同学会。（139人）

9月9日，戴文芳、钱秋琴、钱吉虎拜访程雨村老师。

9月16日，高洪主持昆明建校55周年同学纪念会。（8人）

9月21日，吕基业主持乌鲁木齐同学建校55周年纪念会。（13人）

10月3日，李文明主持温州的浙江分校同学建校55周年纪念会。（43人）

10月16日，徐雄主持合肥同学建校55周年纪念会。（214人）

10月16日—10月18日，徐炎武主持德清同学建校55周年纪念会。（90人）

10月17日，李维驹主持在六安同学建校55周年纪念会。

10月18日，高祖培主持无锡太湖同学建校55周年纪念会。（180人）
钱吉虎倡议成立华东革大信息交流中心推荐信，曹干成等79人签名。

10月24日，董景星在上海主持同学建校55周年纪念会。（270人）

10月31日，陆国初在镇江主持同学建校55周年纪念会。（25人）

11月5日，楼纪和主持滁州同学建校55周年纪念会。（45人）

11月14日，林昌业主持蚌埠同学建校55周年纪念会。（29人）

12月20日，姚学伟提出关于组建"华东人民革命大学校友联谊信息交流中心"的建议。

2005 年

1月1日，王新铭主编的《梦缘通讯》第一期发刊。

1月27日，董景星、贾文秀、张幸致全体校友的信，宣告圆满完成筹委会交给的任务。

3月12日，在上海召开信息交流中心首次会议，22人到会，推选姚学伟、王荫泰、陆国初、王新铭、张锡良、钱吉虎6人组成办事班子。

7月1日，陆国初主持镇江同学邀请长三角华东革大人联谊活动，到会36人。

10月12日—10月14日，李维驹、顾国雄主持在安徽六安举行的纪念二期同学赴皖土改55周年会议，到会69人。

11月2日，屠元法主持在浙江省宁海市举办的华东革大同学联谊活动，到会70人。

11月5日，纪念建校56周年会议在杭州举行，到会34人。

11月25日，江西东乡县隆重纪念舒同百年诞辰系列活动，钱吉虎应邀出席座谈会和"舒同纪念邮册首发式"。

11月26日，召开舒同书法研究会第二次理事会议。

12月25日，联谊信息交流中心第二次会议在上海召开，推举丁月娥为理事组长，理事扩至12人。信息交流中心改名为华东革大同学联谊会。

2006 年

4月，三期同学组织"风雨华东革大人 太湖聚友情"盛大联欢晚会。（到会432人）

4月28日，华东革大同学联谊会第三次理事（扩大）会议在上海召开（到会36人）。经认真讨论，名称不变。《梦缘通讯》要保持特色，增强报道力度。下午乘车参观东海大桥、洋山深水港和临港新城。

5月23日，合肥地区二期同学首届联谊会如期举行，到会106人。

9月5日，蒋祥贞主持在温州雁荡山举行的纪念建校57周年会议，到会33人。

10月15日—10月18日，二期同学《回忆录》编委会会议在安徽省凤阳县召开，到会58人。组成王荫泰为主编，王昌畴常务副主编，徐绍良、陆国初、王锄非副主编，共79人的编委会。钱吉虎、吕基业应邀出席。

10月19日，应邀列席凤阳会议的钱吉虎、沈国藩在返沪途中顺路拜访南京分校领导、90高龄、曾任南京市市长的王昭铨和杨志老师。

10月，刊印700余同学的通信录。

12月29日，华东革大南京分校60多位校友在江苏省委党校欢聚一堂，热烈祝贺王昭铨九十华诞。

2007年

2月，王志强等七名发起人筹备华东人民革命大学南京分校60周年校庆致校友的一封信。

5月，姚学伟等33人发出关于编撰《峥嵘岁月》的倡议书。

8月27日，李文钺主持华东军区青年干校（丹阳二期）在镇江聚会。（81人）

10月26日，华东革大建校58周年暨浙江联谊会在诸暨市举行。到会有北京、安徽、江苏、上海的同学65人。

2008年

1月8日，上海同学迎春会在帝龙海鲜馆举行，到会100人，内有浙江、江苏赶来的一期、二期、四期7位同学。

4月26日，胡祖兰主持在浙江省丽水市举行的建校59周年同学会。（34人）

4月29日，顾轩主持华东军区气象干校（二期）师生深圳聚会。（48人）

5月5日，一期同学回忆录编委会16人会议在复兴公园讨论，通过姚学伟、王瑛为正副总主编，刘知群为主编，陈观云、张时才、沈翔、吴俊彦、王新铭为副主编，腾越、邹人杰、丁月娥为顾问。

6月10日，华东人民革命大学南京分校60周年校庆筹备组向中共江苏省委梁保华书记写了报告，梁书记作了批示。

9月20日，二期同学回忆录精装本《华东革大人》新书在合肥印刷，到会98人。

10月9日，一期同学回忆录编委会十位主要成员在上海召开审稿会议，议定书名为《华东革大人》，并就有关议程取得广泛共识。同时发出举办建校60周年纪念的倡议。

2009年

1月，上海三期同学迎春团拜会向1937年、1929年出生的牛星祝寿、1959年结婚（金婚）献礼。

5月10日—5月11日，由华东革大同学联谊会组织的建校60周年纪念活动和《华东革大人》新书首发式一起在上海和苏州市举行,上海有240人到会。

5月10日,嘉兴校友纪念建校60周年活动。(35人)

5月24日,安徽校友建校60周年。(28人)

6月6日上午,南京分校建校60周年纪念大会在江苏省委党校举行。省委副书记王国生和王昭铨副校长等讲话,鼓舞了大家。

6月6日,钱吉虎、舒安在芳草书画院蔡志芳院长陪同下拜访了开国将军向守志司令员,赠送《华东革大人》新书。

12月8日,汤成、徐绍良、钱吉虎(执笔)三人合写《碑》短文,在《梦缘通讯》63期刊出。

12月22日,因发行班子年老体弱,难以继续,《梦缘通讯》64期宣告结束。

2010年

1月3日,苏州《情系华东革大》刊出,张目赞助3000元,推动在苏州建碑的宣传和落实。

1月8日,举办华东革大上海同学新春联谊会。(69人)

8月31日,在收到向守志和方明的珍贵墨宝后,华东人民革命大学旧址建碑筹备委员会(36人)会议在华东理工大学召开,推选张目为主任,钱吉虎、张锡良为常务副主任,通过《告全体校友书》,成立相应工作组,全面启动。

9月12日,旧址建碑筹委会向中国人民解放军驻苏州部队司令员、政委、参谋长、政治部主任同志呈上"关于母校华东人民革命大学旧址校园内建立地标石碑的报告"。

12月6日,钱吉虎、楼汉钊等人到访苏州市档案馆,获苏州市档案馆发出华东人民革命大学档案资料征集启事。

12月上中旬,钱吉虎三次到苏州捐赠向守志墨宝等在内的154件(卷)(文史档案118件,照片8卷,声像4卷,实物材料24卷),2013年发给证书。

2011年

1月20日,张目发E-mail:特大喜讯:母校旧址北兵营建碑今天下午已获苏州部队批准。

4月16日,三期同学结业60周年纪念大会在上海市委党校举行(270人)。

4月18日,华东人民革命大学旧址纪念碑落成典礼暨第三期结业60周年大会又称三期结业 60 周年暨旧址纪念碑落成典礼在苏州举行，苏州市委常委、组织部部长王立平出席。副政委陈书来大校、上海市委党校校委员张志伟、向守志上将代表蔡志芳，校领导之子舒安、温建民、李海丘，教工代表丁西三等 500 余人参加。会上陈尚礼同学的丈夫，芜湖市新四军研究会副会长阮万钧建议成立华东革大历史研究会，在中共苏州市委党史研究室领导下，从事专项研究。

8 月，钱吉虎、尹春明，成莫愁（执笔）合著《从校友情到树丰碑》编入中央党校《求是先锋》丛书。

11 月，《华东人民革命大学纪念碑》（钱吉虎著）入编《世界重大学术思想获奖宝典》（中华卷），是大型中英文对照的理论工具书。

2012 年
12 月 26 日，547 位校友共赞助 242 841 元，刊在《历史丰碑》一书上。

2013 年
2 月，上海三期同学迎春团拜会改为聚餐会，人数减半。
3 月 18 日，为怀念王新铭同学，《梦缘》电子版发刊。
7 月 22 日，中共上海市委党史研究室就芜湖市新四军老战士阮万钧致信上海市委韩正书记，得复信："待适当时机进行。"

2014 年
3 月 27 日，上海市教委办公室就复旦建碑事给钱吉虎复信。
4 月 20 日，旧址建碑小组致一期二部同学和教工的一封信。
5 月 15 日，安徽滁州同学纪念建校 65 周年。（10 人）
5 月 16 日，张福海捐赠 1949 年 9 月复旦大门口原照三张，易昆浩捐学员胸章和纪念章给复旦大学档案馆。
5 月 25 日，纪念华东革大建校 65 周年会在上海召开，到会 160 人。
5 月 25 日，华东人民革命大学发源地纪念碑落成，由复旦大学党委刘承功副书记和钱吉虎揭幕。
5 月 26 日，复旦大学档案馆周桂发主持红二代李海丘、李海鹰、张海生、沙尚之等同志座谈会。
10 月 13 日，杭州一期同学庆祝建校 65 周年。（41 人）
10 月 14 日，成都校友聚会。

11月20日，杭州三期、四期和浙江分校同学纪念建校65周年。（18人）

11月24日，浙江丽水市同学庆祝建校65周年。（21人）

12月，华东人民革命大学北京校友联络组公布捐助安徽省潜山县割肚希望学校，共计52.296万元。（121人）

2015年

5月，《红霞满天》发行。编委会寄送名列中国前40所大学图书馆收藏。

9月18日，钱吉虎出席抗日战争胜利70周年暨"求是先锋"出版座谈会。

2016年

4月18日，华东革大纪念碑落成五周年纪念，到会苏州、上海校友49人。

5月14日，上海三期同学联谊会聚会。（80余人）

5月16日—5月18日，在苏州西山举办三期结业65周年纪念座谈会。（20人）

6月14日，华东革大人联谊活动首倡人顾岁荣逝世，钱吉虎赴杭州参加追悼会，送上山。

7月7日，复旦大学校董孙中山铜像捐赠仪式举行，孙穗芳博士、许宁生校长、刘承功副书记和华东革大学员施国礼、张目、钱吉虎出席。

8月26日—8月27日，钱吉虎专程从乌鲁木齐市乘火车赴库尔勒市拜访包文杰同学。

钱吉虎所著《创新突破 树碑建档 存史育人》刊入中央党校《求是先锋》丛书。

2017年

11月，上海《文汇报》《新民晚报》报道复旦大学图书馆建"毅公书屋"，钱吉虎捐赠陈毅在华东革大的12寸照片数张。

2018年

3月，钱吉虎申请加入上海市新四军历史研究会会员，编入文教分会。

5月28日，复旦大学图书馆王乐副馆长应邀来钱吉虎家，接受捐赠给复旦大学图书馆文献资料，温仰春笔记本两本、李正文照片112张和《求是先锋》丛书4本等。

2019 年

2月6日春节，在浙江千岛湖游轮上，接施国礼同学从美国来电，建议上海建华东人民革命大学赋碑，令人激动。

2月15日，校友会筹备组丁西三、郭川、孙承艮教工和汤成、丁月娥、钱吉虎八学员，向复旦大学党委呈报《敬慕历史 响和景从》的报告。刘书环润色、点题，获复旦大学领导好评。

3月—5月，介绍周泉、成莫愁、施丽卫、陈发奎、赵保平加入新四军历史研究会为会员，组成文教分会华东革大大组。

华东人民革命大学建校70周年庆祝活动筹备组启动。

3月22日，筹备组成员代表赴海南省三亚市访戴文芳同学。23日赴海南省五指山市访温建民同志。

3月，钱吉虎陪同舒安同志访问复旦大学，由党委副书记刘承功接待。

5月20日，钱吉虎出席复旦大学举办《上海与陈毅》图片展览，与陈毅子陈昊苏，女丛姗合影。

6月10日，舒同书"华东人民革命大学校史"捐赠复旦大学档案馆。

7月1日，复旦大学党委书记焦扬会见华东革大赋作者、策划人等。党委副书记尹冬梅和学员代表钱吉虎揭牌。同日，舒同书画巡展在复旦大学展出，原市人大主任龚学平出席。舒同书画巡展至7月10日。

2020 年

5月8日，上海市新四军历史研究会表彰钱吉虎为2018—2019年度先进个人。

7月6日，《革大史料》电子版，自第18期起以华东革大大组名义编发。

2021 年

3月29日，钱吉虎和陈发奎访问钱吉虎同学诸暨家乡、母校学勉中学，并拜谒朱学勉烈士墓。

31日，钱吉虎、陈发奎去无锡拜访市政协主席赵叶、拜访温建民和姚学伟的遗孀，再赴丹阳瞻仰总前委旧址纪念馆。

4月13日，钱吉虎、陈发奎瞻仰苏州华东革大旧址纪念碑，参观苏州市档案馆，拜访孙树人、张朝维和戴文芳同学。

5月18日，国际博物馆日，在丹阳市总前委旧址纪念馆，举行了上海市新四军历史研究会立的"华东人民革命大学筹备处旧址"挂牌仪式。

丹阳市文体广电和旅游局副局长梁振若出席，钱吉虎、陈发奎，会同丹阳市总前委旧址纪念馆馆长张爱军、副馆长兼党支部书记王玉娟，共同揭牌。

5月23日，钱吉虎赴浙江湖州会见四川成都黄良鑫同学，两人同去安吉余村，晚上抵达上海市。

5月25日，钱吉虎、黄良鑫共访朱琛、丁西三、尹春明校友，并瞻仰一大会址，外滩留影。

5月27日，举行钱吉虎同志向复旦大学图书馆捐赠仪式。

出席嘉宾：上海市新四军历史研究会文教分会会长余金法（78岁）、钱吉虎（87岁）、顾克俭（93岁）、黄良鑫（86岁），以及陈发奎、赵保平、周泉、施丽卫。仪式由周桂发、钱益民，王乐副馆长主持，图书馆党委书记侯力强致辞。

6月18日，苏州校友会22位同学聚会，纪念三期结业和参军70周年，钱吉虎参加合影。

6月21日，东华大学举办"华东人民革命大学与上海高等教育发展"座谈会。

7月27日，《梦缘情怀》书稿编排。

9月9日，出版社组织白华山、汤涛两位党史工作者初审。

9月23日—9月25日，钱吉虎赴兰州出席纪念红军长征胜利85周年座谈会。

9月30日，华东革大大组向中央党史与文献研究院呈报，关于开展华东革大和华东军大校史研究的建议。

12月30日，华东革大大组向市党史研究室呈报，关于奉贤路72号列入红色基地的建议。

梦缘情怀 ——光荣属于华东人民革命大学

2006年4月，东华革大同学联谊会第三次理事（扩大）会与会人员合影

人物简介

舒同（1905—1998年），字文藻，又名宜禄。江西省东乡县人。舒体字创立者。

1926年任中共江西省东乡县委书记，1930年参加红军，五次反围剿，任师政治部主任。长征后任红军总部秘书、总政宣传部部长，晋察冀军区政治部主任，山东军区政治部主任，华东局常委，华东军区政治部主任，华东局社会部部长，华东局国军工作部部长。新中国成立后任华东局常委、宣传部部长，华东军政委员会文教委员会主任，华东党报委员会主任，华东局党校、华东人民革命大学校长等。

1954年起先后任中共山东省委第一书记、陕西省委书记。中国人民解放军军事科学院副院长，中国书法家协会第一任主席、名誉主席，中国老年书画研究会名誉会长，中共中央顾问委员会委员。被毛泽东称赞为"党内一支笔""红军书法家"。

刘格平（1904—1992年），回族，河北省孟村回族自治县人。

1922年9月，加入中国社会主义青年团。1925年12月，和中共早期党员张隐韬一起发动领导了津南农民自卫军起义，1926年转为中共党员。他是津南党组织的创建人。1944年，任中共天津市临工委书记。1945年9月，任华东局民运部副部长。1947年，任山东渤海区党委副书记兼组织部部长、城工部部长。

1949年5月，任华东人民革命大学副校长。同年9月，作为少数民族的首席代表，参加了中国人民政治协商会议第一届全体会议，并当选为中央人民政府委员会委员，任民族事务委员会副主任委员。1952年，任中央统战部副部长、中央民委党组书记。1958年起，任宁夏回族自治区筹委会主任、自治区主席、代理第一书记。1965年后，任山西省副省长、革委会主任、党的核心小组组长、山西省军区第一政委和北京军区政委等职。

温仰春（1904—1981年），广东大埔人。

1924年参加革命。1926年加入中国共产党。1927年后，任（大）埔东革命委员会主席，工农革命军4县游击队党代表，红军第48团政治委员，参加领导了闽粤边区的游击战争。1930年后任永定县苏维埃、闽西苏维埃、福建省苏维埃、福建军区政治部、闽西南军政委员会秘书长。任新四军第2支队、中共中央东南分局秘书长，中共赣东北特委组织部部长，中共苏北盐（城）阜（宁）区委书记，华中局党校副书记兼组织部部长，华东局党校副校长，华东南下干部纵队政治委员。

1949年起任中共中央华东局委员、组织部副部长、华东人民革命大学第一副校长（主持工作）、华东局党校副校长、华东纺织工学院院长。

李正文（1908—2002年），山东潍县人。东北大学和清华大学肄业。

1933年春加入中国共产党。1934年受党委派去苏联学习，回国后从事共产国际和党的重要情报、策反工作，受到俄罗斯总统叶利钦颁发的勋章。1949年6月，上海市军管会委派李正文为军代表接管复旦大学，兼任上海暨南大学校务委员会主任。

1950年3月任华东人民革命大学副校长。1952年1月任中共复旦大学党委书记，10月兼任副校长。1954年任高教部政治教育司司长、中国老教授协会名誉会长等职。

1983年，离休后担任中国逻辑大学专职校长。"把中国逻大办成一所有中国特色的社会主义函授大学"，"让世界各国都知道中国有一所逻大"。

匡亚明（1906—1996年），江苏省丹阳市人。

1926年8月加入中国共产主义青年团，9月转为中国共产党党员。后任上海沪东、沪西、闸北等区共青团委书记及中共区委常委。共青团无锡中心县委书记及共青团江苏省委巡视员，1927年领导宜兴秋收起义。后任中共徐海蚌特委宣传部部长。任华东局宣传部副部长兼《大众日报》社长、总编辑等职，山东分局宣传部部长。

华东人民革命大学副校长、政治研究院党委书记兼院长、中共华东局宣传部常务副部长等职。1955年任东北人民大学常务书记兼校长。1963年任南京大学党委书记兼校长，1982年起为南京大学名誉校长。1991年被任命为国家古籍整理出版规划小组组长。晚年主持编写《中国思想家评传》。

吴仲超（1902—1984年），上海市人。

1928年加入中国共产党。在上海、无锡等地从事党的地下工作，任中共南汇、无锡中心县委书记。

抗日战争时期，任新四军战地服务团副团长、中共苏南特委书记、苏皖区委书记，江南抗日义勇军东路司令部政治委员，新四军第6师江南东路司令部政治委员，中共京沪路东特委书记，茅山地委书记，苏南区党委书记兼苏南行署主任，苏浙军区政治部秘书长。

解放战争时期，任中共华中分局秘书长，山东省文物管理委员会主任，中共华东局副秘书长。中华人民共和国成立后，任华东党校副校长兼华东人民革命大学副校长，中华人民共和国文化部部长助理，故宫博物院院长兼党委第一书记。

姜椿芳（1912—1987年），江苏常州武进县西横林人。

革命文化战士；我国当代著名翻译家；新中国文化教育、编辑出版事业、外语教育事业奠基者之一；《中国大百科全书》的首倡者之一和第一任总编辑；华东人民革命大学附属上海俄文学校（上海外国语大学前身）首任校长。

1931年加入中国共产主义青年团。次年转入中国共产党。曾任共青团哈尔滨市委、满洲省委宣传部部长，哈尔滨英吉利亚细亚通讯社俄文翻译。1936年到上海后，任中共上海局文委文化总支部书记、《时代》周刊主编。1945年任时代出版社社长。

上海解放后，先后任军管会文管会剧艺室主任，市文化局对外联络处处长。根据中共中央华东局指示，创办上海俄文学校，任党委书记、校长。曾领导参加《马恩全集》《列宁全集》《斯大林全集》《毛泽东选集》和中央文件俄文版的翻译编辑工作。

陈同生（1906—1968年），四川营山人。

出生于湖南省零陵县，周岁时举家搬迁至四川营山县。1924年参加革命，曾任国民革命军独立师政治部股长、中国青年新闻记者学会（今中国记协的前身）秘书长、新四军挺进纵队政治部副主任、南京市军事管制委员会秘书长、中共中央华东局统战部副部长等职。1951年负责筹建华东革大政治研究院兼任院长。1953年政治研究院迁往上海，又兼任院长。

1955年6月调任上海第一医学院院长，同年10月兼任中共上海第一医学院党委书记。1963年任上海市委统战部部长。著有《不倒的红旗》一书。

王昭铨（1916—2011年），安徽芜湖人。

1938年加入中国共产党。历任安徽省民众动员会直属第十九、二十工作团团员、团长，中共苏吴地委青年大队二中队队长，中共水南地区甘泉县委工委书记、县委宣传部部长，中共淮南区党委城工部联络员。1946年2月起，历任中共华中分局城工部科长，训练班主任、支部书记，鲁中支前政治部科长，豫皖苏建国学院副教务长，南京市军管会文教委员会大专部副部长。

1949年至1951年，王昭铨同志任华东人民革命大学南京分校副教育长；后任中共南京市委统战部办公室主任、副部长、部长，中共江苏省委统战部副部长，中共南京市委统战部部长、南京市人民委员会副市长。其间，1955年6月至1965年11月，任政协江苏省第一届委员会常委，政协南京市第一至五届委员会副主席。

黄固（1917—2018年），广东省惠州市惠阳区淡水镇人。

曾就读于广州市美术专门学校西洋画系。先后在家乡小、中学任教。1940年加入中国共产党，曾担任华东野战军七兵团后勤政治部宣教科长。参加过济南战役、淮海战役和渡江战役。

新中国成立后，历任华东人民革命大学浙江分校教委长、浙江大学马列主义教研室主任、系总支书记、校党委书记。浙江省教育部副厅长，是浙江省第六届人大代表、政协第七届常委及文史委员会主任，浙江省国际文化交流协会理事副理事长。

陈琳瑚（1918—1980年），又名陈放。宋村镇下徐村人。

1936年6月加入中华民族解放先锋队，同年10月加入中国共产党。1937年进抗日军政大学学习，任党支部书记。1938年8月，被分配到中央组织部任陈云部长的秘书，直接受到中央首长身传言教。于1939年春回到山东省委，任中共山东省委副书记、青委副书记、省青救会会长等职。1942年2月，任中共清河区、渤海区区委委员、宣传部部长，直到1949年2月随军南下。历任华东人民革命大学教务处长，上海市委宣传部副部长、市教育局局长、党委书记。

程雨村，1921年生，邹平镇南范村人。

1935年到邹平县立简易师范读书，参加抗日救亡活动。1938年初，参加抗日救国军第五军，在政治部地方工作团工作。后任八路军三支队政治部民运科干事。年底受清河特委派遣回邹长开展地方工作。1938年在邹长组织起邹长三大队，任教导员。同年夏，任邹长独立营副教导员兼总支书记。年底调清河特委组织部任组织科长。1941年后历任清河三地委（清中）、一地委（清东）、渤海五地委组织部部长。抗战胜利后任渤海区党委组织部组织科长、城工部城工科长等职。1949年南下。后在中华人民共和国商业部任局长、院党委书记等职，直至离休。

冯乐进（1908—2010年），山东省阳信县商店镇冯家店村人。

1939年5月至1940年春，任鲁西区一地委（泰西特委）民运部部长，随后到山东分局党校学习。1946年5月后，曾任华东局渤海区党委民运部副部长、城工部副部长等职。1949年，任华东人民革命大学秘书长。1950年，任少数民族地区中央访问团秘书长。1951年，任中央财政经济委员会办公厅副主任。1954年后，历任国家水产总局局长、国家水产部部长助理、水产部司长等职。1979年，山东省司法厅设立，任司法厅厅长。1981年，兼任山东法学会会长。1983年9月，任山东省顾问委员会常委。1985年离休。2010年1月24日因病医治无效于济南逝世，享年102岁。

方明（1924—2020年），山东莱州人。

1938年参加革命，1944年加入中国共产党，1939—1940年，在胶东抗日军政大学学习。之后任部队文书、指导员、秘书。解放战争时期，任营教导员、政治部副科长，1949—1954年任华东人民革命大学南京分校大队主任、书记，市委党校教育长、副书记，历任县委书记、镇江市委书记、南京市委副书记，1981年任苏州市委副书记、市长、市政协主席，1986年任南京市政协主席，1994年离休。为华东革大旧址纪念牌题词：华东革大精神永放光芒。著有《方明书画集》。

王亦山，四川苍溪县元坝乡人。

1933年6月参加中国工农红军。1933年12月加入中国共产党。土地革命战争时期，任红四方面军第30军264团班长、党支部书记、团党总支书记、军卫生部组织干事、队长。参加了川陕革命根据地反六路围攻，红四方面军长征及西路军艰苦作战。抗日战争时期，任八路军第115师政治指导员、教导第3旅营政治教导员、抗大1分校特派员、山东军区独立第2旅4团政治委员。参加了汾离公路袭击战、陇海铁路破袭战和反顽作战。解放战争时期，任渤海军区后勤部政治委员、军分区政治委员。中华人民共和国成立后，任华东人民革命大学部主任，华东机关党委副书记，上海市对外贸易局党委副书记、副局长，上海对外贸易学院（现上海对外经贸大学）党委书记兼院长，上海外国语大学党委副书记。

陈准提（1916—2007年），山东人。

1949年任华东人民革命大学二部组织科长、校部人事室主任。1953年任上海市高校党委监委副书记、1956年任华东师范大学党委书记、1960年任上海外国语学院党委书记、1977年任上海师范大学党委书记。1979年任上海市高等教育局副局长、党组书记。华东革大三期50周年纪念筹备组和建校55周年纪念筹备委员会顾问。

王乐三（1919—   ），曾用名郑志达、郑作圣，出生于山东省寿光县台头镇大坨村一个农民家庭。

1938年10月参加革命工作。1939年1月加入中国共产党。同年3月任中共寿光县第八区委青委书记；1945年5月，任中共高苑县委书记。1947年12月，任中共渤海三地委副书记兼组织部部长；1949年3月，先后任南下干部三大队政治委员。华东人民革命大学二部副主任、四部主任等职。1951年6月任华东局党校教育处长、组织处长；1952年7月任中共上海第二医学院党委第二书记、副院长；历任上海第一医学院副书记、代理书记、书记、常务副院长；1969年4月任上海市革委会文教组领导成员兼血防办公室负责人；1971年6月任上海市革委会委员、卫生局党的核心领导小组组长、卫生局党委副书记；1978年8月任上海师范学院（现上海师范大学）院长、党委书记。

周抗（1914—2002年），曾用名鸣韶、字子闻，浙江诸暨人著名哲学家、理论教育家。

1929年毕业于诸暨中学，入上海美术专科学校和新华艺术专科学校学习，1934年毕业。1937年参加革命，后赴延安入抗日军政大学（第五期）学习，留校任教。1939年加入中国共产党，1943年起在山东任职滨海行署、山东大学渤海干校，为前线培养输送了大批革命干部，1949年任华东人民革命大学一期一部教育科长、二期的四部副主任、五部主任，1951年华东师范大学首任党委书记，1979年任上海哲学研究所所长，上海社会科学研究院研究员、教授。1978年曾经做了120场关于"实践是检验真理的唯一标准"的演讲。曾任上海市社联常委、市哲学学会名誉会长、中国历史唯物主义研究顾问，《毛泽东哲学思想研究》主编，《小辞海》编委、《哲学大辞典》副主编、《中国的百科全书·哲学》编委。著有《周抗哲学文集》。

魏伯雨

华东革大四部副主任，任中央第三中级党校副书记，上海市委党校副校长，曾去西藏自治区党校任职，2000年任华东人民革命大学三期50周年纪念筹备组顾问，2001年4月17日在苏州大会上代表教师发表讲话。

王零（1918—2010年），安徽潜山人。

1937年参加革命，1938年参加新四军，1939年加入中国共产党。曾任苏北新四军军部参谋、中共无棣县县委副书记、中共沾化县委书记。新中国成立后，历任华东人民革命大学第一、二部副主任，1951年12月后任复旦大学党委第一副书记兼副校长，长期从事高等教育管理工作，尊重爱护人才，重视培养中青年学术骨干和学科梯队建设，为教师队伍的建设作出贡献。写有《高等学校与生产力》。1965年10月被任命为复旦大学代理书记，1978年被任命为复旦大学党委第二书记兼副校长。1980年1月调任同济大学党委书记，1984年任顾问，1986年离休。

余仁（1920—2006年），原名徐广麟，山东黄县（今龙口）人。

1940年起任胶东军政干部学校政治干事、抗日军政大学胶东分校政治处民运干事、政治指导员。1942年9月起在胶东建国学校任该校教育科长、副校长、党委副书记等职。新中国成立后，任华东人民革命大学五部副主任、二部主任、教务处副处长。1952年10月调至新创建的华东化工学院任政治处主任，翌年1月任党委会书记。1956年4月在中共华东化工学院第一次党代会上当选党委书记，同年12月任副院长。1960年4月调至交通大学，历任党委副书记、副校长、党委代理书记。1977年调至上海音乐学院主持工作。1981年2月再次出任华东化工学院党委书记直至1985年12月离休。

蒋梯云（1911—1968年），曾用名李维钊。松江县人。

1931年秋，考入上海大夏大学（今华东师范大学）预科学习，正值"九一八"事变，参加抗日宣传活动。次年，升入该校师范科，曾参加上海大学生赴京请愿团活动。1941年春，加入中国共产党。并建立中共叶榭支部，任支部书记。山东解放后，转入地方工作，任华东军政大学第一、第二部主任。后转入华东革大政治研究院教务副主任。1952年3月，任同济大学党委书记，1953年1月21日，薛尚实任书记，蒋梯云任副书记。期间，善于团结知识分子，重视政治思想教育和建党工作，并亲自兼课。

冷作述（1922— ），山东省海阳县冷家庄人。

1940年加入中国共产党抗战。南下后曾任上海市中医学院党委副书记。

徐常太（1924—2000年），江苏沭阳人。

1941年1月参加革命，曾任泗沭独立团副政委。解放后历任华东革大政治研究院一班班主任，复旦大学中国革命史教研室主任、校党委副书记、副校长，1988年7月离休。

刘博泉（1912—1980年），原名刘其厚。广饶县西刘桥乡三水口村人。

1933年加入中国共产党，考入山东省立第四师范。1937年先后在蓬莱、广饶等地小学任教。同年12月，与延春城等组织八路军鲁东抗日游击队第九支队。此后历任八路军山东纵队第三支队连政治指导员、邹平县公安局局长、县委宣传部部长、县委书记，渤海行政公署民政处科长，渤海三专署科长、副处长、青城县县长、渤海第三专署副专员兼高青县县长、渤海南下干部三大队副大队长等职。新中国成立后，历任华东人民革命大学行政处处长、上海第二医学院政治处主任、上海纺织工业学校校长，上海体育学院党委副书记、副院长、中共复旦大学党委副书记、复旦大学副校长等职。

涂峰，曾任现上海外国语大学副校长。

1949年8月，根据华东局的指示，在陈毅市长的亲自关怀和指导下，以华东革大第四部为基础，创办华东革大附设上海俄文学校（华东革大一部、二部、三部已开设，第四部正在筹建，但尚未开始招生）。11月学校正式成立，并于11月23日在上海《解放日报》刊登招生广告，一边进行招生考试，一边招聘俄文教师，并于12月29日录取学生389名。后任上海俄文学校校长。

万钧（1912—1984年），原名姚少伶，曾用名姚任远，庆云县小屯村人。

1929年县立乡村师范毕业后，在本村任教。同年，加入中国共产党。1934年参加著名的马颊河罢工斗争。1938年历任沧县、东光县战委会主任、津南抗日联合总会主任，1942年山东分局高级党校学习。1944年任县委书记，渤海区二地委民运部部长。1949年任华东革大第一期至第三期三部主任、上海交通大学党委副书记、上海造船学院副院长。1958年任上海冶金研究所党委书记兼副所长。承担了包钢及攀枝花高炉冶炼的理论研究及研制特种真空阀门的任务，为中国第一颗原子弹的诞生作出了重要贡献。1971年参与中国第一个核电站的筹建，受到周总理的亲切接见。1973年任中科院上海核研究所党委副书记。1977年任上海科学院党组副书记、副院长。1983年当选为上海市人大常委会委员。

丁西三（1921— ），山东文登人。

1941年参加革命，同年入党。1949年12月调华东革大275人培训班学习，后任二期五班副主任，三期六班主任，1952年秋，新建华东化工学院8位党委委员之一，第一至四届党委常委。1952年任党委宣传部部长、化工机械系党总支书记；1969年12月，任"652工程"办事处总支书记、四川分院党委副书记；1980年任华东化工学院党委宣传部部长，1983年12月离休。华东人民革命大学建校55周年纪念筹备委会副主任。

陈志强（1931—2006 年），山东章丘人。

1948 年参加革命，1950 年在上海入党。1949 年以来历任华东人民革命大学组织处干事、华东局党校组织处干事、华东师范大学党委秘书、复旦大学党委组织部及人事处科员、上海纺织工业学校机关党支部书记、上海纺织工业专科学校党委委员兼人保副科长、工会主席、上海纺织机械塑料件厂党支部副书记、1977 年任华山医院人事保卫科科长、党委委员、纪检组长，1985 年离休。华东革大建校 55 周年纪念活动主要发起和领导者之一，纪念筹委会副主任。

任桂珍（1933—2020 年），山东临沂人。

女高音歌唱家，国家一级演员，中国著名歌剧表演艺术家。1948 年随军南下，在华东革大文工团投身革命文艺工作。1953 年赴朝慰问中国人民志愿军。1956 年起任上海歌剧院主要演员，且历任上海歌剧院艺术指导、上海市音乐家协会理事、中国音乐家协会会员、中国戏剧家协会会员、中国农工民主党中央委员等。曾在《白毛女》《小二黑结婚》《天门岛》《红霞》《红珊瑚》《刘三姐》《洪湖赤卫队》《江姐》《樱海情丝》等几十部歌剧中扮演女主角。晚年加入中国共产党。

陈恭敏（1927—　），湖南长沙人。

1948 年入上海戏剧专科学校研究班学习编导，后到华东大学文学部学习。历任华东局宣传部文工团、华东人民革命大学文工团编导，上海人艺编剧，上海戏剧学院教师，《戏剧艺术》副主编。1952 年开始发表作品。1979 年加入中国作家协会。著有话剧剧本《黄浦江上的黎明》（合作）、《共产主义凯歌》（合作）、《闵行春秋》《魔术师的奇遇》（合作）等。话剧剧本《一家人》（合作）获文化部优秀剧作奖。

王炼（1925—2011 年），山东济南人。

1947 年毕业于辅仁大学，剧作家，中国作协、剧协、影协、视协会员，上海作协、剧协理事，上海人民艺术院编剧。作品有《枯木逢春》等十二部。

李也甘

1928 年生，山东青岛人，华东革大文工团创作美术队副队长，上海歌剧院舞台美术设计专家，1991 年离休。

于希敏

1927 年生，山东青岛人，华东革大文工团话剧队队长，曾任上海美术电影制片厂党委副书记，1983 年离休。

戈兆鸿（1927—2012 年）

华东革大文工团歌舞队副队长，我国著名舞蹈翻译家和理论家。著有《芭蕾女神乌兰诺娃》。

孙承艮

1929 年生于山东，华东革大教工，离休干部，建校 55 周年纪念筹委会办公室副主任兼秘书组长，尽心尽责，做好协调工作。

高友德　吴世民

南京华东军区青年干部学校教员（团级），派至苏州华东革大三期一部任班级主任，1951 年 6 月 18 日随郭坚化中将率 789 名华东革大学员赴南京。

王志强

华东革大南京分校教工，南京分校庆祝建校 60 周年纪念筹备组组长，热心联络校友，积极向江苏省委主要领导报告，获省委梁保华书记批示，在江苏省委党校全力支持下，隆重举办大型庆祝活动。

张玉桢（1932—　）

山东桓台县人，1990 年退休后，至 2002 年这 13 年间，12 次单人自行车骑行神州大地十余万公里，途径 30 余个省市自治区，889 个市县，历时 1900 多天，创下了老年累计骑自行车的吉尼斯世界纪录，被誉为当代"女骑徐霞客"。

郭川

《改造》报编辑。

王淑超（1927—　）

华东革大审计科成员，后分配至复旦大学。

华东革大组织机构干部配备表

华东革大第一期班主任以上干部名单
（驻上海时期）

校　　　长　舒　同
副　校　长　刘格平　温仰春
　秘　书　长　冯乐进
　　秘书处主任　刘冠英
　　办公室主任　程雨村

　　组教处处长　李　文　陈琳瑚　刘雪苇
　　　组织科科长　黄　云
　　　干部科科长　肖松甫
　　　青年科科长　崔　毅
　　　保卫科科长　亓星辰
　　　教育科科长　莫夫之　　　副科长　朱宁远
　　　校刊编辑室主任　郑　干
　　　图　书　馆　宋梅平
　　供给处处长　徐协伍
　　　供给科科长　钱长彬　　　副科长　宋雨亭
　　　管理科科长　周之近
　　　供应科科长　　　　　　　副科长　谭　光　胡光增
　　卫生处处长　曹国珍　　　　副处长　黎　力
　　　卫生科科长　程　昆

　　一部部主任　王亦山　　　　副主任　谭守贵　周　抗
　　　组织科科长　王　零
　　　教育科科长　魏伯雨
　　　秘书科科长　褚方珍
　　　行政科科长　盛茂林　　　副科长　冯良弼

1班主任　李力群
2班主任　崔玉光
3班主任　王宗东
4班主任　王云祥
5班主任　冯　韧（女）
6班主任　亓顺龙
7班主任　刘振海

二部部主任　冯仁恩　　　　　　副主任　王乐三　管瑞才
　秘书科科长　马　杰
　组织科科长　陈准提　　　　　副科长　王邦俊
　教育科科长　刘博泉
　供给科科长　任梦林
　卫生科科长　王学颜
　1班主任　　张　超
　2班主任　　李资清
　3班主任　　张精忠
　4班主任　　朱晓初
　5班主任　　傅赤先　　　　　副主任　张侯南
　6班主任　　马俊怡　马振明　副主任　蔡广仁
　7班主任　　张　祥　　　　　副主任　夏　震

三部部主任　万　钧　　　　　　副主任　邓止戈　林冬白
　秘书科科长　郭景涛
　组织科科长　赵君实　　　　　副科长　王文彪
　教育科科长　王鹤平　　　　　副科长　曲作民
　行政科科长　张爱卿
　卫生科科长　田玉秀
　1班主任　　李晓民
　2班主任　　张　沛　　　　　副主任　孙伯章
　3班主任　　张　芳（女）

4班主任　　庞　钧
5班主任　　朱国筠（女）
6班主任　　黄　华
7班主任　　金昔明
文工团团长　宋怡翔　张成之　吴瑾瑜
副 团 长　李铁矛
协 理 员　王炳南　孙　钧

华东革大第二、三期班主任以上干部名单

（驻苏州时期）

校　　　长　舒　同
副 校 长　温仰春　李正文　匡亚明
　办公厅主任　程雨村
　秘书处处长　刘怀庆　　　　　副科长　孙叔衡
　人事室主任　陈准提　　　　　副主任　亓星辰
　　人事科科长　刘明文
　　干部科科长　吴化远
　　保卫科科长　亓子元
　教务处处长　陈琳瑚　刘雪苇
　　教育科科长　朱宁远　　　　副科长　刘振海
　　校刊编辑室主任　郑　干
　　图书馆主任　宋梅平
　　文化补习学校教导主任　李玉景
　组织处处长　李　文
　行政处处长　刘冠英　刘博泉
　　行政科科长　钱长彬　　　　副科长　李志让
　生产处处长　任梦林　　　　　副处长　宋雨亭
　医务处处长　黎　力
　　医院院长　黎　力（兼）
　　　托儿所所长　宋　岩　　　指导员　金伯刚

一部部主任　谭守贵　　　　　副主任　王　零
　秘书室主任　丁吉甫
　组织科科长　宋绍先　　　　副科长　张　帆
　教育科科长　胡锡川　　　　副科长　王绍艮
　行政科科长　王　森　　　　副科长　蒋其义
　　1班主任　曹健民　　　　副主任　石　坚
　　2班主任　郦奕昌　　　　副主任　黄兢之（女）
　　3班主任　闫子伦　　　　副主任　王景融
　　4班主任　朱士亮　　　　副主任　顾　般
　　5班主任　谢春旭　　　　副主任　丁西三
　　6班主任　杨太山　　　　副主任　孙　钧
　　7班主任　张锦昆　　　　副主任　郑子彬
　　8班主任　张凤行　　　　副主任　王克邦

二部部主任　王亦山　　　　　副主任　周　抗　崔　毅
　秘书室主任
　组织科科长　刘文英　　　　副科长　孔子彬
　教育科科长　马振明　　　　副科长　庄振华
　行政科科长　盛茂林　　　　副科长　冯良弼
　（二部系党校性质，不设班，设支部，支部委员为学员）

三部部主任　万　钧　　　　　副主任　王宗东
　秘书室主任　韩希仲
　组织科科长　冯韧（女）　　副科长　胡　菲
　教育科科长　傅赤先
　行政科科长　魏更生
　　19班主任　朱晓初
　　20班主任　孟庆隆　　　　副主任　杜柏玉
　　21班主任　李正平　　　　副主任　孙元龙
　　22班主任　吉　浩　　　　副主任　陈广文（女）
　　23班主任　刘洁（女）
　　24班主任　王笑生

25 班主任　亓顺龙　　　　　　　副主任　崔安贞
26 班主任　　　　　　　　　　　副主任　周　亭　高鉴堂

四部部主任　王乐三　　　　　　副主任　魏伯雨
　秘书室主任　张力生
　组织科科长　张　超
　教育科科长　李资清
　行政科科长　胡光增
　27 班主任　刘俊杰　　　　　　副主任　马　健
　28 班主任　孙伯章
　29 班主任　张铁毅　　　　　　副主任　兹　健
　30 班主任　刘维寅
　31 班主任　孙志超
　32 班主任　张哲民　　　　　　副主任　王玉春（女）
　33 班主任　王薰香
　34 班主任　孟淑华（女）　　　副主任　孙学博

五部部主任　周　抗　　　　　　副主任　崔　毅
　秘书室主任　孙叔衡
　组织科科长　宋怡翔　　　　　副科长　朱国筠（女）
　教育科科长　张精忠　　　　　副科长　高玉洁
　行政科科长　王平舟　　　　　副科长　张松岭
　35 班主任　刘　炎　　　　　　副主任　李鹏举
　36 班主任　亓子元　　　　　　副主任　许苏予
　37 班主任　冷作述　　　　　　副主任　郑　镇
　38 班主任　王元淑　　　　　　副主任　方　正
　39 班主任　于文周　　　　　　副主任　李　琦
　40 班主任　郑子文　　　　　　副主任　陈子秀
　41 班主任　朱民新　　　　　　副主任　沈　洁
　42 班主任　马文正　　　　　　副主任　杨　素（女）
　43 班主任　梁洪元　　　　　　副主任　牟韵文（女）

附设俄文学校班主任以上干部名单

校　　　长　姜椿芳
副　校　长　涂　峰
　教务处主任
　副　主　任　蒙柯夫斯基　吴克元　金昔明
　总务处主任　张　沛
　　1班主任　张　茜（女）　　　　副主任　郑　伟
　　2班主任　周友珊（女）
　　3班主任　王　光
　　4班主任　周天洁　　　　　　　副主任　张泽民

附设工农速成中学干部名单

校　　　长　赵平生　肖松甫
　教导处主任　曲作民
　总务处主任　魏怡然

（注：二期和三期的干部名单，基本上是重复、大同小异的。为了避免文字上重复起见，取两期所长，干部职务就其所高，并为一个名单。）

华东革大第四、五期班主任以上干部名单

（驻苏州后期）

校　　　长　舒　同
副　校　长　温仰春　李正文　吴仲超
　秘　书　长　李　文
　教　育　长　王亦山
　秘书室主任　刘怀庆
　教务处处长　余　仁
　　组织科科长　胡　菲
　　教育科科长　刘振海　张精忠

管理科科长　胡光增

供给科科长　魏更生

门诊所所长　凌　齐　　　　　　　　副所长　程志忠

1班主任　王笑生　　　　　　　　　副主任　孙元章主

2班主任（一）崔安贞（二）沈　毅

3班主任（一）周　亭（二）李正平　主副主任　刘希圣

4班主任（一）刘　洁（女）（二）顾　般

5班主任　吉　浩　　　　　　　　　副主任　陈仁山

6班主任　石　坚　　　　　　　　　副主任　耿耀伟

7班主任　张凤行　　　　　　　　　副主任　张作豪

21班主任　冷作述　　　　　　　　　副主任　程润田

22班主任（一）李　琦（二）沈　洁

23班主任（一）宇庸先（二）方　正

24班主任（一）王景融（二）郭　正

25班主任（一）杨　素（二）刘俊民

26班主任（一）刘　炎（二）王仲华

27班主任　王国银　　　　　　　　　副主任　李俊经　于全彬

医院院长　黎　力（兼）　　　　　　副院长　王　森

协 理 员　何鸿祥

托儿所所长　宋　岩　　　　　　　　副所长　冷　骥

政治指导员　伊培华

文化补习学校副校长　张益民

政治指导员　王初成

（注：四期和五期的干部名单，基本上是重复、大同小异的。为了避免文字上的重复起见，取两期所长，干部职务就其所高，并为一个名单。）

华东革大六部暨政治研究院班主任以上干部名单

（驻苏州时期）

院　　长　匡亚明

副 院 长　李佐长

教务处主任　蒋梯云　　　　副主任　张爱卿
教育科长　王绍艮
注册科长　刘文英　　　　　副科长　王兴华
院务处主任　陈　震　　　　副主任　马俊怡
供给科副科长　曲敬开
总务科副科长　宋　通
人事科副科长　何鸿祥
门诊所副所长　李荣五
1班主任　徐常太　　　　　副主任　李　琦
2班主任　刘仁之　　　　　副主任　陈子秀
3班主任　车伟之　　　　　副主任　方　正
4班主任　凌云轩　　　　　副主任　郑　镇
5班主任　张　理　　　　　副主任　张益民
6班主任　薛永辉　　　　　副主任　周荣光
7班主任　周亚雄

（注：摘自1951年政治研究院印制的通信录）

一百零二位学员风采录

华东革大苏州校友会三期同学结业、参军70周年纪念会合影

前排左起：李炳文、邵细祥、汪涵明、王用时、钱吉虎、
　　　　　张朝维、诸福伦、陈惠源、王国银
中排左起：董明义、赵金华、张耀奎、胡　震、张　全、
　　　　　陈　炎、浦天化、胡明明
后排左起：汤盘铭、胡次威、史美昌、孟繁曙、姚品华、
　　　　　杨奇臣　　　　　　　　　2021.6.18

1. 邱国隆：1928生，浙江杭州人，吴昌硕外甥，华东革大二期学员，留校任三期三部35班青年干事，50周年纪念活动中被聘为顾问。是华东人民革命大学三期50周年纪念会筹备组八位顾问之一。1952年随四期学员入疆。1959年任新疆民族学院兼职副教授。1979年回沪在闸北商委工作，颜文樑研究会会长，华东革大建校

55周年纪念集封面设计者。出版《邱国隆画集》。

2. 顾岁荣（1934—2016年）：杭州人，1951年入华东人民革命大学三期35班，结业后赴航校学习，加入志愿军空军18师任军械员。1956年入党，1979年任佛山、杭州水泵厂技术员、工程师、技术科长。晚年首倡华东革大同学联谊，联系各期校友，二十年如一日。

3. 陆勇翔：1935年生于浙江，华东革大三期三部35班学员，第五野战医院参军，后考入哈军工深造，曾参加三支两军，长期在防化部队服务，从基层到领导，任防化院院长，授陆军少将军衔。热心同学联谊，三期50周年纪念筹备组成员，华东革大北京地区数百位师生联络组负责人。名列华东人民革命大学赋碑表彰四学员之一。

4. 陈家骅：（1930—2020年），上海人，三期四部44班学员，1956年加入中国共产党。1961年被评为林区先进工作者，1965年选为林区人民代表。三期结业50周年筹备组第一副组长、苏州校友会发起人，主编《吴县志》获奖，著有《撷英集》。执笔起草《华东革大筹备50周年纪念》短讯，《圆梦录》编委。

5. 王新铭（1935—2013年）：河北人，三期五部57班学员、青年干校学习机要。1952年分配到华东局机要处，1954年加入中国共产党，1955年调往708所任秘书、所办副主任，高级政工师，1988年参与创办上海人才开发杂志社并任常务副主编，副编审，上海人才研究会第二、三届副秘书长，三期50周年纪念筹备组成员，华东革大55周年纪念三位发起人之一，倡刊《圆梦》《梦缘》通讯，主编《人才开发》，向世界宣传华东革大丰硕成果。

6. 周　珩（1928—2021年）：江苏宜兴人。三期五部56班学员，留校工作，高级工程师。曾任市工业局培训班班主任，上海市技术市场、苏州氢能研究院高级工程师、业务经理、顾问。兼任上海市企业管理咨询顾问，市工程师联谊会会员。三期50周年纪念筹备组重要成员，2000年6月联系《新民晚报》总编金福安刊出不足一百字的"华东革大筹备50周年纪念"重要消息，又在市中心科学会堂设立联络窗口。华东人民革命大学建校55周年纪念三位发起人之一。

7. 徐善庆（1935—2019年）：浙江慈溪人，三期三部35班学员，结业后参加空军，中国共产党党员。1959年后曾任哲学编辑和美术编辑，1986年筹建"安徽省祖国统一联谊委员会"，兼任办公室主任。1994年率安徽省黄梅戏团（73人）赴台演出15场。三期50周年纪念筹备组成员，安徽一期、二期、三期同学联谊总召集人。为北京校友捐资在皖办希望小学项目牵线搭桥。

8. 黄鸿庹（1930—2015年）：女，浙江诸暨人，曾任县小学教师、社教部长。华东革大三期三部35班学员，中国共产党党员，离休干部，三期50周年纪念筹备组成员，广州市同学领头人，曾任广州市科协国际交流部部长。丈夫曾任湖北人民革命大学（校长李先念）部主任。

9. 张家驹：湖州人，1934年生于上海，华东革大三期四部42班学员，上海空军政治学院哲学教授（对应少将）。三期50周年纪念筹备组成员、宣传组组长，《圆梦录》主编。写有《悠悠二十载，浓浓革大情——华东人民革命大学三期同学联谊活动纪实》(2000—2020)。

10. 黄良鑫（1935—2021年）：江苏江阴人，华东革大三期一部6班学员，华东军区青年干校气象专业结业，参加四川省边陲少数民族地区创建气象站，荣获国家劳动人事部、国家民族事务委员会、中国科协荣誉证书。三期50周年纪念会筹备组成员，成都地区同学联谊领头人。更是青年干校789位革大学员核心成员，密切联系李文铖、朱琛、朱玉成、张祖仁等同学，多次组织联谊活动。与陈观云、范家永携手合作刊出《乐天园地》20多期。

11. 黄毓华：华东革大三期三部33班学员，从事工会工作，浙南地区同学联谊的领军人，三期50周年纪念筹备组成员。编辑《华东革大》彩版小报多期，曾接待各地同学去金华旅游。

12. 李 炎（1933—2012年）：三期二部21班学员，毕生从事中学教育，任华东革大三期50周年纪念会筹备组重要成员兼秘书。

13~14. 胡崇侠、叶德华：三期五部52班学员，与100多位学员一起被分配至第五野战医院（现102医院）。1986年在常州首次聚会，以后组织40、45、50周年等共七次聚会，分别在普陀山、大连、上海、苏州、杭州、南京举行。出版《忆》《情》《愫》三本书，胡崇侠、叶德华、李炎、陆勇翔、黄毓华、唐福林均为华东革大三期50周年纪念会筹备组成员。

15. 张一鹛：1935年生，三期二部25班学员，空军转业后到南京工作。20多年前就办理了遗体捐献手续。

16. 贺焕荣：1935年生，江苏宜兴人，华东革大三期四部42班结业后参加空军，中共党员，1956年调到空军气象专科学校（大专）任教并进修（获大专毕业同等学历）。创建国家地震网中"苏20号"深井监测地震，任江苏省地震学会理事。主编《情系革大》期刊，积累史料。将毕生收集的华东革大书刊全部捐赠给南京市档案局。

17. 楼汉钊：浙江诸暨人，1934年生，高级政工师，曾获苏州市先进工作者，江苏省与全国优秀工会工作者和奖章。为在苏州市档案馆建华东革大史档作出贡献。担任《红霞满天》副主编。

18. 包文杰：1932年生于苏州，华东革大三期学员，从青年干校参军，后任解放军31军机要员，提出机械操作译电建议，获华东军区三等功，后调中央机要局。1955年支援新疆建设，任县农具厂副厂长，广播站副站长，蒙古自治州广播电视局技术科长，主持全州八县和十余个团、场等20余座电视转播站的建成，获区科学技术进步三等奖。撰写《新疆巴州广播电视的回顾与展望》被中央党校收录在《求是先锋——新中国六十年发展的理论与实践》丛书中。新作《学习"矛盾论"心得——提纲》，先后被多家重要期刊和中央党校主办的《中国领导艺术文章——新时代中国特色社会主义理论与实践系列丛书》等大型文献刊载。《梦缘》电子版播发者。《红霞满天》副主编、封面设计者。

19. 陈尚礼（1934—2011年）：女，上海人，华东革大三期一部3班学员，1952年任3148部队司令部机要员。1956年转业，先后任中共浙江洞头县委宣传部秘书、地委组织部干事、颖上县人事局副局长、淮北市府文书科长，芜湖市府文书科副科长等职。爱人阮万钧，解放军离休干部，曾致书上海市委韩正书记建议深入对革大历史的研究。

20. 陆志全：1934年生于昆山市周庄镇，中国共产党党员，高级工程师。华东革大三期一部5班学员，于1952年被分配到华东军区司令部气象处机要科，1953年被派往山东军区，先后在石岛、济南、烟台气象台任机要员、机要组长。在山东菏泽、济宁气象台任预报员、预报组长。1979年调到安徽省滁县地区气象局，任气象台组长、台长，省气象学会理事，地区科技咨询中心顾问，积极协助王荫泰顺利启动二期回忆录《革大人》的编写项目。

21. 吴仁德：中国共产党党员，华东革大三期四部42班学员，1954年参加军事学院演习中，得到刘伯承院长嘉奖。1969年复员，1981年任上海手风琴厂厂长。

22. 冯　前：曾用名冯马泉，1932年生，浙江诸暨人，华东革大三期三部34班学员。1958年转业到陕西省工业厅。次年任化工部机械司、设备司秘书。1967年3月被推选为化工部基建总局负责人，1970年任燃化部（石化部、化工部）供应组（局）干部、工程师。1981年任化工部炼油化工司副处长，高级工程师。

23. 包亚南（1933—2019年）：女，生于江苏江阴，新四军儿童交通员，参军任军医，革大三期一部8班学员，离休干部。

24. 戴锦环：1931年生于江苏靖江，中国共产党党员，高级工程师。华东人民革命大学三期四部41班结业后，先后在苏南荣校文工队、华东联运公司工作。1984年军地共建海军弋阳水泥厂任厂长兼党委书记，1994年文职三级（对应少将）正师级退休。

25. 沈道弘：中国共产党党员，三期一部6班学员。1978转业至苏州市委党校工作，曾任校委委员、教育长、教授。1992年评为省成人教育先进工作者。

26. 史美昌（1934—2022年）：上海人，中国共产党党员，三期四部42班学员，曾任苏州市委党校教务科副科长、党史教研室教员。

27. 诸福伦：1932年生，江苏无锡人，三期一部2班学员，中国共产党党员。曾任苏州市轻工职大教师、苏州工艺美工院哲学讲师。著有《中华之光——革大母校建碑颂》和《中国龙的黄金实验》。

28. 陈崇唐：1936年生，浙江东阳人，中国共产党党员，三期三部35班学员，在军队中历任航空兵机械员、机械师、驻厂军事代表，空军工程部、后勤部干部处干事，空军航空工程部办公室副师职研究员。

29. 张辉轩（1933—2020年）：河北吴桥人，中国共产党党员，与夫人倪美华同为华东革大三期学员，曾任新疆军区军事志办公室副主任。2002年以来负责编纂新疆地（州）县（市）军事志98部，2 700万字。获新疆维吾尔自治区志书一等奖。

30. 汪丽筠：女，1934年生，三期一部1班学员。结业后参军。汉语语言文学大专毕业。《苦涩的超越》散文获中华当代精美征文大赛优秀作品奖。

31. 倪　匡（笔名）：在华东革大就读时用名倪亦明，1935年生于上海，三期四部42班学员，香港著名小说家。

32. 岳　韬：1934生，山东省单县人。上海海粟美术设计学院常务副院长。三期五部55班结业，在部队学校教近代史。1957年调上海后，又教授了20年的中学美术课，后筹建美术设计学院。1986年起应邀担任《中外美术辞典》撰稿人和执行编委；华东师范大学、上海师范大学、上海戏剧学院、上海交通大学等专、本科及绘画硕士班教授，编著《新概念绘画透视学》。

33. 李湘玉：女，1934年生于芜湖，华东革大三期六部62班学员，被分配到青年干校，毕生从事气象工作。出版《我这一辈子没有白活》一书。

34. 李弘恩：1933年生于江苏，华东革大三期四部47班学员，1955年转业至安徽省科学技术委员会（新建）科技情报部门，安徽大学物理系教育秘书，光电技术研究所副所长，省培训中心办公室副主任，兼省农科教统筹协调领导小组办公室副主任。

35. 李宏浩：1930 年生，浙江余姚人，三期四部 44 班学员，空军地勤，1965 年复员，上海天和容器厂退休，荣获抗美援朝 70 周年纪念章。

36. 孟信托（1934—2017 年）：三期四部 45 班学员，上海和平国际旅行社美工师，个人传略和作品入选《华风书画精品》，赴日本展览。入选二王书法大赛《当代著名书法家精品集》等多部辞书。

37. 杨秀元：革大三期三部 32 班学员，参加志愿军抗美援朝，著有《新塍土话》。

38. 徐倩文：女，浙江慈溪人，1932 年生于上海，华东革大三期一部 3 班学员，结业被分配到福建永定县妇联，后担任中学教师。

39. 刘星华：杭州人，1931 年生，华东革大三期三部 35 班学员，班学委会主席。北京对外贸易大学教授，2018 年编著《俄语姓氏汇编》（三万多姓氏）。

40. 孙志韬：1934 年生，三期四部 44 班学员，结业后从事军队医务工作，转业后曾任七宝医院院长，热心组织革大同学联谊，收集同学"全家福"照片。

41. 刘　珩：1936 年生，江苏无锡人，华大人民革命大学二期四部 27 班学员，赴苏南土改后被选派就读高考预备班，后考入华东纺织工学院机械系，毕业后被分配部属设计院任技术员。1983 年任沙市副市长，1990 年被国务院破格任命为纺织工业部副部长，分管装备、科技二司和中国纺织科学院、纺织总公司单位。1993 年兼任中华全国总工会副主席。1998 年从行政领导岗位退休，又被选为全国人大常委会委员，任内务、司法委员会副主任，民建中央副主席、纺织工程学会理事长。2004 年赴沪与 27 班同学共庆建校 55 周年纪念活动。

42. 曾容威（1933—2022 年）：中国共产党党员，生于江苏苏州，祖籍江西兴国。1950 年 3 月入学华东革大，为二期四部 27 班学员。1987 年调入上海市委统战系统，任上海黄埔军校同学会（时含浙江、福建两省）办公室副主任（主持工作）并兼任上海市黄埔军校、欧美同学会联合党支部书记。父亲为国民党少将，1932 年参加上海淞沪抗战，家属获抗日战争胜利 70 周年纪念章。

43. 丁月娥：女，浙江镇海人，1934 年生，华东革大二期四部 33 班联谊会会长，丈夫曾容威系二期 27 班学员，联合 30 班、34 班开展多次活动、系二期同学建校 55 周年纪念筹委会副主任兼办公室主任。2004 年 5 月，担任留守工作组组长。圆满地完成各项纪念活动。

44. 潘　铉（1932—2020 年）：生于浙江永康，二期四部 28 班学员。结业后留校，校刊《改造》报编辑，1996年被评为全国党史系统先进个人，原上海市教卫党委党史工作委员会秘书长，副研究员，编著有《怀思集》《足迹集》，上海交通大学校史第五卷（1949—1959）的第一编著人。2001年亲自出面邀请上海市委党校和市教委两大秘书长赴苏州出席三期结业50周年纪念大会。

45. 王荫泰（1927—2007年）：上海崇明人，华东革大二期三部23班学员，土改后被分配到滁县地委行政管理部门工作。一贯热心同学联谊，1991年在楼纪和、严连根等同学协同下，联络滁州地区各县100多位同学，铅印一本革大同学通信录。作为建校55周年纪念筹委会常委和留守工作组成员，被推举在建校55周年纪念270人大会上作主旨发言。2006年发起并主持二期同学回忆录编辑组三天会议，定大纲，落实编写筹资人员，为2008年精装《革大人》问世奠定基础。

46. 张　目：1930年生，浙江温州人，华东革大二期三部23班学员。就读于合肥师范大学（调干生）。曾任《中国电子报》记者，1992年随女儿迁居美国，任世界华文出版社美国总部总编辑。华东人民革命大学旧址建碑筹委会主任。

47. 金玉言：1934年生，上海市人，二期三部25班学员，土改后任省报记者，省委书记秘书。国家统计局安徽省农村社会经济调查队原队长（副厅级）、高级统计师。兼任省委、省政府研究机构特约研究员，省农经学会、统计学会等多家学会的副理事长、常务理事，中国《调研世界》杂志副主编，省经济学会荣誉理事等职。著作数本，撰文200万字，《红霞满天》副主编，《蓝色星空》一文的作者。

48. 夏明媛：女，1934年生于上海，二期三部26班学员，留校任三期三部35班干事。在第五机械工业部工作，并退休。与35班吉浩等班主任全力支持35班学员陆勇翔作为负责人的北京师生联络组活动。充分肯定三期50周年纪念大会所取得的成绩来之不易。

49. 陆国初（1933—2012年）：江苏无锡人。华东革大二期五部38班学员。1951年参加公安工作，历任溧水县公安局股长、镇江地区公安处科长、镇江市京口公安分局局长、镇江市京口区人大常委会副主任、市公安局副调研员等。

50. 张　辛（1930—2015年）：女，华东革大二期四部32班的学员，三、四、五期教工。以调干生资格入上海财经学院深造，后被分配在外贸系统工作。将家作为联络中心，长期负责联谊活动财务收支、信件收发等事务性工作。

51. 于鸿志：1932年生，二期三部23班学员，华东师范大学毕业，同济大学副教授,二期学员通信录名单的汇总人,旧址建碑筹委会副主任。

52. 徐咏韶(1929—2012年):徐悲鸿的侄女,与胞妹徐咏雪同为1950年3月在华东人民革命大学二期学员并留校政治研究院工作。无锡市盆景协会分会理事长、江苏省老年书画研究会会员、中国书画家联谊会会员。《革大人》《华东革大人》《历史丰碑》三书的编辑人员。著有《徐咏韶画集》。

53. 徐绍良(1932—2019年):宁波人,二期一部4班学员,中国共产党党员。1953年起先后在淮南市委统战部和办公室、淮南矿务局任秘书,1987年矿务局思想政治工作研究会秘书长,兼淮南市和安徽省职工思想政治工作研究会副秘书长。撰写《革大人》《华东革大人》编辑大纲,《革大人》《红霞满天》副主编。

54. 尹春明:1934月生于上海。二期一部6班学员,皖北土改后调至合肥皖北行署,后在安徽省人民政府财政经济委员会。1952年底调至安徽省财委驻沪办事处,1994年在上海政法管理干部学校退休,2011年任纪念碑筹委会文秘组长,力促《从校友情到树丰碑》一文问世。2014年在复旦大学主持华东革大建校65周年纪念大会。

55. 楼纪和:1924年生,浙江诸暨枫桥人,华东革大二期三部25班学员,副编审。曾在省和国家报刊上发表文章四十余篇,《错误地解散十八个自发社的教训》被毛主席亲书按语,编入《中国农村的社会主义高潮》一书,著有《风雨大半生》。书法作品获文化部社会文化司成年组金奖。

56. 严连根:1932年生于上海,二期三部25班学员,滁州行署秘书长,退休。他和方荣林,楼纪和三位是滁州地区革大校友的领头人,全力支持王荫泰出版《革大人》。

57. 郑昌巇:1930生,浙江奉化人。二期三部19班学员,高级记者,曾任安画报社编委、采编室主任,中国摄影家协会会员。拍摄的黄山风景照为黄山成功申报世界文化遗产名录作出贡献。

58. 王传清:1930年生,革大二期四部34班学员,曾任安徽省税务局局长、财政厅副厅长。爱好篆刻艺术,著有《王传清篆刻集》。

59. 赵绩勋:1932年生,镇江市人。华东革大二期五部39班学员。1953年就职于华东纺织管理局所属公私合营厂联合总管理处人事科,市纺织工业管理局人事处干部。1954年入党。1988年6月,调上海市外国投资工作委员会管理协调处工作。1992年任上海市外商投资企业协会秘书长。1996年6月,任上海市外商投资企业协会专职秘书长。

60. 杨正清：1927年生，浙江宁海人，二期一部7班学员，三期教工，华东局党校干事。1986年任上海纺织党校副校长，1988年退休，1987年起参与创办《中国企业信息报》，任副总编。

61. 庞忠信：1932年生，上海人，华东革大二期四部28班学员，长期从事编审工作。2005年在《上海滩》杂志上撰文《诞生在上海的"抗大"》长文，宣传革大。

62. 胡一华：1935年生于安徽宣城。华东革大二期四部27班学员，教授，历史学家。1977年曾任《汉语大词典》丽水地区编写组组长。1979年调入丽水师范专科学校，曾任图书馆馆长、学报主编、学报编辑部主任、刘基研究所所长。兼任中国农民战争史研究会理事，浙江省史学会理事。著作有《历史之真实》《刘邦与项羽》《刘基与朱元璋》。

63. 吴修平（1927—2016年）：福州人，二期一部7班学员。民盟第六届中央委员会常委、秘书长，第七、第八届中央委员会副主席；第七、第八届全国政协常委、副秘书长；第九届全国政协常委、外事委员会副主任。著有《信念与探索》。

64. 黄　力（1922—2008年）：广州市人。二期三部20班学员，结业后留文工团美术组工作，后在上海歌剧院大型舞剧《小刀会》舞台美术工作。

65. 姜梦飞：1921年生，原籍浙江省江山县，黄埔军校18期学员，1947年5月加入民盟，1950年在华东革大二期三部22班学习，夫人毛应岐也是二期学员。安徽二期同学联谊活动核心成员，离休干部。

66. 谭浩邦：1932年生于上海，暨南大学教授。二期四部30班结业后赴皖北从事土改工作，1951年在中共皖北行署党校学习，1953年进入交通大学学习并在校团委任职，1957年毕业于内燃机制造专业，1980年前在三门峡、刘家峡水电工程局，水电部四局任技术员、工程师、车间主任、教师等。是中国价值工程学科领军人之一，任中国价值工程协会（筹）副主委。

67. 蒋祥贞（1929—2021年）：乐清大荆人，是1949年接管县民政科的离休干部，华东革大二期三部21班学员，中学高级教师。兼任全国中学历史信息交流中心及《历史高考研究与练习》活页文选编委，曾当选为乐清县第七、第八、第九届人大代表、温州市第七届人大代表。

68. 朱凯中（1920—　）：安徽泾县人，二期四部27班学员，结业后被分配到华东军政委员会人民监察委员会工作，中国共产党党员，后调上海市监察局任监察员。热爱书法，尤擅行书，2014年获中国当代收藏协会评选为中国书法最具投资价值的20位艺术家之一。

69. 严　翔：原名严家声，1934年生于哈尔滨，祖籍湖北兴山，1950年进入华东革大二期一部7班学习，1951年毕业于上海戏剧专科学校，华东话剧团演员，曾任上海人民艺术剧院演员团副团长、上海话剧艺术中心国家一级演员。

70. 吴树青（1932—2020年）：江苏江阴人，系一期二部（驻地复旦大学）4班学员。教授，经济学家，教育家。1989年8月至1996年8月任北京大学校长。北京大学经济学院顾委员会名誉主席。名列《华东革大赋》表彰四位学子之首。他力主拆北大南围墙，建成中关村现代化电子街，为创造中国硅谷提供了较好的条件。设立教学和科研奖励基金，培养年轻人才，使具有博士学位的教师，由不足百人扩展到600人，为北大跻身世界一流大学行列打下坚实基础。

71. 姚学伟（1925—2016年）：浙江杭州人，一期三部2班学员，中国人民解放军西南服务团苏南团史研究会会长，一期同学领头人，华东革大建校55周年纪念会筹委会第一次会议主持人，筹委会副主任。华东人民革命大学同学联谊会首任会长，发起并主导完成《华东革大人》，存史育人。

72. 王　瑛（1934—2016年）：女，华东革大一期三部3班学员，上海市侨办副主任，华东革大联谊活动领军人，建校55周年纪念会筹委会常务委员，主持建校55周年纪念会筹委会第二次会议，宣布由丁月娥为首的七名同学组成的留守工作组，在错综复杂的情况下，请老师们退出筹委会，顺利完成纪念活动的善后工作。

73. 刘知群（1924—2021年）：江西宜春人，华东革大一期二部4班学员，在上海外贸学院和上海外国语大学图书馆工作，副研究馆员。主编《华东革大人》。经历和成就入编《世界优秀专家人才名典》《中国专家人名辞典》《全球华文诗词 艺术家大辞典》和《中华名人志》等。

74. 沈　翔：1930年生，常州人，中国共产党党员，华东革大一期二部6班学员，劳动部离休干部，律师，北京师生联络组成员。《京梦寻梦》主编，《华东革大人》副主编。

75. 戴文芳：1931年生，福建莆田人，中国共产党党员，华东革大一期三部2班学员，被分配上海市公安局消防处担任秘书，华东革大北京师生联络组成员，《京华寻梦》编委。1953年调京负责中南海消防安全，后任公安部消防局、治安局办公室主任。《华东革大人》编委。

76. 吴俊彦：1930年生，中国共产党党员，1949年考入华东革大一期学习，结业后参加西南服务团，历任机要员、秘书、青年干事、参谋、办公室主任等职。《华东革大人》副主编，1984年至2006年，在报刊上发表文章4 518篇，

2009 年精选 200 余万字，出版《西彦文选》五卷，为复旦大学收藏。

77. 陈观云（1926—2017 年）：浙江诸暨人，华东革大一期三部 2 班学员，四川省厅级离休干部。著有《施工管理札记》。纪念华东革大建校 65 周年总联络员，得到广大校友积极响应。

78. 钱大礼（1927—2016 年）：生于上海，无锡人，华东革大一期三部 7 班学员，著名画家，华夏书画学会常务会长，西泠印社社员，西泠五老之一。浙江省中国花鸟画协会顾问，唐云艺术委员会委员，杭州市美术家协会常务理事，澳大利亚中国美术家协会顾问。《华东革大人》封面画作者。

79. 柳　伦：女，又名百伦，1931 年生于上海，华东革大一期二部 5 班学员。现代印刷印钞泰斗柳溥庆先生的长女，中央警卫局文化学校文化教员，北京市第五十五中学国际学生部主任，1986 年离休。有为纪念革命先辈而撰写的文章，分别刊载于年鉴、词典、史志和报章杂志。1978 年以后，曾按其父的编帖理论与体例，将 14 种字帖合编成七体楷书标准习字帖出版数千万册。是持有舒同校长赠予"龙腾虎跃"墨宝的学员，名列革大赋碑表彰四名学员之一。

80. 汤　成：原名陈友衡，1929 年生，浙江宁波人，中国共产党党员，上海工业专科四年制纺织专业毕业，华东革大一期一部 4 班学员，留校 30 人之一，国棉 16 厂高级工程师，发表《陈毅四访革大》一文。著有《汤成、高蕴珍文集》，获 2008 年第十届陈维稷论文奖集刊《汤成、高蕴珍文集》第六卷《棉纺论文集（1993—2012）》。晚年研究中国古代著名工匠鲁班。

81. 黄玄之：1924 年生，江苏宜兴人。中国美术家协会会员，中国版画协会会员。1949 年 7 月考入华东人民革命大学一期三部 5 班，1949 年 9 月参加西南服务团随军至重庆，而后成为新华日报社美术编辑，1954 年调四川美协任办公室秘书等职。创作版画 600 余幅为国内外美术馆、博物馆和名家收藏。2010 年《黄玄之版画选》出版。

82. 黄子俊：1921 年生，江苏宜兴人，1945 年 1 月在重庆参加地下党领导的"中国民主实践社"，并发起创办"热风社"。1948 年起任上海滨浦中学语文教师兼校务副主任。1949 年 7 月入华东革大，1950 年以后，在西南军政委员会劳动部及西南就业委员会做秘书、编辑等工作。1954 年后调四川纺校及上海纺专、上海工程技术大学任教，副教授，上海市语文学会、市辞书学会会员，著有《黄子俊诗文集》。

83. 郭值京：女，1931 年生，湖北省武穴市人，中国共产党党员。华东革大一期二部 6 班学员，1956 年以前曾在浙江军区当过机要兵，在浙江省委办公厅参加省委党刊《浙江通讯》的创刊而后做编辑、出版工作。后调北京，离休干部。

84. 罗　微：女，一期二部7班学员，杭州一期同学联络员，《华东革大人》编辑部成员。

85. 苏　虹：1928年生。福建龙岩市人，一期二部6班学员。华东师范大学毕业。历任《工农大众》报社记者、编辑、地区文联秘书长。《浙南大众报》编辑组长、编委兼副刊主编。著有《夕阳黄花》。

86. 沈鸿震（1928—2010年）：江苏苏州人，中国共产党党员，大学毕业，一期二部1班学员，上海市公安局离休干部，东方艺术院创作员，中国书画艺术家协会会员。华东革大建校55周年纪念《工作通讯》编委，编有《沈鸿震书画集》。

87. 叶承宗：同济大学机械制造专业毕业，华东革大一期一部3班学员。我国轨道交通设备制造专家。向合肥市市长建议建轨道车辆维修基地，并获南车、北车集团大力支持。征地2 000亩，年产值120亿，提供5 000个工作岗位。被授予2013年合肥市的大建设中有特殊贡献的铁路老专家、离休老干部荣誉。

88. 斯杭生：1923年生。原籍浙江诸暨，中国共产党党员，华东革大一期一部4班学员，教授级高级工程师。江南造船厂副总工程师。上海市海洋石油服务总公司董事，上海船舶空调冷藏公司董事，中国一勃朗路特海洋工程有限公司董事，《船舶工业》《中国造船》两本杂志编委，《造船技术》杂志编委会副主任委员。

89. 冯有禄：1931年生，华东革大一期一部5班学员，1964年为毛主席参观C1107自动车床三个小时的操作讲解员。1971年任部机床局副局长，1983年任生产司司长。1995年离休。

90. 李钟英：1925年生，河南卫辉市人，第七届全国人大常委会副秘书长。革大一期一部5班学员，曾任上海俄文学校教育股副股长、上海外国语学院马列主义教研室副主任。1961年4月，奉调北京外交部政策研究室工作，先后担任外交部办公厅副主任、中国驻马来西亚大使馆参赞、国务院办公厅外事组组长、国务院港澳办公室副主任、外事办公室主任，中央外事工作领导小组副秘书长兼办公室主任，澳门特别行政区基本法起草委员会委员。

91. 汪枕公：1928年生，浙江衢州人，南京大学毕业。一期三部5班学员，曾任云南省委对台工作小组成员、省对外宣传小组副组长、省政协第五届委员，中国老年书画研究会创作研究员、昆明书法家协会会员。

92. 刘树藻：1926年生，江西萍乡市人，一期三部2班学员，高级经济师，内蒙古自治区书画研究院特约画家，万州区离休干部书画摄影协会副秘书长。出版《中国山水画》选集。

93. 张时才：1927年生，浙江宁波人，华东革大一期二部4班学员，中国共产党党员，长期在浙江嘉兴地委、科协机关任职，《华东革大人》副主编，中共早期著名共产党员张人亚的侄子，为保护国家重要一级革命文物存世，做了极重要的工作。

94. 邹人杰（1921—2012年）：江苏阜宁人，1947年毕业于北京大学西语系，一期三部3班学员，同济大学资深英语教授，系《华东革大人》编委。著有《雪泥集》《陈毅将军托子之情——怀念引路人二叔邹鲁山》。

95. 吕基业（1933—2019年）：1949年华东军大一期学员，1952年华东革大四期二部21班学员，四期同学领军人，出席二期回忆录编委会成立会议。精心组编10多篇文章，编入《革大人》一书。以67岁高龄竞选区人大代表。

96. 胡道静（1913—2003年）祖籍安徽，生于上海。华东军政委员会文化部图书馆科科长，四期学员，1956年著有《梦溪笔谈校正》，被誉为当今中国研究《梦溪笔谈》的第一人。上海人民出版社编审，兼任复旦大学、上海师范大学、华东师范大学教授，国际科学史研究院通讯院士，国务院古籍整理规划小组成员。2011年上海人民出版社出版《胡道静文集》。

97. 施国礼（1933—2019年）：1950年参军"新安旅行团"（现上海歌剧院），华东革大四期26班学员，1952年进疆，先后在六军十七师，新疆军区文工团、新疆乐团、自治区杂技团工作。华东人民革命大学赋碑创意人，将校董孙中山铜像安放进复旦大学校史馆的牵线人。

98. 郭兆祺（1906—1969年）：江苏江都人，华东革大政治研究院一期学员。原国民党陆军机械化防御炮团教导总队中将政治部主任，在滇缅战场抗日有功，2015年其家属获中共中央、国务院、中央军委颁发抗日胜利70周年纪念章殊荣。

99. 钱海岳（1901—1968年）：无锡人，革大政治研究院一期5班一组学员。一人独立完成350万字《南明史》（顾颉刚题跋）。

100. 姚龙翔，1932年生，浙江平湖人，中国共产党党员。1951年华东人民革命大学南京分校三期结业，1954年任保卫科副科长，北站街道办事处及人防区工会副主任，沪东工人文化宫副主任。

101. 高美荣：女，1932年生，南京人，华东革大南京分校三期学员，1956

年由杭州银行系统调上海市商业系统团委工作。首创48节老年迪斯科健身操、旗袍秀。

102. 张鉴明（笔名秋华、健民）：1922年生，河南省鄢陵县人，南京分校二期学员，原鞍钢高级经济师。曾任鞍山市老年学会副秘书长、鞍山市老年大学副校长、钢都康寿分校校长、市健康长寿研究所所长。

参考文献

1. 《毛泽东选集》第四卷［M］.北京：人民出版社，2009年
2. 校史编写组.《华东人民革命大学校史》［M］.上海：华东师范大学出版社，1989年
3. 王新铭.《革大情结50年》［J］.上海：《人才开发》杂志社，2001年
4. 姚学伟，王瑛.《华东革大人》［M］.上海：上海锦绣文章出版社，2009年
5. 舒安.《百年巨匠·舒同》［M］.北京：文物出版社，2018年
6. 高戈里.《心路沧桑》［M］.成都：四川人民出版社，2017年
7. 上海外国语学院校史编写组.《上海外国语学院简史》［M］.上海：上海外语教育出版社，2009年
8. 钱吉虎.《华东人民革命大学三期同学结业50周年聚会构想》［M］.北京：《求是先锋——新中国六十年发展的理论与实践》丛书《理论动态》，2009年
9. 钱吉虎，尹春明，成莫愁.《从校友情到树丰碑》［M］.北京：《科学社会主义》杂志社，2011年
10. 钱吉虎，包文杰.《岁月逝去精神在 将军墨宝留史碑》［M］.北京：《求是先锋》，2014年
11. 钱吉虎.《创新突破 树碑建档 存世育人》［M］.北京：《求是先锋》，2015年
12. 《刘瑞龙纪念文集》［M］.北京：人民出版社，2010年
13. 钱吉虎.《学勉情怀》［M］.北京：北京理工大学出版社，2019年
14. 温仰春.《人生到处是青山——温仰春文集》［M］.上海：中国纺织大学出版社，2000年
15. 谭琦.《姜椿芳校长传》［M］.上海：上海外语教育出版社，2019年
16. 中国新四军研究会.《永恒的记忆·新四军发展史》［M］.太原：山西人民出版社，2005年
17. 李雷.《1946—1950国共生死决战全纪录解放大上海》［M］.北京：长城出版社，2011年

18. 王尧基，陈淮淮.《陈同生画传》[M].上海：复旦大学出版社，2011年

19. 石澜.《我与舒同四十年》[M].西安：陕西人民出版社，1997年

20. 波德拉.《百大灾难》第59页[M].上海：上海科技教育出版社，1999年

21. 岳韬.《世纪的思考》[M].上海：亚太国际出版社，2003年

22. 姚振贤.《城郊农村经济管理》[M].北京：中国物资出版社，1989年

23. 戈兆鸿.《芭蕾女神——乌兰诺娃》[M].上海：上海音乐出版社，2000年

24. 中共中央党史研究室《中共党史资料》，[M].北京：中共党史出版社，2002年

25. 柳伦.《舒体标准习字帖》[M].北京：北京出版社，1998年

26. 张时才.《张人亚传》[M].上海：学林出版社，2011年

27. 俞敏.《俞秀松画传》[M].上海：学林出版社，2019年

28. 谭元亨.《潘汉年》[M].兰州：甘肃人民出版社，1996年

29. 韩竞.《韩练成传奇》[M].北京：解放军文艺出版社，2013年

30. 黄子俊.《黄子俊诗文集》[M].上海：学林出版社，2005年

31. 郑昌疑.《黄山天下奇》[M].合肥：安徽省美术出版社，1985年

32. 钱海岳.《南明史》[M].上海：中华书局，1979年

33. 王炼.《执着的追求》[M].上海：上海文艺出版社，2009年

34. 胡道静.《胡道静文集·上海历史之研究》[M].上海：上海人民出版社，2011年

35. 周红妮.《中国共产党接管大中城市纪录》石家庄：河北人民出版社，2013年

36. 周抗.《哲学文集》[M].上海：上海社会科学院出版社，2009年

37. 陈发奎，柳伦.《柳溥庆传奇人生》[M].上海：复旦大学出版社，2020年

后记

笔者在为父辈写传立说的时候,接触到一批华东人民革命大学(以下简称革大)的人,被他们依然如故的革命热情和慷慨无私的奉献精神所感染。

再看我面前的两位"老革命",真叫了不起——

华东革大一期二部学员柳伦的父亲柳溥庆,保存了邓小平题字的邓小平十七岁的照片和整个中国共产党和国民党旅欧史的照片;他的十八本笔记,就是中国人民银行印制科学技术研究所的半部历史,他保存了很多早年的出版物和珍贵图纸。

三期学员钱吉虎捐赠给档案局、图书馆的华东革大资料共计有966件之多,其中有舒同校长题词,温仰春副校长工作笔记本和他本人的学习笔记本,以及陈毅司令员在革大的照片……记录下华东革大同学都曾经有过的美好集体记忆。

盛世修典,档案揭秘。当这么多的资料散落在全国各地,当这许多的人和事要提炼、要反映,我们不是在革命的大海里捞珍,而是在大潮褪去后在沙滩上拾贝,撷取沙金串连珍珠。

我们会说幸亏、幸亏有革大的亲历者、有心人,坚持不懈地将研究成果推向全社会,昭告世界。让我们了解:我们伟大的党,在中国革命建设的紧要关头,挺身而出,集合了中华民族的知识青年,骑马打天下,马上坐天下,也集合了最强的社会化教育资源,高浓度地集训,切切实实地提高干部的素质,才能不断提高执政能力。

当前华东革大人大部分离世,尚存小部分即将跨入期颐之年,华东革大人的子女们和关心家史国史的第二、第三代人,以及有关的研究机构都应该来接班整理,总结研究这段历史。把手中的资料捐献出来,除了苏州、上海两地建宗归档之外,还可以在杭州、南京、合肥、北京、西安、成都、重庆、武汉、广州、乌鲁木齐等地建立档案库,为华东、西北、西南、湖北人民革命大学的研究做基础,使之在党史、校史、社会主义革命和建设的发展史上有一席之地。为能达此目的，本书抛砖引玉，提供线索，为后来者在将来能写好这段历史提供一些帮助。

因此要特别感谢钱吉虎等革大同志们，为我们保存了如此珍贵的资料和线索，才得以让研究者有所作为。（图片由钱吉虎等同志提供）

有了资料和线索，就有了基础，接下来"戴帽子"（定红色文化的性质）、"树旗帜"（做华东革大和上海高教课题）、"讲故事"（以生动的事例宣传教育后人）。

老同志会悄悄地跟我说他们的感受，认定我会把他们的想法记录下来，表述得让我的同辈或者更年轻的读者所接受！

我很欣慰的是，我的书，年轻的一代也能读下去。青年朋友们，只要你翻开书，随便翻到哪一页，都仿佛处身那个年代，置身革命的大洪流中，中国共产党代表着光明，代表着方向。有年轻人对我说道：如果我生在那个年代，也将义无反顾，参加革命，报考华东人民革命大学，为中华民族崛起而奋斗。

一代代当如是也，我由衷地产生新的感动和希望。

于东华大学出版社